차이나는
클라스

역사 분쟁 · 무역 전쟁 · 이념 갈등

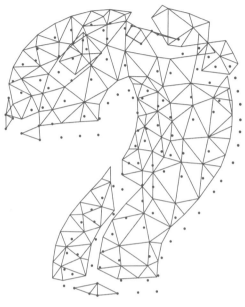

차이나는 클라스

JTBC 〈차이나는 클라스〉 제작팀 지음

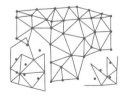

중앙books

차이 나는 '차클'을 약속합니다

남들에게 자주 듣는, 이따금 스스로 던져보기도 하는 질문이 있다. 〈차이나는 클라스-질문 있습니다(이하 '차클')〉의 차이는 과연 무엇일까. 무엇이 얼마나 어떻게 다르기에 혹독한 방송 환경에서 3년째 꿋꿋이 자리를 지켜올 수 있었던 걸까.

2020년을 맞아 '차클'의 이름으로 벌써 네 번째 책을 펴내며 자문자답해보자면, 우선 강연자의 '클라스'가 다르다. 유려한 말솜씨를 내세워 전공 분야도 아닌 얘기를 여기저기서 풀어놓고 다니는 방송 전문가들과는 거리가 멀다. 자신만의 확실한 콘텐츠와 차별화된 메시지를 지닌 분들이 '차클'의 우선 영입 대상이다. 방송에 한 번도 나온 적 없거나 방송이 체질적으로 싫다는 분들을 삼고초려, 사고초려해서 모시기도 한다.

'차클'의 차이를 만드는 또 다른 사람들은 바로 우리 '학생'들이다. 홍진경 반장과 오상진 부반장을 필두로 한 이들 패널은 '질문과 소통이 살아 숨 쉬는 쌍방향 강연 프로그램'이라는 '차클'의 기획 취지를 200퍼센트 구현하는 주역들이다. 이들의 맹활약 덕분에 질문이 실종된 교실, 토론이 사라진 사회를 바꿔보겠다는 '차클'의 야심만만한 도전은 한 걸음 한 걸음 성취되고 있다고 믿는다.

필자와 함께 '차클'을 만들고 있는 제작진의 남다른 열정과 정성 역시 빼놓을 수 없는 차이점이다. '수포자(수학 포기자)'인 작가가 수학 편을 맡아서 노벨경제학상을 받은 이론이 이해될 때까지 숫자와 씨름했다. 클래식 편을 맡게 된 '음알못(음악을 알지 못하는 사람)' 피디는 베토벤 소나타 전곡을 연주한 유명 피아니스트들을 일일이 찾아가서 인터뷰를 따오기도 했다. "이렇게 열심히 공부하고 열심히 준비하는 제작진은 처음 봤다!" 매회 강연자들이 해주시는 칭찬을 그 어떤 훈장보다 감사히 간직하고 있다.

마지막으로 '차클'이 여타 강연 프로그램과 차이 나는 가장 큰 요인은 바로 시청자들이다. 절대 쉽지 않은 주제를 다루는, 그것도 가볍게 넘기기 어려운 수준까지 깊게 파고드는 프로그램을 즐기는 특이 취향의 소유자들 말이다. 지금까지 두 차례의 공개 강연 현장에서 직접 만나본 열혈 시청자 중엔 '차클'을 한 회도 빼놓지 않고 모두 챙겨 봤다는 경우가 적지 않았다. 무슨 아이돌 그룹의 공연도 아닌데 전북 군산에서, 강원도 강릉에서 JTBC 일산 스튜디오까지 먼 길을 마다 않고 달려오시는 그분들이야말로 오늘의 차클을 만든 일등 공신이라고 감히 말씀드리고 싶다.

새롭게 선보이는 도서 '차클'은 이같이 열성적인 시청자들을 위한 작은 노력의 결과물이다. TV 화면에서 순식간에 지나가버려 아쉬운 강연자들의 귀한 콘텐츠와 메시지를 두고두고 음미할 수 있도록 그간의 방송 내용을 오롯이 정리해왔다. 앞서 2018년 처음으로 출간된《차이나는 클라스: 국가·법·리더·역사 편》에 이어서《차이나는 클라스: 고전·인류·사회 편》과《차이나는 클라스: 과학·문화·미래 편》이 큰 사랑을 얻은 데 힘입어 이번에는 시즌2의 개념으로《차이나는 클라스: 국제정치 편》을 준비하게 되었다. 특히 나라 안팎으로 격랑의 시기인 만큼 과거를 통해 우리의 현재와 미래를 가늠해볼 수 있도록 역사와 국제 관계를 두루 짚었던 여덟 분의 강연을 한데 모았다.

먼저 1부 '새로운 대한민국의 탄생, 역사에서 길을 찾다'에서는 김원중 교수가 세계의 주요 지도자들이 외교·안보 지침서로 애독하는《손자병법》의 주요 내용을 알기 쉽게 풀어주며 미래를 예측하기 위해 고전을 읽어야 함을 역설한다. 한철호 교수는 외세의 침탈에 시달렸던 구한말의 시대상과 당시 안중근 의사의 활약상을 면밀히 짚었고, 호사카 유지 교수는 과거부터 현재까지 이어지는 일본과의 역사 분쟁에서 일본이 얼마나 치밀한 전략을 숨기고 있는지 예리하게 분석했다. 또

조법종 교수는 중국의 역사 왜곡 현황과 그 속내를 파헤쳤다.

2부 '분쟁과 갈등의 세계, 우리의 미래를 논하다'에서는 조영남 교수가 덩샤오핑의 개혁개방과 시진핑의 중국몽이 어떻게 오늘의 중국을 만들었는지 깊이 있게 분석했다. 연이어 최병일 교수가 세계 양대 강국인 미·중 간 무역전쟁의 향방을 전망했고, 박현도 교수는 최근 뜨거운 현안으로 떠오른 미국·이란 간 갈등과 호르무즈 해협 파병 문제를 진단하며 한국이 가야 할 방향을 제시한다. 마지막으로 김누리 교수는 독일의 68혁명과 통일 과정을 통해 한국 사회를 되돌아보며 우리가 어떤 교훈을 얻어야 할지 날카롭게 지적했다.

부디 이번 책을 통해 방송 그 이상의 '차클'을 경험하시길 바란다. 필자를 포함한 제작진은 앞으로도 '차클'의 차이나는 클라스가 계속될 수 있도록 최선을 다하겠다는 약속을 드린다.

신예리 JTBC 보도제작국장

Contents

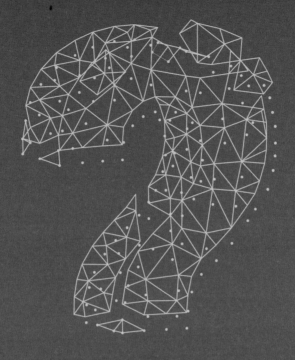

Part 1

새로운 대한민국의 탄생,
역사에서 길을 찾다

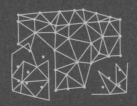

차이나는
클라스

미래를 알려면
고전을 읽어라

•

김원중

개인으로는 세계 최초로 사마천의 《사기》 전권을 비롯해 《손자병법》, 《논어》 등
동양의 고전을 완역했다. 대만 중앙연구원과 중국 문철연구소 방문학자 및 대만사
범대학 국문연구소 방문교수, 건양대학교 중문과 교수, 대통령직속 인문정신문화
특별위원회 위원을 역임했다. 현재 단국대학교 한문교육과 교수로 재직 중이다.

왜 손자병법을 읽어야 하는가

"정말 힘든 상황을 극복해야 할 때 한 번씩 쓸 수 있는 지혜들
이 담겨 있기 때문이죠. 세상 모든 것이 항상 내 뜻대로 움직
이는 건 아니잖아요. 지금도 한반도의 정세가 굉장히 급변하고
있습니다. 우리를 둘러싼 강대국들을 한번 떠올려보세요. 미
국·일본·중국·러시아 같은 나라들이 우리의 뜻대로 움직이나
요? 그들이 어떤 전략적 사고를 하는지 알아야겠죠. 그런 목적
에서라도 《손자병법》을 읽어야 할 필요가 있습니다."

• • •

차클　《손자병법(孫子兵法)》은 고대 중국의 병법을 담은 고서로 정말 유명하
　　　잖아요. 전쟁과 관련된 오래된 일화들이 너무 많아서 해석이 쉽지 않
　　　았을 것 같아요.

김　　《손자병법》이 상당히 난해한 책인 것은 사실입니다. 방대한 지혜들이
　　　압축적으로 쓰여 있어서 해설 없이는 읽기가 만만찮아요. 그러다 보니
　　　일반 사람들 중에 《손자병법》을 읽었다는 사람을 보기가 드문 것이 당
　　　연합니다.

차클　다 읽은 사람은 별로 없어도 평소 우리가 자주 사용하는 말 중에 《손자
　　　병법》에 나오는 말들이 있지 않나요? 예를 들어 '삼십육계 줄행랑' 같
　　　은 말요.

김 삼십육계 줄행랑은 원래《손자병법》과 관계가 없어요. 그 말은《남제서(南齊書)》라는 책에 있는 말입니다. "서른여섯 가지 계책 가운데 달아나는 것이 제일이다"라고 송나라의 무장 단도제라는 사람이 말했다고 해요.

차클 잘못 알려졌군요. 그런데 트럼프나 시진핑 같은 세계 정상의 리더들이《손자병법》을 읽고 자신의 전략을 만드는 데 활용한다고 들었는데 그건 사실인가요?

김 맞아요. 트럼프 대통령이 자신의 책《반드시 해내겠다고 말하라!(Think like a Champion!)》에서《손자병법》이야말로 누구나 한 번쯤 읽어봐야 할 소중한 책이라고 밝혔죠. "매우 유용한 책 한 권을 추천하고자 한다. 바로《손자병법》이다. 시간을 투자해서 꼭 읽을 만한 소중하고 가치 있는 책이다"라고요. 현대 사회에서도 기업 경영인들은 꼭 읽어봐야 한다고 직접 언급했습니다.

차클 그렇군요. 트럼프가 기업인에서 대통령으로 변신한 이후에 정치적으로《손자병법》속 전략을 활용한 사례가 있나요?

김 2017년 4월에 트럼프가 북한을 압박하기 위해서 핵잠수함 칼빈슨호를 급파하겠다고 경고를 한 적이 있죠. 그런데 나중에 뚜껑을 열어 보니 칼빈슨호는 북한에서 무려 5600킬로미터나 떨어진 해역에 있었어요. 이에 대해 중국 공산당의 기관지인 〈환구시보〉에서는 트럼프가 공성계(空城計), 즉 성을 비워 적을 혼란에 빠트리는 전략을 써서 김정은을 속였다고 논평했습니다. 이러한 전략들이《손자병법》에서 나온 것이라고 할 수 있죠.

차클 전 세계의 리더들이 인생의 필독서로 꼽는《손자병법》을 유독 한국에선 드러내놓고 읽지 않았던 이유가 무엇일까요?

김　조선왕조 500년을 거치면서 유교적 이데올로기의 영향을 많이 받았기 때문이라고 생각합니다. 유교적 명분론에 빠져서 유가 서적만 독서 목록에 넣을 뿐, 병법서는 무시하고 잘 읽지 않았던 거죠. 유가만을 위대하게 생각하고, 다른 학문의 중요성은 깨우치지 못하게 막았다고 볼 수 있어요. 사유 체계를 굉장히 한정되게 만든 것이죠. 그러다 보니 지금도 실리보다 명분을 굉장히 중요하게 생각하는 사유 체계를 갖게 된 게 아닌가 합니다.

차클　《손자병법》이 병법서이기 때문에 선비 정신을 강조하는 유교 문화권에서는 무시당했다는 말씀인가요?

김　군이 따지자면 《손자병법》은 명분보다는 실리를 더 우선시하는 책이기 때문에 배척을 당한 측면이 있다고 생각합니다. 예를 하나 더 들어 보죠. 《삼국지》는 다들 아실 겁니다. 혹시 여러분들은 《삼국지》의 캐릭터 중에서 누굴 가장 좋아하시나요?

차클　우리나라에선 의리를 지키고 백성을 구하는 유비의 인기가 가장 많아 보여요. 최근 들어 조조를 재조명하는 흐름도 있긴 하지만요.

김　《손자병법》에 대한 완벽한 주석을 단 주석서 《위무주손자(魏武註孫子)》를 쓴 사람이 바로 조조예요. 그래서 《조조병법》이라고 부르기도 해요. 그만큼 조조는 병법의 대가였고 법가를 받아들인 인물이기도 해요. 그러다 보니 조조 같은 캐릭터는 우리나라에서 쉽게 용인되지 않는 것이죠. 요즘도 주변에서 법을 따지고 끊임없이 싸우려고 드는 사람들을 보면 약간 피곤하잖아요? 대신 덕을 내세우는 유비 같은 사람들을 보면 마음이 끌리고요. 바로 유비가 유가 쪽이기 때문이에요.

차클 하지만 요즘처럼 국가 간 분쟁이 끊이지 않는 세상에선 아무래도 유교적인 가르침은 불리할 수밖에 없지 않을까요?

김 맞아요. 오늘날뿐만 아니라 춘추전국시대 같은 난세의 시기를 버텨내기에는 유가로서는 한계가 있었습니다. 명분을 지키고, 인(仁)·의(義)·예(禮)·지(智) 같은 덕목만 내세워선 살아남기 힘들었을 거예요.《손자병법》은 바로 그러한 춘추시대 말에 등장한 책이에요. 당시 수많은 나라들이 생존 경쟁을 벌이며 오늘의 적이 내일의 친구가 되고, 오늘의 친구가 내일의 적이 되는 상황을 끊임없이 겪어야 했어요. 그런 난세 중 난세에 등장한 것이 바로《손자병법》이었습니다.

차클 서로 물고 뜯는 전쟁에서 살아남기 위한 지혜들이 총망라되어 있다는 말씀이신가요?

김 그렇죠.《손자병법》속 내용은 권모술수의 측면이 굉장히 강합니다. 신뢰 사회나 공정 사회에서 적용하기에는 위험한 부분이 많아요.

차클 그럼에도 지금 이 시점에서 우리가《손자병법》을 읽어야 하는 이유가 있나요?

김 우리가 정말 힘든 상황을 극복해야 할 때 한 번씩 쓸 수 있는 지혜들이 담겨 있기 때문이죠. 세상 모든 것이 항상 내 뜻대로 움직이는 건 아니잖아요. 지금도 한반도의 정세가 굉장히 급변하고 있습니다. 우리를 둘러싼 강대국들을 한번 떠올려보세요. 미국·일본·중국·러시아 같은 나라들이 우리의 뜻대로 움직이나요? 북한의 김정은은 또 어떻고요. 그렇다면 그들이 어떤 전략적 사고를 하는지 알아야겠죠. 그런 목적에서라도《손자병법》을 알아야 할 필요가 있습니다.

차클 그렇다면 군사나 외교 분야에서 일하고 계신 분들이 봐야 할 책이 아닌가요? 군이 우리 같은 일반 사람들까지 다 볼 필요가 있을까요?

김 《손자병법》이 나온 지 2500년이 되었습니다. 그 말은 2500년이 흐르는 동안 대다수 국가의 리더들을 포함해 수많은 사람들이 이 책을 필독서로 여기며 읽었다는 얘기입니다. 그들이 왜 《손자병법》을 두고두고 읽었을까요? 바로 삶의 지혜가 곳곳에 스며들어 있기 때문이죠. 현대 사회에 사는 사람이라면 누구나 이 책을 읽어야 하는 이유입니다.

손자는 누구인가

"제 생각에는 손자의 집안이 조상 때부터 장군 집안이었던 것도
한몫했다고 봐요. 집안 대대로 내려오는 병법에 관한 노하우가
굉장히 많았겠죠. 그러다 보니 손자가 이른 나이에 병법과 관
련된 방대한 내용을 정리할 수 있었다고 추론하는 겁니다."

• • •

차클 앞서《손자병법》이 춘추시대에 쓰여졌다고 하셨는데 시대적인 배경
을 좀 더 설명해주시죠.

김 대략 기원전 770년경부터 403년경까지를 춘추시대라고 해요. 주나라
가 몰락하기 시작하면서 진시황이 천하통일을 할 때까지 약 560년의
기간을 말합니다. 그동안 중국은 법가·병가·도가·묵가 같은 수많은
사상가들이 등장하고 그들의 사유가 계속 융합되면서 사회와 문화를
지탱해왔습니다. 그사이 대략 기원전 6세기경에《손자병법》이 탄생하
게 됩니다.《손자병법》이 탄생한 그 시점은 바로 중국 역사상 가장 혼
란한 시기입니다. 난세 중 난세죠.

차클 《손자병법》의 저자인 손자는 어떤 사람이었나요?

김　손자(孫子)의 이름은 손무(孫武)입니다. 자는 공자·맹자와 같은 존칭이죠. 손자는 원래 제나라 사람으로 장군 집안 출신이었어요. 제나라가 위태로워지고 부정부패가 들끓기 시작하자 오나라로 갔죠. 거기서 오자서라는 사람을 만나 도움을 청하게 됩니다.

차클　오자서라는 인물은 누구인가요?

김　오자서(伍子胥)는 원래 초나라 사람이에요. 아버지와 형이 초나라 평왕에게 죽임을 당하자 복수를 꿈꾸며 초나라를 떠나 오나라에 망명을 해 정착했죠. 그런데 오자서는 자신의 세를 다지기 위해 오나라의 공자 신분으로 있던 합려(闔閭)라는 인물을 왕으로 만들려고 했어요. 훗날 전쟁을 통해서 초나라를 치려면 자신의 말을 잘 들어줄 왕이 필요했으니까요. 오자서는 결국 합려를 왕으로 만드는 데 성공합니다.

차클　손자와 오자서는 어떤 관계였나요?

김　합려 입장에서는 자신이 왕이 될 수 없다고 생각하고 있었는데, 오자서를 만나서 왕이 되었으니 오자서의 말을 들어줄 수밖에 없었겠죠. 그런 오자서가 손자를 합려에게 일곱 번이나 추천을 했다고 기록되어 있어요. 그런데 합려가 손자를 만나주지 않았죠. 합려도 보통 고집의 소유자가 아니었어요.

차클　합려가 손자를 멀리했던 특별한 이유가 있었나요?

김　당시 손자의 나이가 굉장히 어렸거든요. 기원전 512년 당시 스물세 살밖에 되지 않았었어요. 오자서가 계속 추천을 하는데도 합려가 자신을 만나주지 않으니 손자는 은둔하기로 마음을 먹었어요. 그때 은둔을 하면서 몇 년간《손자병법》을 집필한 것입니다.

차클　자신의 가치를 높이기 위한 수단으로《손자병법》을 썼다는 말인가요?

김 《손자병법》은 계(計) 편부터 용간(用間) 편까지 13편에 걸쳐 집필되어 있어요. 각 편마다 '손자왈'이라고 언급하고 있지만, 사실 왕의 입장에서 어떻게 군사를 전개해야 하는지를 분명하게 제시한 책입니다.

차클 마치 마키아벨리가 《군주론》을 메디치 가문에 바치려고 했던 것과 비슷한 것 같네요.

김 그럴 수도 있겠네요. 그런데 제 생각에는 손자의 집안이 조상 때부터 장군 집안이었던 것도 한몫했다고 봐요. 집안 대대로 내려오는 병법에 관한 노하우가 굉장히 많았겠죠. 그러다 보니 손자가 이른 나이에 병법과 관련된 방대한 내용을 정리할 수 있었다고 추론하는 겁니다. 아무튼 《손자병법》 덕분에 손자는 합려에게 등용될 수 있었죠.

차클 아무리 탄탄한 이론으로 무장한 게 입증되었다 해도 여전히 어린 나이였잖아요. 어떻게 합려가 손자를 선뜻 믿고 등용한 건가요?

김 요즘 식으로 말하면 실기 시험을 치른 셈입니다. 합려는 《손자병법》을 읽었다면서 손자에게 부녀자들을 데리고 실전처럼 재현을 해보라고 했어요. 180명의 궁녀를 내주고는 군대를 만들어보라고 한 거예요. 그중에는 합려가 총애하는 첩도 두 명이 있었어요. 손자가 합려의 의도를 파악하고는 궁녀들을 90명씩 두 그룹으로, 즉 두 개의 부대로 나누었습니다. 그러고는 합려가 총애하는 두 첩을 각각 우두머리로 삼았습니다. 그런데 우두머리가 된 첩들은 나머지 궁녀들에게 손자의 말을 따르지 말라고 눈치를 줬어요. 합려의 위세를 믿고 손자라는 객장을 골려주려고 한 것이죠.

차클 난처한 상황이 벌어졌네요. 손자는 어떻게 했나요?

김 합려의 첩들이 궁궐에서 갖고 있는 힘은 손자와는 비교가 안 될 정도로 셌죠. 손자는 이대로는 안 되겠다 싶어서 결단을 내립니다. 만약 그곳이 전쟁터라면 그리고 궁녀들의 무리가 군대라면, 장군의 명령이 전달되었을 때 그 명령을 반드시 받들어야 한다고 말합니다. 그리고 장군의 명령을 따르지 않는 것은 병사들의 죄라고 말하면서 희첩들의 목을 베어버렸어요.

차클 충격적이네요. 왕의 첩을 죽이고도 손자는 무사했나요?

김 우두머리를 맡은 첩들을 죽이고 난 뒤 손자는 다른 첩을 대장으로 삼았어요. 그러자 궁녀들이 말을 잘 따를 수밖에 없었죠. 궁녀들을 장악했다고 생각한 손자는 합려에게 보고를 합니다. 이제 이들에게 명령을 내리면 물불을 가리지 않고 뛰어들 것이라고요. 그러나 합려의 기분은 이미 나빠진 상태였죠. 하지만 기분은 나빴어도 손자의 능력을 인정해 합려가 받아들였다고 해요. 손자는 이렇듯 승부수를 띄워서 장군이 된 것입니다.

차클 자칫하면 등용되는 게 아니라 목숨을 잃을 뻔한 무모한 전략처럼 보이는데요. 감정을 삭이고 능력을 높이 산 합려도 대단하고요. 그나저나 실제로 손자가 이후에 무공을 쌓았나요?

김 《사기(史記)》를 비롯한 자료들을 보면 손자가 장군이 되고 나서 7년 만에 오나라는 강국이 되었다고 기록돼 있어요. 오나라의 힘이 점점 강해지니 국경을 맞댄 초나라와 자꾸만 다툼이 일어나겠죠. 전통적 강국인 초나라로서는 바로 옆의 오나라가 늘 눈엣가시 같은 존재였을 겁니다. 결국 초나라와 오나라 사이에서 대대적인 전쟁이 벌어집니다. 바로 그 유명한 백거전쟁(柏擧戰爭)이에요.

차클 백거전쟁에서 손자가 어떤 활약을 했나요?

김   초나라는 강력한 병력을 앞세워서 속전속결로 전쟁을 끝내려고 했어요. 그런데 손자가 전쟁의 판세를 보아하니 지금의 오나라가 초나라와 정면승부를 하면 안 될 것 같다는 판단을 하게 됐죠.《손자병법》에도 강한 적은 피한다는 얘기가 나옵니다. 그래서 손자는 정공법을 피하기로 합니다. 오나라의 병력을 세 무리로 나누어서 초나라가 한쪽으로 공격을 해오면 초나라의 변방 지역만 공격하면서 지구전 전략을 쓴 거예요. 옛날에는 전쟁을 하면 성을 빼앗는 것이 중요했어요. 그런데 오나라는 성으로 들어가지는 않고 변방만 공격하며 철수하고 도망나오기를 반복하면서 무려 6년간 전쟁을 끌었어요. 지구전을 벌인 것이죠.

차클   적이 약해지기를 기다린 것이군요?

김   전쟁이 6년 정도 지속되면 어떻게 될까요? 게다가 총공세를 펼치는 것도 아니고 변방 지역에서 치고 빠지기만 반복하는 지구전을 벌이면 아무래도 경계심이 무뎌지겠죠. 손자는 바로 그것을 노린 것이었어요. 결국 6년 만에 총공세 명령을 내려서 전면전을 펼쳐 승리를 거둡니다. 초나라가 절대 질 수 없는 전쟁이라고 여겼던 전쟁에서 오나라가 이김으로써 판세가 뒤집힌 것입니다. 그때부터 오나라의 왕 합려가 손자를 전적으로 인정하고, 손자의 입지도 더욱 굳건해졌죠.

전쟁에 어떻게 대비해야 하는가

"일단 전쟁을 시작하게 되면 치사하고 비겁하더라도 전쟁에서 이겨야 된다는 것이죠. 백성들의 생사가 달려 있는 문제잖아요. 수나라가 고구려를 침략했다가 멸망한 것을 떠올려보세요. 전쟁을 치르고서 나라가 망해버리면 무슨 의미가 있을까요?"

• • •

차클　본격적으로 《손자병법》에 어떤 내용이 담겨 있는지 알려주세요.

김　《손자병법》은 총 13편으로 구성돼 있어요. 6200자로 적혀 있다고 하는 학자도 있고, 6074자라고 하는 학자도 있는데요. 우선 《손자병법》의 제1편, 즉 '전쟁하기 전에 계획하라'는 내용을 담은 '계(計)' 편부터 살펴보도록 하죠. '계' 편의 첫 부분에 나오는 말이 아주 의미심장합니다. "전쟁이란 나라의 중대한 일이다. 죽음과 삶의 문제이며 존립과 패망의 길이니 살피지 않을 수 없다."

차클　모든 병법을 통틀어 가장 처음에 나온 만큼 계획이 가장 중요하다는 것을 강조하는 말이겠죠?

김　네. 그만큼 신중하게 생각해야 한다는 것이죠. 사생과 존망의 문제이

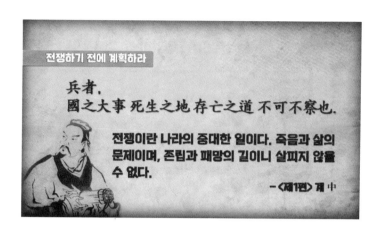

兵者,
國之大事 死生之地 存亡之道 不可不察也.

전쟁이란 나라의 중대한 일이다. 죽음과 삶의 문제이며, 존립과 패망의 길이니 살피지 않을 수 없다.

-〈제1편〉계 中

전쟁하기 전에 계획하라

니 만큼 경거망동해서 전쟁을 하는 것은 있을 수 없다는 겁니다. 그럼 결국 나라가 망하고 마니까요. 나라의 중대한 일을 생각한다는 것은 곧 백성의 죽음과 삶의 문제를 생각한다는 것이기도 하죠.

차클　손자 외에도 전쟁의 개념을 정의한 사람이 많지 않나요?

김　《손자병법》과 대비되는 것이 카를 폰 클라우제비츠(Carl von Clausewitz)의 《전쟁론》입니다. 클라우제비츠는 "전쟁은 정치적 목적을 폭력적 수단으로 관철하는 것이다"라고 했어요. 클라우제비츠는 전쟁을 하나의 수단으로 생각한 것이죠. 그런데 손자는 그렇지 않았어요.

차클　손자의 말처럼 전쟁으로 인해 나라가 사생과 존망의 기로에 서게 된 대표적인 사례로는 무엇을 들 수 있을까요?

김　여러분도 잘 알고 있는 예가 있습니다. 바로 수양제(隋煬帝, 604~618 재위)가 113만 명의 대군을 이끌고 고구려를 침공했던 전쟁이죠. 기록에 의하면 200만 명 이상의 보급 부대도 함께 왔다니 총 300만 명 이상의 군인이 고구려를 침략하러 온 거예요. 제1차 세계대전 이전에 100

만 명이 넘는 병력을 동원한 첫 사례라고 할 정도로 어마어마한 규모의 전쟁이었죠.

차클 그런데도 고구려군에게 무참히 패하고 돌아갔잖아요?

김 참패를 당했죠. 불과 2700명만 살아서 돌아갔다는 기록이 있어요. 그토록 어마어마한 병력을 동원해서 결국 너무나 큰 실패의 대가를 치른 것이죠. 게다가 전쟁이 끝나고 불과 10년도 안 되어서 수나라는 멸망하고 맙니다. 이 사례에서도 잘 드러나듯 결국 손자의 말은 전쟁을 하지 말라는 뜻이에요. 가급적 전쟁하지 말라는 거죠.

차클 하지만 전쟁을 일으키는 사람들이 전쟁에서 질 거라고 생각하고 시작하진 않잖아요?

김 전쟁을 일으키려는 사람들의 심리를 생각해볼 필요가 있습니다. 전쟁을 시작할 때 이성적으로 할까요, 감정적으로 할까요?

차클 이성적으로 판단해서 전쟁을 벌여야 하지 않을까요?

김 사람들이 이성적으로 판단해서 전쟁을 시작할 것 같죠? 그래야 하는 것이 맞지만, 그렇지 않은 경우가 더 많습니다. 아까 말했던 오나라와 초나라의 예를 다시 들어보죠. 오나라와 초나라의 국경에 뽕나무 한 그루가 있었는데, 그 나무가 오나라의 것인지 초나라의 것인지를 두고도 두 나라가 전쟁을 일으킨 적이 있다고 해요. 다분히 감정적으로 전쟁을 일으킨 경우죠.

차클 그렇군요. 현대에 접어든 뒤에도 그렇게 아무것도 아닌 이유로 전쟁을 일으킨 경우가 있나요?

김 세계 곳곳에서 감정적인 이유로 전쟁이 많이 일어나고 있습니다. 1970년 멕시코 월드컵 예선에서 온두라스와 엘살바도르가 축구 경기를 했는데, 엘살바도르 팀이 패하자 두 나라 사이에서 전쟁이 벌어졌어요. 비록 100시간의 짧은 전쟁이었지만, 수천 명의 사상자가 발생했다고 해요.

차클 생각보다 별것 아닌 이유로 전쟁을 일으키는 경우가 있네요. 그렇다면 전쟁을 벌이기 전에 이성적으로 생각하라는 가르침도 《손자병법》에 담겨 있겠군요?

김 네. 그렇습니다. 손자는 전쟁을 시작하기 전에 생각해야 될 다섯 가지를 말하고 있습니다. 바로 '도천지장법'이에요. 도(道)는 전쟁의 정당성, 천(天)은 싸움의 적기, 지(地)는 싸움의 지형, 장(將)은 장수의 능력, 법(法)은 규범을 잘 지키는가를 각각 의미합니다.

차클 전쟁을 시작하기 전에 확인할 체크리스트 같은 것이군요?

김 그런 셈이죠. 하나씩 살펴볼게요. 첫 번째 도는 '길 도', 즉 정당성을 의미한다고 했죠. 군주가 일으키는 전쟁이 정당성을 갖고 있는지를 생각해보라는 것입니다. 전쟁에 정당성이 있다면 군사들이나 백성들이 군

주를 위해서 죽기 살기로 싸울 수 있다는 것이에요. 물론 군주가 주관적으로 설정한 정당성이 아니라 객관적인 정당성이 부여되어야겠죠.

차클 싸움에는 명분이 있어야 한다는 말이군요?

김 맞습니다. 두 번째로 천은 '하늘 천'으로 '천시(天時)'를 의미합니다. 하늘의 때를 가리키죠. 백성들이 봄에 씨를 뿌려 농사를 짓고 가을에 추수를 할 때를 피해서 전쟁을 해야 한다는 거예요. 세 번째로 '땅 지'는 '지형(地形)'을 의미합니다. 전쟁을 할 때 지형이 매우 중요합니다. 손자가 활약하던 시대는 전쟁의 양상이 전차전에서 보병전으로 바뀌는 시점이었어요. 따지고 보면《손자병법》도 보병을 위한 교본이었고요. 그래서 병사들이 피해야 할 지형, 살 수 있는 지형 같은 것들을 알려줍니다. 요즘은 일상적으로 쓰이는 사지(死地)란 표현도《손자병법》에서 지형의 중요성을 표현하며 나오는 말입니다.

차클 흥미롭네요. 나머지 두 개의 규칙들도 알려주세요.

김 네 번째로 '장수 장'은 장수의 능력을 의미해요. 손자는 장수의 능력이 뒷받침되지 않으면 전쟁할 때 문제가 된다고 봤어요. 다섯 번째로 '법법'은 규범을 잘 지켜야 한다는 것을 말합니다. 즉, 상벌을 명확히 구분해야 한다는 의미입니다. 이렇게 다섯 가지를 갖추고 있지 않으면 전쟁을 해서는 안 된다고 했습니다.

차클 그럼 이렇게 다섯 가지를 모두 준비하고 나면 전쟁에서 무조건 이길 수 있다는 말인가요?

김 그건 아닙니다. 도천지장법을 얘기한 뒤 손자는 이런 말도 해요. "적에게는 능력이 없는 것처럼 보이게 하고, 용병(用兵)을 하되 적에게는 용병하지 않는 것처럼 보이게 하며, 그들이 방비하지 않는 곳을 공격하고, 그들이 생각하지 못한 곳으로 출격하라. 이것은 병가에서 승리할 수 있는 길이니 정말로 미리 알려져서는 안 된다." 쉽게 말해 기만술을 사용하라는 겁니다. 적이 방비하지 않는 틈을 타고서 생각지 못한 곳으로 출격하라고 하죠.

차클 기만술이라면 적을 방심하게 만들라는 말이잖아요. 보통 '정정당당해야 한다'라고 말하는데, 정반대의 전략이네요.

김 정정당당이 바로 《손자병법》에 나오는 말이에요. '정정지기 당당지진(正正之氣 堂堂之陣)'이라고 하죠. 정정지기란 깃발 끝이 맞게 정제되어 있는 것으로, 바르게 깃발을 휘날리는 적이라는 의미예요. 의장대가 사열을 할 때 깃발의 끝이 칼같이 정렬되어 있는 것을 떠올리면 이해하기 쉽습니다. 당당지진은 흐트러짐 없이 위용이 갖춰졌다는 뜻으로 질서 정연한 진용을 의미해요. 제7편 '군쟁(軍爭)' 편에 나오는 얘기인데요. 이렇게 정정당당한 군대와는 맞서 싸우거나 대적하지 말라는 것이 손자가 알려준 핵심적 비결입니다.

차클 그럼 정정당당을 말한 맥락은 정정당당하라는 게 아니라 정정당당한 상대를 조심하라는 것이군요?

김 그렇죠. 군쟁 편에서 "깃발이 정정하게 휘날리는 군대와는 싸우지 말라"고 했어요. 또 제1편 '계' 편에서는 '실이비지 강이피지(實而備之 强而避之)'라고 했고요. "적이 충실하면 대비하고 적이 강대하면 피한다." 그러니까 강자에 대항할 때 약자가 선택할 수 있는 수에 대해 말한 겁니다. 상대방과 정정당당하게 정면 대결을 하면 승산이 별로 없다고 한 거죠.

차클 솔직히 좀 치사한 전략인 것처럼 보이기도 하는데요.

김　　손자는 신중하게 대비해 전쟁을 치러야 한다고 말하고 있는 거예요. 우리는 힘이 약한 친구가 상대방의 팔을 물거나 모래를 뿌리면서 싸우는 것을 보고 치사하고 비겁하다고 생각하기 쉽죠. 하지만 국가 간의 전쟁은 다르게 봐야 합니다. 일단 전쟁을 시작하게 되면 치사하고 비겁하더라도 무조건 이겨야 된다는 것이죠. 백성들의 삶이 달려 있는 문제잖아요. 수나라가 고구려를 침략했다가 멸망한 것을 떠올려보세요. 전쟁을 치르고서 나라가 망해버리면 무슨 의미가 있을까요? 단순히 망하는 걸로 끝나지도 않아요. 백성들이 모두 뿔뿔이 흩어지고 사라져버리죠. 그러니까 손자가 어떤 방법을 사용하든 전쟁에서 이겨야 한다고 말하는 겁니다.

차클　그렇겠네요. 전쟁에서 승리하기 위해 동원하는 기만술로 어떤 게 또 있을까요.

김　　손자는 기본적으로 전쟁이 사생(死生)과 존망(存亡)의 문제이기 때문에 가급적 전쟁을 하지 말 것을 주장합니다. 그래서《손자병법》에선 간첩을 대단히 중요하게 다뤄요. 전쟁을 치르게 되면 너무나 많은 비용을 치러야 하죠. 10만 명의 군사를 일으켜서 천 리를 출정하게 되면 백성과 조정이 무려 천금을 들여야 하죠. 그래서《손자병법》에 '선지(先知)', 즉 먼저 알아야 한다는 말이 나오는 겁니다. 병사를 어떻게 파견할 것인지, 배수진을 칠 것인지, 어떤 전쟁을 할 것인지, 상대가 나를 얼마나 얕잡아 보는지 아니면 얼마나 대단하게 생각하는지 등의 정보를 첩자를 통해 얻으라는 겁니다.

차클　《손자병법》에 첩자를 활용하라는 전략까지 나온다고요?

김　　그럼요. 손자는 첩자를 다섯 부류로 나눕니다. 첫 번째가 반간(反間), 즉 반간지계입니다. 적의 간첩을 역이용해 이중 간첩으로 활용하는 것을 의미합니다. 다음으로 사간(死間), 적진에 들어간 간첩을 의미합니다. 적진에 진입해서 죽음을 각오하고 임무를 수행하는 간첩이에요. 다음으로 생간(生間), 적진에서 살아 돌아와 정보를 보고하는 간첩을 의미합니다. 다음으로 향간(鄕間), 적국의 사람을 간첩으로 이용하는 걸 말합니다. 다음으로 내간(內間), 적국의 관리를 포섭해서 간첩으로 삼는 것을 뜻합니다. 이렇게 간첩을 다섯 부류로 나누고 있지만, 실제로는 구분되지 않고 혼용해서 활용하는 경우가 많아요.

차클　이 중 손자가 최고로 꼽은 건 어떤 간첩인가요?

김　반간입니다. 손자는 반간지계를 굉장히 중시했어요. 반간을 하는 사람에게는 가히 두텁게 예우하지 않을 수 없다고 했어요.

차클　《손자병법》에 소개된 간첩의 대표적인 사례가 있을까요?

김　서시(西施)와 와신상담(臥薪嘗膽)에 대한 고사가 아주 유명하죠. 오나라의 마지막 군주인 부차(夫差)가 아버지 합려의 원수인 월나라 왕 구천(勾踐)에게 항복을 받아냅니다. 이후 구천은 쓸개를 맛보며 원수를 갚을 때를 기다린다는 이야기입니다. 중국의 고사 중 아주 유명한 이야기지요. 당시 부차를 유혹한 간첩이 바로 중국 4대 미녀로 꼽히는 서시입니다.

차클　미녀 간첩이라니 흥미진진하네요.

김　부차에게 굴욕을 당한 구천은 와신상담하면서 복수를 위해 미인계를 꾸미려 했습니다. 그때 서시를 발견한 겁니다. 당시 서시의 나이가 열다섯이었어요. 원래 월나라 나무꾼의 딸이었던 서시를 데려다가 무려 3년에 걸쳐서 가르쳤다고 합니다. 걸음걸이 하나까지 전부 가르쳤습니다. 그런 뒤 서시가 열여덟 살이 되었을 때 부차에게 보냅니다. 의심을 사지 않도록 부차의 신하인 백비를 뇌물로 포섭한 다음에 서시를 부차에게 바쳤다고 해요.

차클 아주 치밀하네요. 구체적으로 서시는 오나라에서 어떤 간첩 활동을 했나요?

김 서시는 부차의 마음을 사로잡은 뒤 호화로운 전각을 짓도록 유혹했어요. 그 당시에 지은 궁궐이 바로 고소대입니다. 한 나라의 왕이 미인에게 정신을 빼앗겨 정사를 게을리하니 민심이 들끓을 수밖에 없겠죠. 또 궁궐을 짓느라 국가 재정도 파탄 났고요. 결국 구천은 고소대에서 서시와 함께 노닐고 있는 부차를 공격해 22년 만에 승리를 거두게 됩니다.

차클 월나라에게 승리를 안겨준 서시는 이후에 어떻게 되었나요?

김 세 가지 설이 전해지고 있어요. 먼저 서시를 간첩으로 추천한 범려(范蠡)와 관련된 설입니다. 서시가 오나라에 머물고 있던 당시에 범려가 한 번 찾아갔다고 해요. 그런데 서시가 여전히 빼어난 미모를 뽐내고 있었던 것이죠. 만약 서시가 월나라로 돌아오면 구천이 미혹되어 정사를 그르칠 것이라고 생각해 범려가 서시를 제거했다는 설입니다.

차클 자기 나라를 위해 간첩 활동을 한 사람을 죽였다고요? 너무 매정한 것 아닌가요?

김 그렇죠. 두 번째 설은 구천의 아내가 서시의 미모에 대한 이야기를 듣고 사람을 보내어 제거했다는 설입니다. 이 설 역시 결말은 서시가 죽었다는 거죠. 세 번째 설은 조금 달라요. 서시를 월나라로 데려오면 구천이나 구천의 부인에게 전혀 도움이 안 될 것이라고 판단한 범려가 서시를 데려와 함께 살았다는 이야기입니다. 현재는 범려가 서시와 함께 살았다는 마지막 이야기가 가장 믿을 만한 결로 인정을 받고 있습니다.

차클 그나마 좀 낫네요.《손자병법》속 다른 내용도 더 듣고 싶습니다.

김 이제《손자병법》에서 아주 중요한 부분에 대해 이야기해보죠. 모공(謀攻). 즉 모략으로 공격하라는 겁니다. 결국 싸우지 않고 이기라는 의미입니다.

차클 그런데 모략이라고 하면 부정적인 느낌이 있어요. 중상모략, 권모술수 같은 말들이 떠오르고요.

김 꼭 그렇게만 볼 건 아닙니다. '모공' 편을《손자병법》에서는 굉장히 중요하게 다루고 있어요. 지피지기 백전불태(知彼知己 百戰不殆), 즉 적을 알고 나를 알면 백 번 싸워도 위태롭지 않다는 말이 있죠. 이 말이 바로 《손자병법》의 모공 편에 나옵니다. 손자는 그 뒤에 다음과 같은 말을

모공, 싸우지 않고 이겨라!

百戰百勝, 非善之善者也.
不戰而屈人之兵, 善之善者也.

"백 번 싸워 백 번 이기는 것이 잘 된 용병이 아니며, 싸우지 않고, 적의 군대를 굴복시키는 용병이 잘 된 것 중의 잘 된 용병이다."

-〈제3편〉모공 中

덧붙였어요. '백 번 싸워서 백 번 이기는 것은 잘한 전쟁이 아니다'라고 요. 보통은 백 번 싸워서 백 번 이기면 좋은 것이라고 말들 하는데 말 이죠.

차클 전쟁은 가급적 피해야 한다는 손자의 생각이 담긴 말이겠군요?

김 그렇습니다. 백전백승 비선지선자야 부전이굴인지병 선지선자야(百戰 百勝 非善之善者也 不戰而屈人之兵 善之善者也), 즉 "백 번 싸워 백 번 이기는 것 이 잘된 용병이 아니며, 싸우지 않고 적의 군대를 굴복시키는 용병이 잘된 것 중의 잘된 용병이다"라는 말입니다. 그러니까 손자는 성벽을 기어오르거나 성벽에서 뜨거운 기름을 부으며 전쟁하는 것을 가장 어 리석다고 봤어요. 이런 전쟁을 하면 상대편에 치명타를 입히는 만큼 우리 편도 치명타를 입을 수 있기 때문이죠. 결국 둘 다 전쟁을 하다 죽게 된다고 본 것입니다. 병서를 쓴 손자가 역설적으로 전쟁하지 않 는 걸 대단히 중시한 겁니다.

차클 공감이 가는 이야기입니다. 모공 편 내용을 좀 더 알고 싶어지네요.

김 《손자병법》모공 편에서 손자는 네 가지 병법을 소개합니다. 첫 번째 로 벌모(伐謀), 모략으로 공격하라. 두 번째로 벌교(伐交), 외교로 공격하 라. 세 번째로 벌병(伐兵), 군대로 공격하라. 네 번째로 공성(攻城), 성을 공격하라.

차클 벌모와 벌교는 모략과 외교를 이용해 전쟁을 하지 않는 방법임을 알 겠습니다. 그런데 벌병이나 공성은 전쟁을 하라는 의미 아닌가요?

김 아니에요. 손자는 공성을 소개하면서 쓰지 말아야 할 작전이라고 분명 히 밝혔어요. 최근 국제 정세를 예로 들어 전쟁을 하지 않고 싸우는 방 법이 어떤 건지 얘기해보죠. 중국의 시진핑 주석이 쓴 외교 전략을 보면 됩니다. 2014년 6월 홍콩의 주요 일간지에서 시진핑 주석의 외교 전략을 분석한 적이 있는데요. 시진핑 주석이 삼벌론(三伐論)이라는 외교 전략을 펼치고 있다는 내용이었습니다.

차클 삼벌론이 무엇인가요?

김 바로 앞서 소개한 벌모·벌교·벌병을 말합니다. 먼저 벌모 전략은 미국을 상대로 벌이는 전략이에요. "미국과의 전쟁을 피하고 모략으로 상대한다"는 거죠. 시진핑은 국력이 센 미국과 상대할 땐 전쟁을 하지 않고 모략을 써서 이긴다는 전략을 세웁니다. 그래서 미국의 대(對)아시아 팽창 정책을 저지하는 모략을 꾸미죠.

차클 벌교와 벌병 전략의 대상은 어느 나라인가요?

김 벌교 전략은 일본을 상대로 내세운 전략입니다. "일본과는 과거사 문제를 거론하며 외교적으로 고립시킨다"는 겁니다. 끊임없이 과거사 문제와 위안부 문제를 제기함으로써 외교적으로 공격하고 있죠. 마지

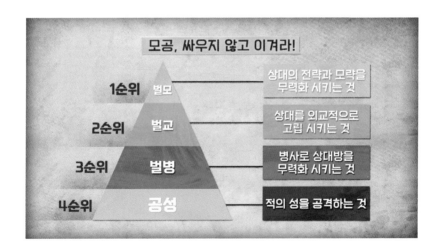

막으로 벌병 전략은 베트남 등을 상대로 한 전략이에요. "남중국해 분쟁에 직접적으로 군사적 개입을 하겠다"는 겁니다. 베트남을 비롯한 남중국해 분쟁 국가들을 군사력으로 충분히 공격할 수 있다고 선포를 한 것이죠. 미국과 일본이라는 두 강대국에 대해서는 전쟁을 해서는 안 된다는 입장을 세운 반면 남중국해 일대 국가들에 대해서는 군사력도 불사한다고 경고했습니다.

차클   상대에 따라 전략을 달리 적용하는 것이군요.

김   맞습니다. 그런데 중국이 미국과 무역전쟁을 벌이게 되면서 삼벌론이라는 전략이 사실상 깨져버립니다. 시진핑 주석이 미국의 무역 압박에 타격을 입었잖아요. 하지만 향후 협상 과정에서 미중 무역전쟁을 다시 벌모전의 양상으로 바뀌나가지 않을까 생각합니다.

약자는 어떻게 싸워야 하는가

"《손자병법》에는 전략의 양면성을 설명하는 경우가 굉장히 많습니다. 정반대의 개념을 같이 두는 것이에요. 예를 들어 상대편이 속도전으로 속전속결 전략을 펼치려고 한다면, 이를 역으로 이용해서 장기전으로 맞대응하면 이길 수 있다는 것이죠."

• • •

차클   《손자병법》에는 인물을 등용하는 법에 대한 내용도 나오나요?

김   네. 장수의 자질을 굉장히 중요하게 다룹니다. 여러분은 장수의 자질이라고 하면 무엇을 가장 먼저 떠올리나요?

차클   체력·리더십·판단력 등이 좋아야 하지 않을까요?

김   손자는 제8편 '구변(九變)' 편에서 이렇게 말합니다. "죽음을 각오하면 죽을 수 있고 살기를 각오하면 사로잡히게 되며 분을 이기지 못해 성급하면 모욕을 당할 수 있고 성품이 지나치게 깨끗하면 치욕을 당할 수 있으며 백성들을 지나치게 사랑하면 번민하게 된다." 보통 전쟁에 나가서 용감하게 싸우는 건 장수의 미덕으로 꼽히잖아요. 그런데 손자는 용감한 장수를 부정적으로 평가합니다.

차클	잘 이해가 안 가네요. 예를 들어 설명해주실 수 있을까요?
김	《삼국지》에 좋은 예가 있습니다. 손자는 장수라면 용감한 게 능사가 아니라 남과 다르게 멀리 내다볼 줄 알아야 한다고 강조하는데요. 그 이유를 《삼국지》 속 전쟁을 통해 설명해드리죠. 《삼국지》 속 세 가지 큰 전쟁으로 적벽대전·관도대전·이릉대전이 있는데 이 중에서 이릉대전이 중요해요.
차클	왜 그런가요?
김	당시 유비가 다스리는 촉나라는 오나라와 동맹을 맺고 있었어요. 그런데 관우가 전략적 요충지인 형주 땅을 차지하자 형주를 탐내던 오나라의 손권이 동맹을 깨고 관우의 군대를 기습합니다. 그 결과 관우는 여몽의 군대에 붙잡혀 참수를 당해요. 그 소식을 들은 유비는 도원결의를 맺은 의형제 관우의 복수를 해야겠다고 결심합니다.
차클	그때 장비가 유비를 설득해서 군사를 일으키지 않았나요?
김	네. 유비는 자신의 아우를 죽인 여몽에게 복수하기 위해 전쟁을 일으키려고 하죠. 하지만 유비의 밑에 있던 장수들이 극구 말렸어요. 촉나라의 국력으로는 오나라를 절대로 공격해선 안 된다고 하죠. 그때 장비가 유비를 찾아온 겁니다.
차클	유비가 리더로서 나쁜 결정을 내렸네요.
김	그렇죠. 유비가 친정(親征)을 하겠다고 하자, 제갈량을 비롯한 주변 사람들이 모두 말렸어요. 오로지 장비만 유비와 뜻을 함께했죠. 관우의 복수를 하러 직접 전장에 나선 유비의 상대는 마침 오나라의 젊은 장수 육손이었습니다. 유비는 스물일곱 살밖에 되지 않은 육손을 무시했다가 결국 무참히 패하고 맙니다. 이때 유비의 나이가 예순한 살이었

어요. 전쟁에서 패한 뒤 유비는 촉나라 수도로 돌아가질 못하고 백제성으로 가서 여생을 한탄하다가 생을 마감했습니다.

차클   유비는 역시 명분에 너무 집착하는 리더였네요. 그런데 옆에서 그런 유비를 부추긴 장비도 어느 정도 책임이 있는 것 같아요.

김   심지어 장비는 전쟁을 치르기도 전에 준비 과정에서 부하들의 배신으로 죽음을 맞아요. 결국 유비는 관우만 잃은 게 아니라 장비까지 잃게 된 겁니다. 유비가 분을 이기지 못해 성급하게 나선 전쟁이 바로 이릉대전인데 여기서 의형제도 잃고 모든 것을 잃어버린 겁니다. 리더가 감정적 판단을 하는 바람에 국가적 재앙을 불러온 것이죠.

차클   장수가 멀리 내다볼 줄 알아야 한다는 게 그런 의미였군요. 그 밖에 필요한 자질은 무엇이 있을까요?

김   손자는 제10편 '지형(地形)' 편에서 병사들을 대할 때 대단히 자애롭게 대하라고 했어요. "병졸을 대하는 것은 마치 어린아이처럼 대할 것이니 그들과 함께 깊은 계곡을 달려갈 수 있기 때문이다"라고요.

차클   대표적인 사례를 좀 소개해주시죠.

김   전국시대 위나라의 장수였던 오기(吳起)가 그렇습니다. 그의 이야기를 다룬 〈오기열전〉이 유명한데요. 사실 오기는 인격적으로 굉장히 문제가 많았던 사람이에요. 자신이 장수가 되는 데 걸림돌이 된다는 이유로 자기 아내를 죽이기도 했거든요. 또 여자와 재물에 대한 욕심도 굉장히 강했고요.

차클   그 지경이라면 평판이 굉장히 나쁘지 않았을까요? 어떻게 장수로 등용된 거죠?

김   사실 오기는 노나라에서 장수로 있다가 쫓겨나서 위나라를 찾아가 다시 장수가 됐는데요. 당시 위나라 왕 문후가 이극이라는 신하를 시켜 오기가 어떤 인물인지 알아보라고 했어요. 이극이 보고하길 "오기는 탐욕스럽고 여색을 밝히지만 그의 용병술은 사마양저(司馬穰苴)도 따라가지 못합니다"라고 하죠.

차클 인간성은 안 좋은데 일은 잘한다는 소리네요.

김 그렇죠. 그런데 오기의 소문을 익히 듣고 있던 병사들의 마음을 단번에 돌리는 사건이 일어납니다. 어느 날 오기의 병사 중 한 사람에게 악성 종기가 생겼어요. 군의관은 전염될 수 있다고 말했죠. 그런데 오기가 직접 그 병사의 악성 종기를 빨아서 고름을 제거한 겁니다.

차클 왜 그런 위험을 감수한 걸까요?

김 병사들의 태도가 바뀐 것을 보면 그 의도를 알 수 있습니다. 오기가 종기를 빨고 나자 병사들이 오기를 따르기 시작했으니까요. 병사들은 "더러운 종기를, 더군다나 병사들의 몸에 난 악성 종기를 빠는 장수다. 우리가 소문만 믿고 편견을 가졌었네"라고 생각했겠죠. 《사기》를 보면 오기가 무려 일흔여섯 번 전쟁을 해서 예순네 번은 완승을 거두고 나머지 열두 번은 거의 무승부를 이뤘다고 기록돼 있어요. 춘추시대 때의 장군 중에서 드물게 무패 장수로 알려져 있죠.

차클 고름을 빤 효과가 대단했네요. 한편 손자가 전쟁을 피하는 것이 상책이라고 했다지만 부득이하게 전쟁을 치를 때 필요한 전술이나 작전도 알려줬겠죠?

김 네. 우선 질문 한 가지 드리죠. 졸속(拙速)이란 좋은 말일까요, 아니면 나쁜 말일까요? 이 단어는 '서투를 졸' '빠를 속'을 씁니다. 서투르지만, 빠르게 한다는 의미죠. 졸속이란 개념은 분명히 좋지 않은 개념인 게 맞습니다. 그런데《손자병법》에서는 병문졸속(兵聞拙速), 즉 전쟁터에서는 졸렬하지만 빠를수록 좋다고 말하고 있어요.

차클 졸렬하지만 빠를수록 좋다고요? 전쟁을 피해야 한다는 것처럼《손자병법》은 예상 밖의 가르침을 또 주네요.

김 우리 쪽 준비가 좀 덜 됐다고 해도 주도권을 장악할 수 있다면 상대방보다 먼저 선수를 치라는 것입니다. 이것이 졸속의 개념입니다.

차클 그런 뜻이라면 수긍이 갑니다.

김 제2편 '작전(作戰)' 편에는 "장기전이 되면 군은 피폐하고 사기는 떨어져 병력이 바닥난다. 장기간 군대를 싸움터에 머물게 하면 국가의 재정은 파탄이 난다"고 쓰여 있습니다. 또 "오랜 기간 군대를 햇볕에 노출시키면 나라의 기온이 부족해진다. 질질 끌면 결국 패하게 되고 그 틈을 타서 결국 다른 나라의 다른 제후들이 들어와서 결국은 나라까지 잃을 수 있다"고 했어요.

차클 그런데 6년간 질질 끌다 승리한 백거전쟁처럼 장기전을 통해 이긴 경우도 있지 않나요?

김 《손자병법》에는 전략의 양면성을 설명하는 경우가 굉장히 많습니다. 정반대의 개념을 같이 두는 것이에요. 예를 들어 상대편이 속도전으로 속전속결 전략을 펼치려고 한다면, 이를 역으로 이용해서 장기전으로 맞대응하면 이길 수 있다는 것이죠. 상대방의 속전속결 전략을 지구전 전략으로 역이용해서 성공한 사례가 굉장히 많습니다.

차클 축구에서 이기고 있는 팀이 침대 축구로 시간을 끄는 것과 비슷하군요. 대표적인 전쟁 사례로 무엇이 있을까요?

김 예컨대 중일전쟁을 떠올려보죠. 1937년 일본이 중국을 공격해서 중일전쟁이 벌어졌어요. 당시 중국 지도자였던 마오쩌둥은 일본의 치명적인 약점이 무엇일지 고민하다가 일본이 바다를 건너서 장거리를 이동해 전쟁을 치러야 하니 보급로 확보가 문제일 것이라고 판단했죠. 군 장비를 이동시키는 것도 어려울 것이라 생각했고요. 그래서 십중팔구 일본이 속전속결로 전쟁을 마치려 할 거라는 결론에 이릅니다.

차클 마오쩌둥은 반대로 가자는 전략을 세웠겠군요.

김 그렇죠. 논지구전(論持久戰)이라는 연설을 통해 새로운 전략을 내세웁니다. 일본이 드넓은 중국 땅을 휘젓고 다녀도 중국 입장에선 결코 서두를 필요가 없다고 했어요. 소극적인 반격으로 대응을 하자고 했죠. 1945년 제2차 세계대전이 끝날 때까지 전쟁을 질질 끈 결과 일본이 지쳐서 패하고 맙니다. 물론 그사이에 일본의 만행에 시달리긴 했지만, 큰 맥락에서 보면 마오쩌둥의 지구전 전략이 일본을 패망하게 만들었다고 볼 수 있는 것이죠.

차클 베트남전쟁 당시 벌어진 게릴라전도 비슷한 사례가 아닐까요?

김 맞습니다. 베트남전쟁에서 베트남 역시 지구전 전략을 활용했죠. 그 결과 경제력이나 전력 면에서 베트남보다 월등히 앞선 미국을 보응우옌잡 장군이 이겼잖아요. 전쟁을 빨리 끝내고 싶어 하는 강자를 상대하는 약자의 선택지는 상대방의 전략을 역이용하는 것뿐이에요. 베트남 군이 땅속에 숨어 들어가서 미군이 공격을 해도 나오질 않았던 것도 그런 지구전과 유격전의 일환이었죠. 그러니까 심지어 고엽제까지 뿌려댄 것 아니겠어요? 낮에는 정글에 숨고, 밤에는 기습 공격하며, 전면전을 피하고 시간을 끌었던 베트남은 미국에 큰 상처를 안겼습니다.

차클 《손자병법》에 소개된 또 다른 전술도 알려주세요.

김	우리 역시 평소에 정공이나 기습이라는 말을 많이 쓰죠. 《손자병법》 제5편 '세(勢)' 편에선 정합기승(正合奇勝), "무릇 전쟁이란 정공법으로 적군과 맞서고 기습으로 승리한다. 따라서 기습을 잘하는 자는 마르지 않는 것이 강과 바다 같다"고 가르칩니다.
차클	기습으로 선세를 역진했던 대표적인 사례가 있나요?
김	바로 인천상륙작전입니다. 1950년 한국전쟁 당시 낙동강까지 완전히 밀리던 상황에서, 맥아더 장군이 연합군을 이끌고 인천으로 상륙해 서울을 탈환하고 결국 이길 수 있다는 확신을 심어주었습니다. 하지만 당시 미국 국방부에서 이 작전에 찬성했을까요, 반대했을까요?
차클	반대했던 것으로 알고 있습니다.
김	네. 맞습니다. 반대했어요. 말도 안 되는 소리 하지 말라고 했죠. 왜냐하면 인천은 조수간만의 차가 가장 커서 배를 댈 수 있는 날이 한 달에 3일밖에 없었습니다. 9월 15, 16, 17일이었어요. 하루에 배를 댈 수 있는 시간도 세 시간밖에 되지 않았고요. 게다가 병력은 미국 해병대와 우리나라 병사들을 모두 합쳐 1만 5000명 정도로 그리 많지도 않았어요. 그래서 상륙작전의 가능성을 모두가 의심했지만, 맥아더 장군은 결국 성공했습니다.
차클	당시 북한군의 피해 규모는 얼마나 되었나요?
김	맥아더 장군이 인천상륙작전을 감행할 때 북한군이 2000여 명에 지나지 않았어요. 그래서 쉽게 인천을 탈환하고서 13일 만에 서울까지 수복합니다. 이후 낙동강 전선까지 밀고 내려갔는데 당시 낙동강 전선에 몰두했던 북한군의 사상자가 무려 10만 명이었다고 해요. 비교가 되지 않는 승리였던 것이죠. 전쟁사를 연구하는 사람들 사이에서는 인

천상륙작전이야말로 기습의 표준 사례라고 인정합니다. 만약 맥아더 장군이 인천으로 기습할 생각을 하지 않고 낙동강 전투에 집중하는 정공법을 택했다면 양쪽의 피해는 어마어마했을 겁니다.

차클 《손자병법》엔 도망치는 적군을 다루는 방법에 대해서도 나오나요?

김 손자는 제7편 '군쟁' 편에서 용병술의 금기 사항을 말합니다. "고향으로 돌아가는 부대는 가로막지 않고, 포위된 군대는 반드시 한쪽을 트이게 하고, 궁지에 몰린 적은 추격하지 않는다."

차클 적을 도망가게 두면 나중에 복수하려고 들지 않을까요?

김 이 점에 관해서는 논란거리가 상당히 많습니다. 적을 완전히 섬멸해서 죽일 것인가, 아니면 여지를 좀 남겨둘 것인가라는 문제인데요. 역사적 사례를 한번 살펴보도록 하죠. 제나라 중기의 병법가인 손빈(孫臏)에 대한 유명한 일화가 있어요. 손빈이 어릴 적에 방연(龐涓)이라는 사람과 함께 귀곡자(鬼谷子)라는 스승을 모시고 동문수학을 했어요. 원래 귀곡자는 방연을 제자로 두었었는데, 어느 날 손빈을 제자로 받아들였던 것이에요. 그런데 손빈이 너무 뛰어난 나머지 손빈에 대한 칭찬이 끊이질 않았죠. 늘 홀로 칭찬을 받던 방연은 손빈에게 자신이 밀린다고 판단했습니다. 그래서 몰래 사람을 시켜서 손빈의 두 발을 잘라버렸어요. 얼굴에도 먹물로 범죄자처럼 낙인을 찍어버렸습니다.

차클 그렇게 끔찍한 짓을 하다니 손빈이 복수심에 가득 찼겠어요.

김 그길로 손빈은 숨어버렸어요. 그리고 병법서를 쓰면서 복수의 칼을 갈기 시작했죠. 그러다 방연이 위나라로 왔고, 손빈이 제나라로 가게 되었습니다. 손빈은 제나라에서 일종의 참모장인 왕의 군사(軍師)가 됐어요. 그래서 결국 전쟁이 일어났을 때 방연과 딱 맞붙게 되었습니다.

차클　두 사람이 서로의 약점을 잘 알고 있지 않았을까요?

김　그렇습니다. 손빈은 방연이 정면 공격을 즐긴다는 것을 알고 있었죠. 그래서 병사들의 숫자가 점점 줄어드는 척하는 기만술을 펼쳤습니다. 그러고는 결정적인 순간에 자신들을 추격해오는 방연을 상대로 함정을 팠습니다.

차클　어떤 함정이었나요?

김　방연이 오는 길목에 나무를 베고 방책을 세운 뒤 군사들을 매복시켜 놨어요. 그리고 방책에는 "이곳에서 방연이 죽는다"라고 써두었죠. 마침 방연이 쫓아오던 때가 저녁 무렵이었습니다. 방연은 방책에서 어떤 글자를 발견했지만, 어두워서 잘 보이지 않았어요. 횃불을 비춰보는 순간, 자신이 이곳에서 죽는다는 글을 발견했죠. 그런데 그 횃불을 신호탄 삼아 손빈은 매복해 있던 병사들에게 화살을 쏘게 해서 방연의 군사들을 몰살시킵니다. 방연은 나중에 "내가 저 얼뜨기 같은 놈의 이름을 천하에 떨치게 만들었구나"라는 말을 남기고 스스로 목숨을 끊었다고 해요.

차클　손자는 궁지에 몰린 상대방을 쫓는 상황에 도취된다면 방연처럼 자신의 위험을 알아차리지 못하게 된다는 뜻으로 적을 추격하지 말라고 한 것인가요?

김　그렇습니다. 손자는 궁지에 몰린 적을 추격하다가 함정에 휘말려 낭패를 본 경우가 많다고 본 거예요. 역사적으로도 궁지에 몰려 있는 적을 추격하다 아주 비좁은 계곡에서 매복병을 만나 전세를 역전당한 경우가 많았습니다.

힘의 균형을 뒤집는 전략은 무엇인가

"미국과 중국 사이에서 벌어진 무역전쟁 같은 경우도 굉장히 무모한 것이라고 생각했잖아요. 그런데 결론은 트럼프의 한판승이라고 났죠. 저는 트럼프가 확실히 주도권을 쥐고 있다고 봅니다. 트럼프는 상대에게 부족한 게 뭔지 분명히 알고 있고, 상대에게 끌려다니지 않는 방법도 알고 있는 거예요. 그러면서 항상 강하게 기선 제압을 하고 상대에게서 반드시 뭔가를 얻어내죠."

• • •

차클 역전패나 역전승을 하는 경우도《손자병법》에서 많이 다루고 있나요?

김 그렇죠.《손자병법》에서는 형(形)과 세(勢)로 설명합니다. 형은 형태를 의미해요.《손자병법》에서 말하는 형이라는 것은 일반적으로 눈에 보이는 형태, 즉 변하지 않는 것으로 기본적인 전력을 말해요. 예컨대 상대편의 병력이 5만 명이고, 우리 편의 병력이 2만 명이라고 하는 전력은 변하지 않죠. 이런 것이 바로 다 형이에요.

차클 그럼 반대로 세는 변하는 것을 의미하나요?

김 맞아요. 그게 바로 세예요. 예컨대 축구 경기를 생각해보죠. 지난 러시아 월드컵에서 우리가 독일을 이겼잖아요. 아마도 우리가 독일을 이길 거라고 생각한 사람은 없었을 거예요. 형의 면에서 독일은 우리를 압

도적으로 앞서고 있었죠. 그런데 손흥민 선수의 재능이나 탁월한 감독의 용병술 등으로 세가 바뀌게 되면 제아무리 전력이 강한 독일 같은 팀이라고 해도 승리를 빼앗기는 일이 생깁니다. 그래서 전력이 강하다고, 즉 형이 확실하다고 해서 승리를 보장할 수 없어요. 그래서 손자가 강조한 것은 형보다도 세입니다. 보이는 전력보다 보이지 않는 전력이 더 중요하다는 것이죠. 이게 바로 형과 세의 차이점이에요.

차클　형이 불리했지만, 세를 바꿔 이긴 싸움이 또 있나요?

김　《삼국지》에서 원소와 조조가 맞붙었던 관도대전이 대표적이죠. 원소는 사세삼공(四世三公)이라는 말처럼 정말 집안도 좋고 수많은 모사들도 거느린 인물이었습니다. 게다가 당시 원소의 병력은 10만 명, 조조의 병력은 2만~3만 명에 불과했어요. 그런 조조에게 어느 날 책사였던 공융이 찾아와서 원소와 전쟁을 하게 되면 질 수밖에 없다고 말렸습니다. 반면 순욱이라는 책사는 조조를 찾아와 공융과는 다른 의견을 제시했습니다. 원소가 북방에서 10만의 대군을 거느리고 있으나 원소는 형제 간에 불화가 있고 장수와 신하 간에는 법도가 없으며, 휘하의 책사들도 탐욕스러우며 재산을 밝힌다고 고한 겁니다.

차클 조조가 누구의 의견을 따랐나요?

김 조조는 순욱의 말을 들었어요. 그의 말대로 원소가 이끄는 10만 명의 군대가 조조가 이끄는 2만~3만 명의 군대에게 대패를 당하게 됩니다. 손자는 상대편의 전력에 지레 겁을 먹고 전쟁을 포기하는 것을 굉장히 경계했습니다. 겉으로는 대단한 전력을 갖고 있는 것 같아 보여도 자세히 들여다보면 세를 뒤집을 만한 틈이 있다는 거죠. 약세라고 해서 다 약한 것이 아니라는 말입니다.

차클 형과 세, 꼭 기억해둘 만한 내용이네요. 또 다른 싸움의 전술도 듣고 싶습니다.

김 《손자병법》 제6편의 제목이 바로 '허실(虛實)'인데요. 이 중 핵심적인 문구가 바로 피실격허(避實擊虛)입니다. 즉, 실한 부분은 피하고 허한 부분은 치라는 것이죠. 상대편의 장점을 공격하지 말고 단점을 공격하라는 말입니다. 누구에게나 치명적인 약점이 있기 마련이에요. 그 치명적인 약점을 공격하는 게 승리의 지름길이라는 거죠.

차클 너무 당연한 얘기 아닌가요?

김 그렇긴 하죠. 역사 속 대표적 사례가 적벽대전입니다. 208년에 조조가 북방 평정을 마치고 벌인 전쟁입니다. 《삼국지》를 보면 거대한 바다 같은 곳에서 100만 대군이 싸웠다고 기록돼 있어요. 조조의 군대가 북방 출신인 탓에 수전에 약하다 보니 현무지라는 인공 연못을 만들어서 미리 훈련을 시키고 나서 전쟁을 일으킨 겁니다. 그런데 막상 상대인 손권이 전쟁을 하지 않으려고 했어요. 가급적 전쟁을 하지 않고 형주 땅을 원하는 조조와 화친을 맺으려고 했죠. 그래서 타협안을 찾던 중에 그 유명한 주유와 노숙이 등장합니다. 주유는 손권을 찾아가서 조조의 실한 부분과 허한 부분을 파헤쳐야 한다고 하죠. 조조의 군대는 육전에 강하고 수전에 약하니 조조를 충분히 이길 수 있다고 말했어요. 결국 손권은 주유의 말을 듣고 적벽대전에서 조조의 군대를 몰살시킵니다. 이처럼 상대편의 약점과 허점을 파고드는 게 중요하다고 손자는 말합니다.

차클 복싱에서 아웃복서들이 쓰는 전략 같네요. 배구나 테니스 경기에서 유독 약한 쪽으로만 서브를 넣는 경우도 떠오르고요.

김 맞습니다. 대부분 사람들이 치사해 보일까 봐 잘 하지 않는 행동이죠. 자존심이 상하기 때문인데《손자병법》에서는 전쟁에서 이길 수 있다면 그런 일들을 해서라도 이기는 게 지는 것보다 낫다고 보는 겁니다.

차클 요즘 미중 무역전쟁을 보면 미국과 중국 역시 각자가 서로의 약점을 공격하는 것 같아요. 트럼프나 시진핑이《손자병법》을 읽고 그런 전략을 펼치는 걸까요?

김 트럼프를 보면 예측불허라는 단어가 떠오르죠. 북핵 문제나 무역 문제와 관련된 트럼프의 말을 살펴보면 정말 속을 읽을 수 없을 때가 많아요. 그런데 그게 전략적이라고 느껴질 때가 있지 않았나요?

차클 정말 기습적인 발언을 서슴없이 하는 것 같아요. 트위터를 통해서도 김정은을 도발하기도 했다가 칭찬도 했다가 정말 종잡을 수 없는데, 그게 다 전략이란 말씀이죠?

김 이번에 미국과 중국 사이에서 벌어진 무역전쟁 같은 경우도 굉장히 무모한 것이라고 생각했잖아요. 그런데 결론은 트럼프의 한판승이라

고 났죠. 저는 트럼프가 확실히 주도권을 쥐고 있다고 봅니다. 트럼프
는 상대에게 부족한 게 뭔지 분명히 알고 있고, 상대에게 끌려다니지
않는 방법도 알고 있는 거예요. 그러면서 항상 강하게 기선 제압을 하
고 상대에게서 반드시 뭔가를 얻어내죠.

차클 비즈니스맨답게 이익 챙기는 데는 도가 튼 것 같아요.

김 네. 그렇죠. 그러다 보니 저는 트럼프를 볼 때마다 《손자병법》을 읽은
게 맞다는 생각을 지울 수 없었어요.

차클 김정은도 마찬가지인 것 같아요. 김정은 역시 미국을 쥐락펴락하는 솜
씨가 보통이 아니잖아요. 재선에 목을 매는 트럼프의 약점을 잘 이용
하고 있는 걸로 보여요.

김 30대라는 젊은 나이에 《손자병법》에 나오는 전략들을 적절하게 구사
하고 있다는 생각이 들어요. 그만큼 변화무쌍하기도 하고요. 아마 《손
자병법》을 공부했을 가능성이 높다고 봐요.

차클 세계의 리더들이 《손자병법》에 나오는 전략대로 자신들에게 유리한

상황을 만들어가고 있는 가운데 우리는 어떤 전략을 취해야 할까요?

김 지금 우리 주변 강대국의 지도자들은 하나같이 스트롱맨(strongman)이에요. 푸틴·시진핑·아베·트럼프·김정은을 보세요. 한결같이 《손자병법》을 상당히 공부했을 만한 사람들이 한반도를 둘러싸고 있는 상황이죠. 상대방들은 모두 술수를 가지고 우리를 대하는데 우리만 그런 술수를 갖고 있지 않다면, 그냥 당하는 수밖에 없겠죠. 그러니까 우리도 상대편이 사용하는 전략과 술수와 방법론을 파악해서 어떤 식으로 우리한테 접근하는지를 항상 예의 주시해야 합니다. 말하자면 상대편의 술수에 걸려들지 않도록 그들의 수를 잘 파악하고 있어야만 우리가 지금의 난국을 헤쳐나갈 수 있을 것입니다.

최준혁 우리가 보는 《손자병법》에 조조가 주석을 달았다고 하셨는데 정말 신기하더군요. 그러면 손자와 조조가 동시대 사람이었나요? 조조 외에도 주석을 단 사람이 없었는지도 궁금합니다.

김 위나라를 실질적으로 세운 조조는 평생 전쟁터를 누빈 장수이기도 합니다. 그가 가장 주의 깊게 읽은 책이 바로 손자의 《손자병법》입니다. 물론 두 사람이 살았던 시대는 다릅니다. 조조는 155년생이고 63세에 세상을 떠났으니 손자와는 적어도 600~700년의 시간 차이가 나요. 조조는 《손자병법》의 가치를 꿰뚫어 본 최초의 인물입니다. 각 구절구절에 자신의 생각을 분명히 표출해 손자의 견해를 파악하는 데 결정적인 기여를 한 주석가로도 손색이 없습니다. 조조를 기점으로 해서 왕릉·장자상·가후·이전·두목·매요신·왕석 등 10명의 대표적인 주석가가 있습니다. 이들의 주석을 총망라한 책이 바로 송나라 때 간행된 《십일가주손자(十一家注孫子)》라는 책입니다. 중국의 중화서국에서 이 책을 1961년에 간행했고, 현재 중국에 유통 중인 주석서는 거의 대부분 이 책을 모본으로 삼고 있습니다. 참고로 제가 이번에 중국에 가서 사온 《십일가주손자》(중화서국 간행 2010년 판)에는 특히 당나라 두목, 송나라 구양수, 송나라 정우현, 명나라 담개, 청나라 손성연, 필이순, 위원 등이 개인적으로 쓴 《손자병법》 주석에 관한 서문이 수록되어 있습니다.

이렇게 본다면 조조 이외에도 대표적으로 10명의 주석가가 쓴 주석이 존재한다고 확실히 말씀드릴 수 있습니다. 이미 2500년이 흐른 지금까지 전해지는 그 저력이 놀랍지 않습니까? 더구나 이 책의 영역본이나 수많은 해외판 주석서를 트럼프나 빌 게이츠가 탐독하고 있으니 말입니다.

차이나는 클라스

안중근은
왜 이토를
죽여야 했나

●

한철호

한국 근현대사의 진실을 찾아 끊임없이 추적하는 역사학자. 왜곡된 역사를 바로
잡는 역사교육자로, 한국사 교과서 대표 저자이자 안중근 의사 유해 발굴 추진단
자료위원 등을 역임했다. 현재 동국대학교 역사교육과 교수로 재직 중이다.

일본은 어떻게 우리를 짓밟았나

"우리는 병합이라는 말을 써서는 안 됩니다. 겉으로는 동등한 것 같지만 실제로는 일본에 의해서 한국이라는 나라가 지구상에서 완전히 사라지고 일본제국의 일부가 된다는 의미를 담고 있으니까요."

● ● ●

차클 안중근 의사는 이토 히로부미를 저격한 것으로 너무나 유명하신 분인데, 정작 어떤 생을 살아왔는지는 사람들이 잘 모르는 것 같아요.

한 네. 안중근 의사를 정확히 알려면 어떤 시대를 살았는지부터 먼저 살펴봐야 합니다. 그래야 안중근 의사가 이토 히로부미(伊藤博文)를 왜 처단했는지를 알 수 있습니다. 그리고 일본이 우리를 침략했던 죄상 자체를 정확하게 밝히는 것은 물론, 안중근 의사가 얼마나 뛰어난 식견을 가지고 정확하게 일본의 정곡을 찔렀는지를 이해해야 합니다.

차클 안 의사가 살았던 시대는 어떤 시기였나요?

한 안중근 의사가 태어난 해는 1879년입니다. 1870년대 중엽이면 이양선(異樣船)들이 조선의 개항을 요구하면서 자주 출몰하던 때입니다. 그러다 1876년에 우리가 최초로 일본과 불평등조약인 강화도 조약을 맺었죠. 조약을 맺은 사건 자체도 중요하지만, 일본과 맺은 조약을 전후로 해서 조선의 운명이 완전히 다른 길로 접어들게 됩니다.

차클 그런데 일제에 맞선 안중근 의사를 오히려 죄인으로 생각하는 한국인들도 있었다는 것이 사실인가요?

"한국 국민도 나라의 은인인 이토를 살해한 사람은 일본의 적이자 한국의 적이라고 난리요."

한 네. 일본이 얼마나 치밀하게 계획해서 우리를 침략했는지를 보여주는 대목이죠. 일본이 우리를 침략해서 집어삼킨 것은 명백한 사실입니다. 하지만 일본은 대외적으로 한국이 제대로 발전하지 못하고 여러 혼란을 겪고 있으니 이웃 나라로서 안타깝게 여겨 한국이 부국강병하도록 도왔다고 억지를 부린 겁니다.

차클 그런 얼토당토않은 일본의 논리를 믿는 사람들이 많았다는 건가요?

한 일부 친일파가 그렇게 생각했죠. 한국이라는 나라가 너무 부정부패가 심하고 모순되는 점들이 많았는데 일제의 지배를 받음으로써 조금 나아졌다고 보는 시각이 존재하긴 했습니다. 표면상 이전보다 경제적으로 발전하고, 철도나 전차도 놓이게 됐으니까요. 공장도 많이 들어서면서 먹고사는 것이 조금 더 편해졌다고 본 거예요.

차클 믿기 어렵네요. 일본이 오히려 이러한 논리를 내세우며 한국을 식민지로 만들지 않았나요?

한 1910년 8월 29일. 바로 우리가 나라를 잃은 날이죠. 일본과 우리가 맺은 조약의 공식 명칭은 '한일병합조약(韓日倂合條約)'입니다. "완전히 한국을 일본제국에 병합함을 승낙한다"는 내용으로 조약을 맺었어요. 그 말인즉, 한국이 지구상에서 폐멸됨을 의미합니다. 한국을 완전히 일본제국의 일부로 삼는다는 것이죠.

차클 '병합'이라는 말은 원래 이럴 때 쓰면 안 되는 것 아닌가요?

한 그렇죠. 병합이나 합병은 요즘도 우리가 흔히 쓰는 말들이에요. 두 대상이 서로 합치고 더 발전하기 위해서 좋은 의도로 뭉치는 것을 의미합니다. 처음에 일본은 합병이나 합방이라는 말을 꺼냈어요. 그런데 합병이나 합방은 조선과 동등하게 합치는 것처럼 비쳐지는 말이라서 일본조차 자존심이 허락하지 않았던 것이죠. 그래서 말을 조금 바꿔서 병탄(倂呑)이라는 말을 꺼냅니다. '아우를 병' '삼킬 탄', 침략의 의도가 담겨 있는 말이죠.

차클 듣고 보니 병합보다 병탄이 오히려 더 정직한 용어 아닌가요?

한 네. 맞습니다. 하지만 침략적 야욕이 노골적으로 드러나기 때문에 배제했던 거죠. 그래서 일제는 고심 끝에 합병을 뒤집어서 '병합'이라는 말을 만들어낸 것이에요. 그러니까 우리는 병합이라는 말을 써서는 안 됩니다. 겉으로는 동등한 것 같지만 실제로는 일본에 의해서 한국이라는 나라가 지구상에서 완전히 사라지고 일본제국의 일부가 된다는 의미를 담고 있으니까요.

차클 그럼 병합 대신 어떤 용어를 쓰면 좋을까요?

한 우리의 국가와 주권을 빼앗겼으니 '국권 찬탈'이나 '국권 침탈'이라는 말이 적절할 겁니다. 당시가 1910년 경술년입니다. 경술년에 국가적으로 최대의 수치를 당했다는 의미에서 경술국치(庚戌國恥)라고도 합니다. 나라가 치욕스럽게 망했다는 뜻이 담겼죠. 또 일본의 침략성이 명확히 드러나는 '한국 병탄'이란 용어도 사용합니다.

차클 병합이나 합병 같은 말을 아무 생각 없이 썼던 게 부끄러워지네요.

한 일제가 용어 하나하나를 그렇게 고심해서 만들어낸 것입니다. 100년 전에 만든 용어 하나에도 일본의 치밀한 전략이 담겨 있다는 것을 미처 깨닫지 못하고 있었으니 얼마나 무서운 일입니까. 무엇이든 실체를 알아야 역사적 진실에 한 발 더 다가갈 수 있습니다.

차클 일제의 한국 병탄 과정이 안중근 의사에게 큰 영향을 끼쳤겠군요.

한 네. 그렇습니다. 안중근 의사도 일제의 한국 병탄을 막으려고 의거를 단행한 것이죠. 왜 안중근 의사가 이토를 응징할 수밖에 없었는지, 일본의 야욕의 핵심을 안중근 의사가 얼마나 정확하게 파악했는지를 시대적 배경과 함께 살펴보겠습니다. 먼저 1871년 신미양요(辛未洋擾) 사건부터 얘기해보죠. 안중근 의사가 출생하기 8년 전입니다.

차클 미국 배가 우리 앞바다에 쳐들어왔던 사건을 말씀하시는 건가요?

한 네. 맞습니다. 그보다 앞서 1866년 당시 미국의 제너럴 셔먼호가 조선을 찾았을 때, 통상을 요구하면서 약탈과 난동을 부렸습니다. 낯선 배와 낯선 사람들이 침략한 것을 본 조선인들이 강력하게 저항해서 당시 제너럴 셔먼호 선원 전원이 사망하는 일이 벌어졌어요. 이 사건을 빌미로 미 함대가 수교를 맺으러 조선을 다시 찾아온 거죠. 그런데 이때 미 함대 사이에서는 조선군에 대해 다음과 같은 소문이 돌고 있었다고 합니다. "헤라클레스처럼 힘이 세고 호랑이처럼 잔인하고 윌리엄 텔처럼 화살도 잘 쏜다"고요.

차클 왜 그런 소문이 난 걸까요? 서양은 최신식 무기를 갖고 있고 조선은 상대적으로 무기가 열악했을 텐데요.

한 실제로 미군은 1분에 열 발을 쏘는 신식 무기를 갖고 있었고, 조선군은 1분에 한 발을 쏘는 무기밖에 없었어요. 그런데 병인양요 때 프랑스군을 용감하게 물리쳐서 이러한 소문이 난거죠. 그래서 미군은 당시 강화도로 오기 전에 일본 나가사키에서 제대로 전투 준비를 마치고 온 상태였어요.

차클 상대도 안 되는 대결이었겠네요. 그래도 조선군이 소문대로 잘 맞서 싸웠나요?

한 네, 맞습니다. 조선군이 정말 용감하게 맞섰다고 해요. 미군 측에도 "창과 칼이 부러진 자는 돌을 던지거나 흙을 뿌려 저항한다. 이토록 처참하고 무섭도록 구슬픈 전투는 처음이다"라는 기록이 남아 있지요. 하지만 전력의 차이로 인해 조선군 350명이 사망하고 미군은 전사자가 두세 명에 불과했다고 합니다.

차클 그 결과로 조선과 미국이 수교를 맺게 된 건가요?

한 미군은 자신들의 병력을 과시하면서 수교 협상을 기다렸어요. 미국은 조선 정부가 타협안을 제시할 걸로 기대한 것입니다. 그런데 조선 측에서는 영토를 잃지 않았으니 패배한 게 아니라고 생각했어요. 오히려 끝까지 항복하지 않겠다는 의사를 내비쳤죠. 상황이 이렇게 되니 예상치 못했던 장기전을 피하고 싶었던 미국은 더 이상 머물 수가 없었어요. 군사나 물자가 제대로 보급되지 않으면 자신들에게 더 손실을 줄 테니까요.

차클 그랬군요. 그런데 당시 서양은 외국과의 수교를 다 그런 식으로 밀어붙인 건가요?

한 네. 19세기 말의 외교는 평화적인 방식으로 이뤄지는 게 아니었어요. 대부분 무력을 사용해 일방적으로 밀어붙이면서 자신들의 야욕을 관철시켰죠. 가장 많이 사용한 수단이 우월한 군사력을 과시할 수 있는 군함입니다. 상대국에 군함을 보내 무력으로 자신들에게 유리한 조건을 이끌어내려고 하는 걸 이른바 군함외교 또는 포함외교(gunboat diplomacy)라고 해요. 미국뿐 아니라 프랑스도 그렇고 대부분의 서양 열강들이 이러한 방식으로 상대국과 수교를 하고 개항을 시켰죠.

차클 그럼 일본도 서양 열강들의 방식을 따른 것인가요?

한 네. 똑같습니다. 1854년 미국도 군함외교로 일본을 강제 개항시켰습니다. 그리고 1875년 일본이 미국과 같은 수법으로 조선에 접근을 합니다. 바로 운요호 사건이에요. 일본은 자신들이 미국에 당한 방식을 그대로 활용해서 조선을 개항시키죠.

차클 조선이 프랑스와 미국에게는 결사적으로 잘 버티다가 일본에게는 개

신미양요 참전 기념 사진을 찍고 있는 미국 군인들

항됐잖아요. 어떻게 개항됐을까요?

한　처음에 일본의 군함인 운요호는 조선의 해안 측량을 핑계로 강화도 해안으로 접근해왔습니다. 그리고 조그만 배를 타고 일본 군인들이 강화도 초지진을 향해 침투를 했어요. 조선군은 예고 없는 침투에 포격을 가하며 경고를 했죠. 하지만 일본군은 대대적으로 반격을 하지 않고 조선군의 경고만 계속 유도했어요.

차클　2018년에 일본 초계기가 한국의 구축함을 위협하면서 저공 비행한 사건이 있었죠. 왠지 그 사건을 연상시키네요.

한　맞습니다. 조선의 입장에서는 가만히 보고 있을 수 없으니 대응에 나섰겠죠. 그런데 일본 측은 일본 국기를 내걸었음에도 조선군이 포격을 가했다고 주장해요. 그러면서 자신들을 모욕한 것은 참을 수 있어도 국가와 국기를 모독하는 것은 못 참는다는 핑계를 내세워 조선에 보복을 가합니다. 그렇게 강화도 옆 영종도를 침략해 조선군과 주민을 학살해요.

차클　일본군이 먼저 조선 영토를 침범한 것이니 정당방위 아닌가요?

한　그렇습니다. 더 황당한 건 실제로는 일본군이 국기를 내걸지 않았다는 점이에요. 운요호의 함장이었던 이노우에 요시카가 일본의 수뇌부에 최초로 올린 보고서에는 "처음에는 국기 게양을 하지 않았다"는 기록이 남아 있어요.

차클　어처구니없네요. 거짓말을 꾸며대려고 미리 계획했다는 건가요?

한　그렇죠. 결국 자신들이 의도하던 대로 일본은 조선에 이 사건의 책임을 물으며 수교 통상을 요구했습니다. 운요호 사건으로 일본이 조선에 강요했던 조약이 1876년에 맺은 강화도 조약이고, 정식 명칭으로 조일수호조규(朝日修好條規)라고 합니다.

차클 강화도 조약엔 어떤 내용이 담겼나요?

한 강화도 조약은 조선이 주변 국가들과 체결했던 이전 조약들과는 달리 근대적인 형태를 띠고 있습니다. 최초의 근대 조약이에요. 그렇지만 상호 간에 평등한 조약이 아니라 일본에게 일방적으로 유리한 불평등 조약입니다. 대표적인 내용을 보면 "7조. 조선은 해안 측량을 허용한다. 10조. 범죄 사건은 자국의 법에 의해 처리한다"고 돼 있어요.

차클 일본이 조선의 해안을 측량하려고 한 속셈은 무엇일까요?

한 이 조항은 일본이나 중국이 다른 서구 열강과 조약을 맺을 때에는 없던 조항이에요. 일본이 우리에게만 요구해서 억지로 넣은 조항이죠. 그래서 일본이 무섭다는 겁니다. 일본은 19세기 중엽에 억지로 개항을 했을 때 미국이 일본의 해안을 측량하는 것을 지켜봤어요. 그리고 연안 측량 자료가 전쟁의 승패를 좌우하는 정보가 된다는 걸 깨달았고요. 자신들이 모르고 당했던 일을 조선과 조약을 맺을 때 미리 집어넣은 것이죠. 그렇게 하면 조선의 곳곳을 샅샅이 뒤져서 정보를 모을 수 있고 마음대로 군함을 들락날락거리게 할 수 있으니까요.

차클 어찌 보면 서구 열강들보다 더 악독하게 진화한 셈이네요. 범죄 사건을 자국의 법에 의해서 처리한다는 것도 너무 부당한 조항이잖아요.

한 네. 불평등 조약 중 가장 독소 조항입니다. 일본인들이 한국에서 활동하다가 살인을 저지르거나 다른 범죄를 저질러도 일본법에 의해 일본에 있는 고등재판소에서 재판을 받고 최종 판결을 하겠다는 거예요.

차클 범죄자를 그냥 일본으로 보내겠다는 의도를 당시 조선 관리들은 몰랐던 건가요?

한	이 조약은 일본이 처음 만든 게 아니에요. 서구 열강들이 만든 걸 일본에서 따라 한 거예요. 치외법권 혹은 영사재판권이라고 하죠. 제국주의 열강들은 자신들을 문화와 문명이 높은 문명국이라고 여겼어요. 반면에 자신들이 침략하는 나라들은 문화가 낮은 야만국이라고 봤습니다. 그러니까 문명인이 상대적으로 미개한 나라의 법에 의해서 처벌받을 수 없다고 주장한 거예요.
차클	안중근 의사가 법정에서 "조선의 국모 명성황후를 살해한 미우라는 무죄, 이토를 쏴 죽인 나는 사형, 대체 일본법은 왜 이리 엉망이란 말입니까"라고 항의한 게 이 조항 때문이군요?
한	네. 아주 정확하게 지적했어요. 모두 강화도 조약의 독소 조항 때문이에요. 그래서 우리가 시대적 배경을 함께 봐야 하는 것입니다. 그래야 안중근 의사의 행적을 더 의미 있게 볼 수 있습니다.

정한론이란 무엇인가

"19세기 중반은 일본이 미국에 의해서 강제로 개항을 했던 시기예요. 처음에는 일본도 서구 열강에 맞서 싸워야 한다고 했어요. 그런데 막상 맞부딪쳐 보니 싸워선 이길 수 없다고 판단한 것이죠. 대신에 자신들이 열강에게 빼앗긴 걸 약한 나라에게서 빼앗아야 한다는 것이 정한론의 대략적인 내용입니다."

• • •

차클   운요호 사건부터 강화도 조약까지 일본이 갑자기 조선을 침략한 게 아닌 것 같아요. 상당히 치밀한 계획을 세우고 실행한 듯합니다.

한   맞아요. 일본은 운요호 사건을 일으키기 전에 국제법의 대가로 불리는 프랑스인 귀스타브 에밀 보아소나드를 법률 고문으로 초빙했습니다. 그는 1875년 9월 11일에 운요호 사건으로 일본의 배가 포격을 당할 경우에 조선에 배상을 청구하라고 자문합니다. 그리고 운요호 사건으로 인해 일본 메이지 정부와 조선 정부가 협상을 벌일 때 최소한의 배상금을 요구하는 조건으로 수교를 제안하는 방안을 사전에 모의했다는 내용의 문서도 작성했습니다.

차클   혹시 그 문서를 받은 사람이 이토 히로부미인가요?

한	맞습니다. 운요호 사건이 일어나기 9일 전에 보아소나드가 작성한 문서를 이토 히로부미가 수신합니다. 당시 이토는 현재 한국의 산업통상자원부 장관이라 할 수 있는 공부경으로서 일본 외교 정책에도 관여하고 있었어요.
차클	일본은 어떻게 그렇게 치밀한 전략을 짤 수 있었던 것이죠?
한	그렇게 치밀한 전략은 하루아침에 그냥 나오는 것이 아니죠. 이른바 정한론(征韓論)과도 연관이 있어요. 정한론은 말 그대로 한국을 정복하거나 정벌하자는 주장입니다.
차클	정한론은 누가, 왜 만든 건가요?
한	19세기 중반 정한론의 토대를 만든 사람이 바로 요시다 쇼인(吉田松陰)입니다. 에도 막부 말기의 사상가로, 일본을 신국(神國)으로 믿고 정한론을 주장했죠. 이토 히로부미의 스승이기도 해요. 그가 살았던 19세기 중반은 일본이 미국에 의해서 강제로 개항을 했던 시기예요. 처음에는 일본도 서구 열강에 맞서 싸워야 한다고 했어요. 그런데 막상 맞

요시다 쇼인

에도 막부 말기의 사상가.
일본을 신국(神國)으로 믿고
정한론을 주장

부딪쳐 보니 싸워선 이길 수 없다고 판단한 것이죠. 대신에 자신들이 열강에게 빼앗긴 걸 약한 나라에게서 빼앗아야 한다는 것이 정한론의 대략적인 내용입니다. 오늘날 일본 국수주의자들의 원조라고 생각하면 됩니다.

"무력 준비를 서둘러 군함과 포대를 갖추고 오키나와와 조선을 정벌하여 북으로는 만주를 점령하고 옛날의 영화를 되찾기 위한 진취적인 기세를 드러내야 한다."

_《유수록》, 요시다 쇼인

차클   오늘날 일본 국수주의자들이라고 하면 아베 신조 총리도 포함되나요?

한   바로 아베의 정신적, 이론적 스승이 요시다 쇼인이에요. 그래서 우리가 과거를 공부해야 하는 것입니다. 과거 속에서 현재의 모습들을 발견할 수 있으니까요.

차클   그런 것 같아요. 지금도 일본 정부가 주변 각 나라들과 영토 분쟁을 일으키는 것도 정한론과 같은 사상이 깔려 있기 때문 아닐까요. 이토 히로부미도 정한론을 따르면서 조선을 침략하자고 주장한 건가요?

한   병탄 37년 전인 1873년에 정한론이 일본 내각회의를 통과했어요. 그런데 정한론을 실행하기 직전에 이토파가 반대합니다. 당시에 사절단으로 외국을 다녀온 사람 중에 이토 히로부미도 있었는데요. 주변 정세를 살펴보니 그때 조선을 치게 되면 조선에 영향력을 행사하고 있는 청나라가 개입할 가능성이 높다고 본 거예요. 조선이 일본에 뚫리면 위기감을 느낀 청나라가 가만히 지켜보지 않을 것으로 판단한 거지요. 조선은 말하자면 청나라의 동쪽 울타리였어요. 혹시라도 일본이

지게 되면 정한론은 물거품이 된다는 점도 고려했죠. 그래서 결국 이토 히로부미는 군사력을 키워 때를 기다리자는 쪽으로 돌아섭니다.

차클 조선으로서는 다행이었다고 봐야 할까요?

한 하지만 그게 더 무서운 것이었죠. 이토가 한국을 정벌하지 말자고 생각한 것이 아닙니다. 그는 완벽주의자였어요. 조선을 차지하되, 부작용을 최소화시키자는 주의였죠. 완벽하게 옭아매서 먹어버릴 때를 기다리자는 말입니다. 이게 이토 스타일입니다. 이토가 이러한 속내를 숨기며 내세운 거짓말은 "중국과 러시아에 대항할 힘도 없는 조선을 방치한다면 조선은 멸망할 수밖에 없다. 동양 평화에 해가 되지 않게 일본이 보호한다"는 것이었죠.

차클 어떤 근거로 조선이 스스로를 지킬 힘이 없다고 주장한 건가요?

한 당시 조선의 개혁 실패를 구실로 삼았어요. 내부적으로 혼란스러운 것도 있었고요. 일본은 조선이 독립 불가의 상태이니까 이웃 나라로서 안타까워서 외면할 수 없다는 핑계를 댄 겁니다. 안중근 의사도 법정에서 이토가 거짓말한 점을 비판했죠. "대한제국이 일본인의 보호를 받고자 원한다며 세계에 뻔뻔스러운 거짓말을 퍼트려 세계인을 농락한 죄"라고요. 그래서 자신이 이토를 처단했다고 밝힌 겁니다.

차클 그런데 요즘도 일본이 없었다면 지금의 대한민국이 되지 못했을 거라고 말하는 현대판 친일파들이 있어요. 심지어 역사학자들 중에도 식민지 근대화를 긍정적으로 이야기하는 사람들이 있고요.

한 본질을 봐야죠. 일본이 조선을 집어삼킬 야욕으로 행한 일들인데, 그 이면이나 본질을 보지 못하고 외양이나 현상만 보고 섣불리 평가하는 것은 위험한 일입니다.

왜 그들은 우리 땅에서 전쟁을 하는가

"전쟁의 명칭을 보세요. 청일전쟁, 러일전쟁이잖아요. 조선이나 한국은 당사국이 아닌 거예요. 하지만 전쟁의 목적은 조선의 지배권이었죠. 게다가 일본은 어려운 처지의 조선을 돕기 위해서 일본이 망하는 것을 감수하면서까지 중국이나 러시아와 싸웠다고 주장했어요. 그러니 조선은 일본에 감사해야 한다고요."

• • •

차클 당시 조선은 주변 국가들에게 어떤 존재로 인식되고 있었나요?

한 먼저 일본부터 얘기해볼까요? 일본은 조선을 칼로 생각했어요. 만약 조선이라는 칼을 중국이나 러시아 같은 강대국에서 잡게 되면 칼끝이 일본을 향할 거라고 생각한 것이죠. 그러니 그 칼을 남에게 주면 안 될 뿐만 아니라 칼끝이 대륙을 향하게 잡아야 일본을 보호할 수 있다고 생각한 거예요.

차클 일본의 속내는 조선이라는 칼을 잡고 대륙을 치겠다는 거였군요?

한 그렇죠. 대륙을 침략하기 위한 군사적 요충지로 조선을 인식한 거예요. 실제로 조선이라는 칼을 쥐고 두 번의 전쟁을 일으키죠. 1894년 청일전쟁과 1904년 러일전쟁입니다.

차클	그 바람에 청일전쟁 당시의 조선, 러일전쟁 당시의 한국은 전쟁터가 돼버렸네요?
한	맞습니다. 전쟁의 명칭을 보세요. 청일전쟁, 러일전쟁이잖아요. 조선이나 한국은 당사국이 아닌 거예요. 하지만 전쟁의 목적은 조선의 지배권이었죠. 게다가 일본은 어려운 처지의 조선을 돕기 위해서 일본이 망하는 것을 감수하면서까지 청나라나 러시아와 싸웠다고 주장했어요. 그러니 조선은 일본에 감사해야 한다고요.
차클	일본이 저런 주장을 할 만큼 당시 조선의 상황이 심각했나요?
한	형식적으로나마 조선의 지배층이 침략의 명분을 준 측면도 있긴 해요. 국내의 혼란(내란)이 일어났을 때 스스로 해결하지 못하고 청군을 끌어들여서 일본에게 빌미를 준 겁니다. 바로 1894년, 병탄 16년 전의 일이에요. 안중근의 나이 16세 때입니다. 조선 관리들의 부정부패에 반발해 농민들이 봉기하자 고종(1863~1907 재위)과 명성황후 척족 등 당시의 지배층이 청나라에 도움을 요청하는 일이 벌어졌습니다.

차클   동학농민전쟁을 말씀하시는 건가요?

한   네. 바로 동학농민전쟁입니다. 농민을 수탈하고 부정부패를 저지르는 관리들에게 분노한 수천 명의 동학농민군들이 서울로 가서 왕비의 외척인 민씨 척족들을 다 치겠다고 했어요. 민씨 척족의 권력 정점에는 누가 있었겠어요. 바로 왕비였던 명성황후죠. 어떤 사람들은 명성황후나 고종에게는 농민전쟁의 책임이 없다고 말하지만, 사실은 그렇지 않아요. 온 나라에 만연한 부패의 핵심인 왕비와 외척 세력을 끌어내리기 위한 운동이 바로 동학농민전쟁이었어요.

차클   왕비와 외척들이 오로지 자신들의 권력을 지키기 위해 내정 문제에 청나라를 끌어들였다는 건가요?

한   맞습니다. 농민들이 봉기를 하고 자신들의 과오를 지적하면 반성하고 개혁을 해야 하는데 그러질 않았단 말이에요. 조선의 지배층은 민중의 반발에도 꿈쩍하지 않았어요. 임오군란(1882) 때도, 갑신정변(1884) 때도 권력을 지키기 위해 고종과 명성황후는 청군을 끌어들여서 해결하려고 했어요.

차클   그런 식으로 청군이 조선에 파견되면서 일본군까지 조선에 발을 들이게 되는 빌미가 됐군요.

한   맞습니다. "우리가 도와줄게"라며 발을 들이밀었죠. 일본군의 조선 침략엔 그 외에도 여러 가지 이유가 있습니다. 임오군란 때 일본 공사관이 피해를 봤어요. 일본인 교관이나 거주민들도 일부가 죽거나 부상을 당한 거죠. 그 바람에 일본은 공사관과 자국민들을 보호한다는 명분을 내세워 군대를 주둔시킵니다. 임진왜란 이후 처음으로 서울에 일본의 군대가 주둔하게 된 거죠. 임오군란 이후 "일본 공사관에 병사 약간 명을 두어 경비하게 하며…"라는 내용을 담은 제물포 조약이 체결되기도 합니다.

차클 일본이 어떻게든 구실을 잡아서 세력을 야금야금 늘려나가려고 했는데 우리가 덜미를 잡힌 것 같아요.

한 청일전쟁 당시 일본 수상이 이토 히로부미예요. 결코 즉흥적으로 덤벼든 게 아니라는 말입니다. 정한론이 일본 내각회의에서 통과됐을 때 이토가 어떤 말을 했는지 앞서 말씀드렸죠? 지금 당장 싸우면 질 수 있으니 실력을 기르고 군비를 확장해서 이길 수 있을 때 싸우자고 했습니다. 바로 그때가 왔다고 본 거예요. 그래서 조선과 청나라 곳곳에서 청일전쟁을 벌인 것입니다. 실제로 일본은 청일전쟁에서 압승한 뒤에 동아시아 패권을 장악하게 되고요.

차클 그런데 일각에선 부패 척결과 반 외세를 외치며 봉기한 동학농민전쟁이 오히려 청일전쟁의 빌미가 돼 국권을 빼앗기는 원인이 됐다고 지적한다면서요?

한 굉장히 중요한 말씀을 해주셨어요. 동학농민전쟁은 좋은 의도로 일어났어요. 그런데 정부가 잘못 대처해서 외세를 끌어들이는 바람에 나라를 위협하는 전쟁으로 확대돼버렸죠. 그런데 자칫 논리를 잘못 펴면 동학농민들이 청일전쟁을 일으킬 빌미를 준 세력이 되는 거예요. 그런 논리를 내세우는 사람들이 일본에도 있었고 심지어 안중근 의사도 그와 비슷한 생각을 한 적이 있어요.

차클 더 큰 책임은 지배층에 있다고 봐야 하잖아요.

한 조선왕조 500년 동안 벌어진 봉기 중 동학농민전쟁이 가장 대규모였습니다. 외세 침략이나 지배층의 무능과 부패에 반발해 민중이 들고 일어났을 때 지배층이 반성하고 개혁을 해나갔어야 하는데 그러질 않은 게 문제였죠. 한편 동학농민군은 일본군에 의해서 패배하고 말았지만 잔여 세력이 항일 의병으로 발전하게 됩니다. 그 마음은 계속해서 남아서 제2, 제3의 의병으로 거듭나게 된 거죠.

차클 일본이 러시아와는 어떤 빌미를 내세워 전쟁을 치렀나요?

한 청일전쟁을 목격한 프랑스 종군기자이자 풍자화가인 조르주 페르디낭 비고의 그림을 보면 조선을 눈먼 장님에 빗대어 그리고 있어요. 일본군이 조선을 짓밟고 있고 멀리서 청나라와 러시아가 호시탐탐 노리고 있는 모습이죠. 당시의 정세가 정확히 그림과 같았어요. 러시아 입장에서는 따뜻하고 자원이 풍부한 지역을 차지하고 싶은 야욕이 있었겠죠. 가장 먼저 만주를 그리고 한국을 떠올렸을 거예요. 역시 조선을 차지하고 싶었던 일본이 러시아와 싸움을 할 수밖에 없게 된 거죠.

차클 당시에 조선과 러시아는 어떤 관계였나요?

한 고종은 일본을 견제하기 위해서 러시아와 손을 잡았어요. 조선이 러시아와 손을 잡는 데 앞장선 인물이 명성황후였다고 판단한 일본은 1895년 이른바 을미사변인 명성황후 살해사건을 일으킵니다. 안중근 의사가 이토를 처단한 첫 번째 이유가 바로 을미사변, 즉 "대한의 국모 명성황후를 시해한 죄"였습니다.

차클 이토 히로부미가 명성황후 살해와 직접적 관련이 있나요?

한 당시 일본 최고 책임자인 내각 수상이 이토였습니다. 실제로 이토가 명성황후 살해에 개입됐다는 것을 간접적으로 시사하는 문서도 발견돼요. 이토의 이름이 직접 드러난 건 아니지만 정황상으로 개입한 사실이 파악되죠.

차클	당시에 러시아가 조선을 돕긴 했나요?
한	조선에서 가장 높은 신분을 가진 사람이 국왕이고, 2인자가 왕비죠. 그런 왕비를 일본에서 죽였으니, 고종도 겁을 먹었을 겁니다. 자신도 언제 죽임을 당할지 모르는 상황인 거잖아요? 그래서 왕비를 잃고 대궐에 갇혀 지내던 고종이 궁녀의 가마를 타고 몰래 경복궁을 탈출합니다. 이 사건이 바로 1896년에 벌어진 아관파천(俄館播遷)입니다. 병탄 14년 전, 안중근의 나이 18세 때의 일입니다.
차클	청일전쟁을 겪었으면서도 섣불리 외세를 개입시켜선 안 된다는 교훈을 얻지 못한 건가요?
한	당시에 조선은 일본의 억압에서 빠져나갈 힘이 없었어요. 손발이 묶이고 외부와 차단이 됐으니 일단은 일본을 견제해줄 러시아 공관으로 피신한 거죠. 단기적으로는 아관파천으로 인해 일본이 한 발 물러나게 돼요. 일본을 피해 러시아 공사관으로 간 고종은 그곳에서 1년간 머물렀습니다. 하지만 세상에는 공짜가 없죠. 그동안 러시아가 여러모로 조선에 대한 영향력을 확대했고요. 고종은 러시아를 붙잡아두기 위해 광산과 삼림 채벌권 같은 경제적 이권을 내어줍니다.
차클	조선의 왕이 다른 나라 공사관에 머무는 것을 백성들이나 관리들은 어떻게 여겼나요?
한	당연히 창피한 일로 생각했죠. 백성들은 고종의 환궁 촉구 시위를 벌였습니다. 일본도 국제적인 여론을 살피느라 조선에 대한 강압을 상대적으로 늦추기도 해서 고종은 1년 뒤에 경운궁(덕수궁)으로 환궁을 합니다.
차클	이후 러시아와 일본은 어떻게 관계를 정리했나요?

한　먼저, 러시아와 일본은 여러 조약을 맺습니다. 베베르-고무라 각서, 로바노프-야마가타 의정서, 로젠-니시 협정 등을 맺어요. 일본과 러시아가 우리의 의사와는 전혀 관계없이 자기들끼리 조선을 어떻게 처리할 것인지를 함께 논의한 것이죠. 일단 서로 싸우지 않으면서 조선 내에서 세력의 균형을 맞추자, 일본의 경제적 우위를 인정하고 양국이 공동으로 관리하자는 내용의 협정들을 맺은 겁니다. 그사이에 고종은 각종 개혁을 추진하고 '대한제국'을 선포합니다. 황제의 나라로 위상을 높이고 근대 국가로 거듭나려는 행보에 나섰죠.

차클　러시아와 일본이 싸우지 말자고 여러 조약을 맺었다고 하셨는데 그럼 러일전쟁은 어떻게 발발했나요?

한　1904년 일본이 뤼순과 인천에서 러시아 군함에 기습 공격을 감행합니다. 국제법상 전쟁을 시작하려면 선전포고를 해야 합니다. 그런데 일본은 청일전쟁 때도 선전포고 없이 중국 군인 수송선을 공격해서 기선을 제압하더니, 러일전쟁 때도 먼저 제물포와 뤼순에 있는 러시아 함대를 공격해서 타격을 가한 후에 선전포고를 했어요.

차클　국제법을 무시해도 문제가 없다고 본 건가요?

한　일본 스스로도 알고 있었을 겁니다. 수단과 방법을 가리지 않고 이겨야 권력을 갖게 된다는 것을요. 국제법이라는 것 자체가 강자들이 만들어놓은 것이니, 일단 싸움에서 이기고 나서 뒷수습을 하면 된다는 걸 몸소 깨닫고 있었죠. 이기면 모든 게 용납될 수 있다는 것을 이미 배웠던 거예요.

차클　어쨌든 일본이 국제법을 어기고 러시아를 기습 공격한 건데, 다른 나라들이 도우러 나서진 않았나요?

한 각국 사이에 복잡한 이해관계가 얽혀 있었어요. 당시 세계 최강국은 미국이 아니라 영국이었죠. 영국의 입장에서는 러시아를 견제하기 위해 일본이 이기기를 바랐습니다. 러시아가 크리미아 전쟁 등으로 영국과 대립하고 있는 상황이었거든요. 영국이 한국에도 군대를 파견하면 관리해야 할 곳이 너무 많아져 힘들기 때문에 대신 싸워줄 나라가 필요했어요. 즉, 동아시아의 헌병 노릇을 할 국가를 원했는데 그게 일본이었죠. 그래서 영국와 일본은 러일전쟁 이전인 1902년에 제1차 영일동맹을 맺어요. 영국과 미국은 러일전쟁 당시 일본에 군사비 60퍼센트를 지원해주기도 합니다.

차클 강대국의 이해관계에 따라 우리 운명이 좌우됐다고 생각하니 착잡하네요. 러일전쟁에서 승리한 뒤 일본이 침략을 본격화한 거죠?

한 1904년 2월 러시아와 일본이 전쟁을 개시하면서 일본군이 서울을 점령했습니다. 이때가 병탄 6년 전, 안중근의 나이 26세 때입니다. 일본의 치밀하고 무서운 전략이 이때에도 드러납니다. 자국 군대를 동원해 한국을 침략하는 걸 합법적으로 만들기 위해 조약 체결을 강요해요. 마치 서로 협의해서 조약을 맺는 것처럼 꾸민 거죠. 그렇게 강제로 맺은 조약이 바로 1904년에 맺은 한일의정서입니다. 이 의정서는 일본이 "군략상 필요한 지점을 임기 수용할 수 있도록 할 것"이라는 내용을 담고 있어요.

차클 그 의정서 내용대로라면 대한제국에서 전쟁도 벌일 수 있다는 거죠?

한 그런 내용입니다. 일본군을 동원하고 전쟁을 치러도 그것은 침략이 아니라 한국을 보호하기 위한 합법적인 행위라는 것이죠. 그리고 한국의 정부가 그것을 기꺼이 승인했다고 써둔 겁니다.

차클 일본이 이렇게 치밀한 전략을 실행하는 동안 대한제국은 어떤 대처를 했나요?

한 당시 열강들의 속셈도 모른 채 전 세계에 일본의 침략상을 알리고자 분투했죠. 어찌 보면 순진했어요. 그만큼 국제 정세를 읽지 못했던 것이죠. 하지만 그 같은 국제 사회의 구도를 안중근 의사는 정확히 간파하고 있었습니다. 일본 법정이 안중근 의사를 향해 "일본이 한국을 멸망시킨다든가 병합시킨다든가 해도 만국이 감시하고 있기 때문에 그렇게 될 수 없다는 것도 알고 있는가?"라고 했어요. 그랬더니 안중근 의사는 "나는 일본이 한국을 병합하고자 하는 야심이 있음에도 불구하고 열국이 묵시만 하는 이유도 알고 있다"라고 답했다고 해요. 안중근 의사는 당시의 국제 정세를 정확히 꿰뚫고 있었던 것이죠.

차클 안 의사가 언급한 '열강이 한국의 상황을 묵시하는 이유'에 대해 좀 더 말씀해주시죠.

한 1905년 일본은 러일전쟁에서 승기를 잡은 후 한 달 간격으로 조약을 세 개나 연속으로 체결합니다. 그게 바로 열강들이 묵시하는 이유입니다. 미국과 일본이 체결한 '가쓰라-태프트 밀약'이 대표적이죠. 일본 수상 가쓰라와 미국 국무장관 태프트가 비밀리에 협약을 맺었어요. 일본이 대한제국을 차지하는 대신, 미국이 필리핀에 대해서 영향력을 행사하는 것을 상호 인정해준다는 내용을 담고 있어요.

차클 강대국들이 약소국들을 나눠 먹으면서 서로 간섭하지 않겠다는 것이군요?

한 맞습니다. 마찬가지로 같은 해 영국과 일본이 '제2차 영일동맹'을 맺으면서 영국의 식민지였던 인도의 지배를 인정해주는 대신에 일본의 대한제국 지배권을 인정해주기로 합니다. 또 러시아와 일본이 '포츠머스 강화조약'을 맺으면서 러시아가 대한제국을 포기해요. 더 이상 개입할 수 없게 된 것이죠.

차클   전 세계 모든 나라가 대한제국을 버린 셈이군요?

한   그만큼 일본이 치밀한 겁니다. 미국·영국·러시아까지 관리할 만큼 국제적 역학 관계의 핵심을 꿰뚫어 보고 있었던 거예요. 3국과 상호 조약을 맺어서 열강들이 무력으로 각자의 지배지역을 빼앗는 것도 막고 열강들이 서로 침범하지 않도록 이중으로 차단한 것입니다.

차클   그렇다면 일본이 열강으로부터 대한제국을 보호하기 위해 감시를 한다는 둥 둘러댄 말들이 다 거짓임이 드러났군요?

한   그렇죠. 일본은 열강들의 승인을 받고서 곧바로 1905년에 을사늑약, 2년 뒤인 1907년에 정미늑약을 맺습니다. "일본국 정부는 한국의 외교 관계 및 사무를 감리, 지휘하고…"라는 내용을 담고 있어요. 안중근 의사가 이토를 처단한 이유로 "을사늑약과 정미늑약을 강제로 체결하게 한 죄"도 언급했죠.

차클   한 나라의 외교권을 가져간다는 것은 실질적으로 그 나라를 없애버린 거나 다름없잖아요?

한   청일전쟁을 통해서 일본은 자신들이 조선을 손에 넣었다고 생각해 경복궁에 고종을 가뒀지만, 고종은 러시아 공사관으로 도망을 쳤었죠. 그런 여지를 차단하기 위해 외교권을 장악해서 바깥으로 통하는 손발을 다 묶어버린 겁니다. 청일전쟁에서 얻은 뼈저린 교훈대로 일본은 다시는 자기들이 범했던 실수를 되풀이하지 않겠다고 결심한 거죠.

차클   열강들과 조약을 맺어 대한제국에 대한 지배권까지 인정받았으니 정말 노골적으로 야욕을 드러낸 것이군요?

한 그렇죠. 외교권을 빼앗아서 다른 나라와 접촉할 수 있는 가능성을 완전히 차단한 다음에 차근차근 내부에서부터 지배를 확대해나갔습니다. 을사늑약의 "일본국 정부는 한 명의 통감을 두며…"라는 내용에서도 알 수 있듯이 이제 이토가 한국으로 건너와 통감이 된 뒤 실질적으로 외교권뿐만 아니라 내정권을 장악해나갔어요.

차클 고종이 조약을 제결하라는 이토의 말을 순순히 들었나요?

한 고종은 버티고 버티면서 마치 순국이라도 하겠다는 결의를 불사하죠. 그러자 이토는 방향을 바꿔서 가장 반대했던 한국 정부의 대신 한규설을 위협하고, 외부대신이었던 박제순에게 도장을 찍도록 만들었어요. 그런 식으로 이토는 강제로 을사늑약 체결을 이뤄냈습니다.

차클 바로 을사오적이 등장하는 사건이군요?

한 맞습니다. 일제의 침략 조약에 찬성한 다섯 명의 한국 대신들을 '을사오적'이라고 하죠. 군부대신 이근택, 내부대신 이지용, 학부대신 이완

용, 농상공부대신 권중현, 외부대신 박제순, 이렇게 다섯 명입니다. 이 중 특히 이완용이 가장 앞장섰습니다.

차클 그런데 황제의 승인 없이 대신이 도장을 찍은 걸로 한 나라의 외교권을 가져간다는 게 가능한가요?

한 네. 그래서 나중에 고종도 을사늑약은 무효라고 주장을 합니다. 자신이 승인을 하지 않은 것이라고 폭로하죠. 하지만 달라지는 건 없었어요. 더 무서운 것은 일본 스스로 불법이란 점을 내심 인정했다는 거예요. 완전한 조건을 갖추지 못했음을 파악한 거죠. 겉으로는 도장을 찍었으니 그만이라고 주장했지만, 속으로는 다시는 실수하지 말아야겠다고 다짐을 합니다. 그래서 1910년 병탄을 할 때에는 이완용을 시켜서 순종에게 전권위임장을 받아오라고 해요. 그렇게 위임장을 받아와서 도장을 찍고, 황제의 칙령으로 비준을 대신하는 절차를 밟았으니 완전히 합법이라고 한 겁니다.

병탄의 책임은 누구에게 있는가

"이토를 좋은 이미지로 보는 사람들도 일부 있었을 거예요. 부패한 지방 관리들이 죄를 지으면 일본 측에서 그런 관리들을 찾아내서 벌주는 경우도 있었거든요. 이 모든 것들이 한국 사람들의 인심을 얻기 위한 것이었죠. 그러니까 일부에선 민중을 수탈하는 한국 관리들보다 일본이 다스리면서 더 좋아진 측면이 있다고 보기도 했어요."

• • •

차클   일본이 이토록 불평등하고 불법적인 조약을 맺으며 우리를 침탈하고 있을 때 대한제국의 조정은 어떻게 대응하고 있었나요?

한   고종은 러일전쟁 때 중립을 선언했지만 일본이 무시했습니다. 을사늑약 체결 당시엔 무효화를 알리는 선언도 했어요. 나름대로 열심히 외교활동을 하면서 일본의 부당성과 위협성에 대해서 폭로했습니다. 여러분도 잘 알다시피 1907년 네덜란드 헤이그에서 열린 만국 평화회의에서 일본의 만행을 알리려고도 했어요.

차클   이상설·이위종·이준 열사 말씀이죠?

한   맞습니다. 원래 러시아에서 한국 측에도 초청장을 보냈어요. 그런데 평화회의가 1년 연기됐고 그사이에 러시아도 일본과 한통속이 되는 바람에 우리는 만국평화회의에 참석도 못 하게 됩니다. 그 바람에 이준 열사는 헤이그에서 분해서 돌아가셨어요. 겉으로는 동양의 평화, 세계의 평화를 외치는 회의이다 보니까 '저들이 우리의 상황을 봐줄 것이다'라고 생각해 찾아갔는데, 국제회의장도 결국 힘의 논리가 모든 것을 지배하고 있었던 거죠. 그렇게 세계는, 제국주의 열강은 약육강식의 논리로 물들어 있었어요.

차클 국제사회에 협조를 구하려던 대한제국 측 노력을 일본이 가만히 두고 보진 않았겠죠?

한 그렇죠. 자기들이 전쟁까지 벌이면서 보호해주고 있는데 한국이 엉뚱한 짓을 하고 있다면서 고종에게 책임을 묻습니다. 결국 이토가 고종 황제를 폐위시켜버리고 말아요. 그러고 나서 고종의 아들인 순종을 강제 즉위시킵니다. 외교권을 강탈하고 군대도 해산시키고, 황제까지 제 마음대로 바꿔버린 것이죠. 이때가 바로 1907년 7월, 병탄 3년 전입니다. 안중근 의사 의거 2년 전이에요.

차클 점점 더 이토의 야욕이 노골화되는군요.

한 맞아요. 그런데 이토는 나라를 위해 기꺼이 목숨까지 바치는 한국인의 의지를 알아차리게 됐어요. 무력으로 한국을 손에 넣으면 오히려 반발이 크게 일어날 것이라고 예상한 거죠. 한국은 1, 2년 쓰고 버릴 소모품이 아니니 일본의 발전을 위해서는 영구적으로 일본의 일부로 만들어야 한다고 생각합니다. 그러려면 한국인들에게 인심을 얻고 그들이 스스로 굴복하게끔 만들어야 한다고 여겼어요. 그래야 자신들의 지배력도 공고해지고 오래간다고 판단한 것이죠.

차클 정말 치밀하네요. 그래서 그 생각을 구체적으로 어떻게 실행했나요?

출처: 국립고궁박물관

한   순종을 내세워서 순행이라는 것을 해요. 남쪽으로 한 번, 북쪽으로 한 번씩 순행을 갔습니다. 대한제국의 황제를 못살게 굴거나 핍박하거나 괴롭히는 것이 아니라 황제의 뜻을 잘 받들어 대한제국이 이룩하지 못한 개혁을 추진하는 것이라고 믿게끔 연출을 한 것입니다.

차클   실제로 이토의 의도대로 이런 속임수가 먹혔나요?

한   이토를 좋은 이미지로 보는 사람들도 일부 있었을 거예요. 부패한 지방 관리들이 죄를 지으면 일본 측에서 그런 관리들을 찾아내서 벌주는 경우도 있었거든요. 이 모든 것들이 한국 사람들의 인심을 얻기 위한 것이었죠. 그러니까 일부에선 민중을 수탈하는 한국 관리들보다 일본이 다스리면서 더 좋아진 측면이 있다고 보기도 했어요.

차클   이토가 한복을 입고 친한파처럼 보이도록 찍은 사진을 본 것 같아요. 딱 봐도 연출한 건데 그런 술수가 정말 효과가 있었나요?

한   물론 있었죠. 이토는 일본 내에서 최고 권력자였던 사람이란 말이에요. 수상을 네 번씩이나 지냈던 사람이 한참 낮은 한국 통감직을 맡아서 왔는데, 한국을 사랑하고 한국을 아끼는 것처럼 시늉을 하니 일부는 속아 넘어갈 수도 있었겠죠.

차클 그런데 한국 통감이던 이토가 어쩌다 러시아 땅에서 안중근 의사에게 피격을 당하게 된 것인가요?

한 그 무렵 이토가 한국 통감 자리에서 물러났는데, 그때 이토는 마지막으로 할 일이 러시아와 조약을 다시 한번 공고히 하는 것이라고 생각했어요. 비록 러시아가 일본과 조약을 맺어 한국 땅을 양보했지만 언젠가 다시 한국을 차지하려 할지도 모른다고 판단한 것이죠. 그래서 러시아가 한국을 포기한다는 의사를 재차 확인하기 위해 하얼빈으로 갑니다. 1909년 10월의 일입니다.

차클 이토가 한국 통감 자리에서 물러난 이유는 뭔가요?

한 한국 사람들이 자신의 계략에 다 넘어갈 줄 알았는데, 오히려 저항하는 세력이 더 늘어나는 것을 보고 겁을 먹은 거죠. 한국 사람들이 자기를 원흉으로 보고 처단할지 모른다는 불안감에 휩싸여서 두려움에 떨었을 겁니다. 그래서 무력으로 제압할 필요성을 느꼈던 것이에요. 러시아 재무장관인 코코프초프와 회담을 하기 위해 하얼빈으로 간 이유이기도 합니다. 그 순간에 안중근 의사가 나서서 응징을 한 것이죠.

차클 이토 히로부미를 처단했어도 결국 병탄을 막지는 못했죠.

한 일본이 한국을 병탄한 날이 1910년 8월 29일이에요. 이토는 죽었지만 이토의 원래 계획과 야욕은 결국 이뤄진 겁니다. 하지만 안중근 의사가 이토를 처단하기 위해 하얼빈에 간 것처럼 이후 수많은 의병이 전국 각지에서 일어나 뜻을 함께하고 그 정신을 이어나갔습니다. 안중근 의사는 시대적인 사명을 인식했어요. 개인적인 안위가 아니라 자신에게 주어진 역사적 조건 속에서 조국과 민족을 위해 해결해야 될 문제를 나름대로 처리하고자 이토를 그 대상으로 삼은 거죠.

차클　일각에선 안중근 의사가 이토 히로부미를 사살하는 바람에 오히려 병탄의 빌미를 줬다는 견해도 있다는데요. 어떻게 생각하시나요?

한　이토에 대한 오해 중 하나는 그가 온건주의자이자 평화주의자로 알려져 있다는 것이에요. 그래서 일본 강경파들은 거꾸로 안중근 의사가 병탄의 원인이라는 논리를 내세우죠. 하지만 이토가 겉으로는 한국을 병탄하지 않으려는 척했지만, 실제로 병탄에 대한 야욕을 드러냈다는 증거가 있습니다.

차클　확실히 기록으로 남아 있나요?

한　네. "1909년 4월 10일, 이토는 곧바로 전적으로 (병탄에) 동감한다고 명확하게 말하였다." 일본 외무성 정무국장 구라치 테츠기치의 회고록 《한국병합의 경위》에 이렇게 나와 있습니다. 안중근 의사에게 이토 히로부미가 응징을 당하기 6개월 전 일입니다. 일본 내 강경파들이 한국을 빨리 빼앗아버리자고 하자 이토가 "응, 병탄해야지"라고 동의했다는 기록이 남아 있는 거예요. 일본의 강경파들도 이토가 정한론 때처럼 또 반대하면 골치 아플 거라고 생각했는데 의외의 대답을 접하곤 깜짝 놀랐다고 해요. 즉, 안중근 의사의 의거 때문이 아니라 이토가 죽기 6개월 전에 이미 일본에선 병탄을 결정하고 있었다는 말이죠.

차클　그렇군요. 안중근 의사 이후 정말 수많은 분들의 희생이 있었기에 그나마 병탄의 아픔을 딛고 독립을 할 수 있었던 것 같아요.

한　전국 각지에서 장렬히 싸운 의병의 수는 약 30만 명으로 추정됩니다.

그들이 지키고자 했던 것은 순종 황제나 지배층도 포기한 이 나라의 주권이었어요. 이 같은 의병 투쟁이 3·1운동이라는 민중운동의 불씨가 됐죠.

차클 역사를 배울 때마다 느끼는 거지만, 지배층이 망쳐놓은 나라를 민중의 힘으로 다시 일으켜 세우는 일들이 반복되는 것 같아요.

한 그렇죠. 1917년에 독립운동가 열네 분이 임시정부 수립을 촉구하며 제창한 대동단결선언문을 보면 그런 정신을 잘 엿볼 수 있습니다. "융희 황제가 삼보(주권)를 포기한 경술년 8월 29일은 즉, 우리 동지가 주권을 계승한 날이니 그동안 한순간도 숨을 멈춘 적 없음이라. 우리 동지는 완전한 상속자니 저 황제권 소멸의 때가 즉 민권 발생의 때요, 구한국의 마지막 날은 즉 신한국 최초의 날이다."

황제는 나라를 포기했어도, 국민은 포기하지 않았다는 말이죠. 의병도 계속 자유를 위해서 싸웠어요. 1910년 8월 29일은 한국이 병탄된 치욕의 날, 나라가 멸망한 날, 국망이고 경술국치이기도 하지만, 거꾸로 생각하면 비로소 주권이 국민에게 내려온 새로운 한국이 탄생한 날이라는 거예요. 얼마나 기막힌 논리입니까. 우리의 정통성이 조선과 대한제국을 거쳐 국민에게 넘어왔으니 국민이 국민의 국가를 만들자는 선언과도 같은 것입니다. 그러한 정신을 이어받은 1919년 3·1운동을 발판 삼아 대한민국으로 거듭난 것이죠.

안중근은 어떻게 독립운동을 하게 되었나

"을사늑약 전후로 많은 사람들이 저항 운동을 합니다. 자결도 하고 의병 운동노 벌이죠. 안중근 의사는 당장 일본군에 맞서는 것은 어렵다고 판단하고는 국내보다 해외에서 길을 찾기로 합니다. 상대적으로 일본의 감시가 적은 중국 상하이로 이동하게 돼요."

• • •

차클   안중근 의사와 관련해 의거 외에는 알려진 게 별로 없는 듯해요.

한   안중근 의사의 자서전《안응칠 역사》를 보면 스스로 제일 좋아하는 것이 네 가지 있다고 말해요. '친구를 사귀어 의를 맺는 일', '술을 마시고, 노래 부르고, 춤추는 일', '총으로 사냥하는 일', '잘 달리는 말을 타고 빨리 달리는 일'이에요. 마치 어디서나 볼 법한 동네 형 같은 느낌이죠. 그중에서도 제일 좋아하는 게 친구를 사귀고 결의하는 거였어요. 그래서 젊은 시절에는 여느 청년들처럼 술 마시고 노래 부르고 친구들과 겨루는 일을 상당히 즐겼다고 해요.

차클   정말 동네 형처럼 친근한 모습이 떠오르네요.

한   하지만 어떤 면에선 성질이 불같은 사람이었어요. 그래서 안중근 의사의 부모님들은 아들의 성격을 고려해서 '무거울 중(重)' '뿌리 근(根)'을 써서 이름을 짓죠. 차분함을 갖추라는 뜻에서요.

차클 안중근 의사는 어떤 집안에서 자랐나요?

한 굉장히 유복하게 자란 편이었어요. 할아버지가 황해도에서 진해 현감을 지내셨거든요. 아버지 안태훈 선생도 굉장히 학식이 높았어요. 안중근 의사가 살았던 동네도 청계동이라는 곳인데 주변의 집들보다 훨씬 좋은 기와집에서 잘사는 편이었죠.

차클 안중근 의사가 나랏일에 관심을 갖기 시작한 건 언제부터인가요?

한 안중근 의사가 살던 황해도 지역에서 동학농민전쟁이 일어나게 돼요. 그런데 안중근 의사는 동학에 참여한 게 아니라 반대로 농민군을 진압하는 일을 했어요.

차클 아니, 왜요? 불의를 보면 참지 못하는 성격이면 동학농민군과 뜻을 함께하셨을 것 같은데요.

한 집안의 영향이 컸어요. 할아버지와 아버지가 모두 나랏일을 하셨으니까요. 게다가 전통적인 유학자 집안에서 태어나 어릴 때부터 서당에서 할아버지에게 사서삼경(四書三經)을 배운 사람이었거든요. 유학의 가르침을 받은 사람으로서 나라에 반하는 행동을 하는 것은 국가 기강을 어지럽히는 행위라고 여겼던 거예요. 또 동학을 빙자해서 횡포를 부리는 사건들도 일부 있었고요. 그래서 당시 16세의 안중근 의사는 진압군의 선봉대가 돼서 동학군과 맞서 싸웠습니다.

차클 당시 동학군에 김구 선생이 참여했다고 들었어요.

한 맞아요. 16세의 안중근 의사는 진압군으로, 19세의 김구 선생은 농민군으로 마주치게 된 거죠. 하지만 안중근의 아버지 안태훈 선생이 김구가 쫓긴다는 소식을 듣고 자신의 집에 숨겨주었고요. 몇 개월 동안 같이 살며 안중근 의사와 김구 선생은 가까운 관계가 됩니다.

차클 안태훈 선생이 김구 선생의 비범함을 알아보고 챙긴 것이군요?

한 그렇습니다. 처음에는 서로 맞섰더라도 본질적으로 나라를 위하는 마음을 알아본 것이죠.

차클 참 아름다운 인연이네요. 그나저나 안중근 의사의 이름 앞에 '도마'라는 호는 어떻게 붙게 됐나요?

한 안중근 의사의 세례명인 토마스에서 나온 것입니다.

차클 원래 유교 집안에서 자랐다면서요?

한 종교적으로 변하게 된 결정적인 계기가 있었습니다. 황해도에 동학군이 습격을 했을 때였어요. 당시에 노획한 쌀 천 석을 아버지인 안태훈 선생이 의병으로 모였던 사람들에게 나눠주고 군량미로 쓰게 했죠. 그런데 나중에 정부에서 공을 치하하기는커녕 군량미 천 석을 다시 내놓으라고 하죠.

차클 동학군을 토벌하고 나라의 체제를 지키기 위해 노력한 사람들에게 적반하장으로 대하는 걸 보고 마음이 돌아섰던 것인가요? 그래서 유교 사상에도 등을 돌리고요?

한 그런 것도 작용을 합니다. 나라에 충성하는 사람들한테 상을 내려줘도 모자랄 판에 벌을 내려주는 이 나라가 제대로 된 나라가 아니라고 생각하게 된 것이죠. 그래서 안태훈 선생은 가족들을 이끌고 도망을 갑니다. 그곳이 바로 명동성당이었어요.

차클 그렇게 천주교를 접하게 되셨군요.

한 네. 그렇습니다. 대체로 외국인들이 우리보다 강했으니까 어느 정도 보호를 받을 수 있었어요. 또한 종교시설은 성역으로 취급하곤 하잖아요. 예전에 우리나라에서 민주화 운동을 할 때에도 많은 사람들이 그곳으로 피신을 했던 것도 그런 이유 때문이고요. 그렇게 성리학에 빠져 있던 안중근 의사가 천주교의 만민평등 사상을 접하고 천주교에 입교하게 됩니다. 신부들 덕분에 군량미 문제도 해결이 돼요.

차클 천주교를 받아들인 뒤 어떤 활동을 하셨나요?

한 굉장히 열성적으로 선교 활동을 했습니다. 열심히 교리를 공부해서 신부들이 설교하는 것보다 더 설득력 있게 교리를 전파하기도 해요. 열의에 차서 당시 국내 천주교의 대표적 인물인 뮈텔 주교에게 "천주교 대학을 설립해 백성들을 교육하고 인재를 양성하는 건 어떨까요?"라고 제안하기도 했어요. 그런데 뮈텔 주교는 "오히려 대한인이 학문을 하게 되면 종교를 믿는 데 소홀해질 것"이라며 만류했다고 합니다.

차클 안중근 의사가 실망했을 것 같은데요?

한 맞습니다. 안중근 의사가 깨우침을 얻는 또 다른 계기가 됐어요. 천주교의 핵심 인사들이 말로는 평등을 외치면서 일본과 다를 바 없는 제국주의적 차별 의식을 가지고 있다는 것을 확인하게 된 겁니다.

차클 그래도 도마라는 호를 계속 쓰신 것을 보면 천주교를 떠나진 않으셨나 봐요?

한 안중근 의사는 종교는 믿을 수 있어도 서양 사람들을 믿지 못하겠다고 판단했어요. 또한 종교가 국가와 국민과 민족을 위하는 것이 아니라면 자신은 종교보다도 국가를 먼저 앞세우겠다고 다짐하죠. 그렇게 민족의식을 싹 틔우기 시작합니다. 당시에 천주교를 통해서 프랑스어도 굉장히 많이 배웠는데, 프랑스어를 배우면 프랑스인들의 앞잡이가 된다는 생각에 프랑스어 공부도 그만두죠. 만약 우리나라가 부강해지면 외국어를 안 배워도 된다고 생각한 거예요. 오히려 다른 나라 사람들이 우리 한글을 배우면 된다고 말이죠.

차클 안중근 의사가 천주교 선교 활동을 했던 시기에 한국은 어떤 상황이었나요?

한 암울한 시기였습니다. 정치적으로도 불안정하고 대외적으로도 러일전쟁이 벌어져서 위기에 처했던 시기죠. 일본이 러시아 함대를 기습 공격하고 한국을 보호한다는 구실로 병력을 이끌고 서울로 들어와서 완전히 일본 병영처럼 만들어버리던 무렵입니다. 황제도 군대도 제 힘을 발휘하지 못하고 있었어요.

차클 그 무렵 안중근 의사가 일제에 맞선 저항 활동을 시작하나요?

한 을사늑약 전후로 많은 사람들이 저항 운동을 합니다. 자결도 하고 의병 운동도 벌이죠. 안중근 의사는 당장 일본군에 맞서는 것은 어렵다고 판단하고는 국내보다 해외에서 길을 찾기로 합니다. 상대적으로 일본의 감시가 적은 중국 상하이로 이동하게 돼요.

차클 당시 상하이에 함께 일을 도모할 사람이 있긴 했나요?

한 명성황후의 조카 민영익이라는 사람이 있어서 먼저 그를 찾아갑니다. 그는 민씨 집안에서 가장 먼저 권력을 잡았고 당시 최고의 힘을 가진 사람이었어요. 인삼 전매권을 갖고 있어서 엄청난 부를 축적하기도 했었고요. 그래서 안중근 의사가 그에게 가서 나라를 위한 일을 논의하고 재정 지원도 받으려고 했으나, 좀처럼 만나주질 않았다고 해요.

차클 잇속만 챙길 뿐 나라를 위한 일엔 별 관심이 없었던 건가요?

한 그런 셈입니다. 민영익은 기득권을 누리기만 했지 나라를 위한 일에 적극적으로 관여하지 않은 것이 사실이에요. 안중근 의사는 민영익 외에도 서상근이라는 재력가를 비롯해 여러 사람을 만나보지만, 아무에게도 도움을 받지 못해요. 다들 제 살길에만 관심이 많았던 거죠. 그때 르각(Le Gac) 신부를 만나게 됩니다.

차클 천주교 내에서 안중근 의사를 도운 사람이 나타났군요?

한 네. 르각 신부는 한국에서 선교 활동을 한 경험이 있는 사람이었어요. 안중근 의사는 당시 우리나라의 상황을 이야기하고 해외 체류 인사들에게 도움을 청하려 했으나 모두 거절당했다고 털어놓죠. 그러자 르각 신부는 안중근 의사에게 치욕스러운 현 상황을 탈피하려면 한국 사람들이 실력을 길러야 한다고 조언해요. 그러려면 교육을 해야 하고 경제를 살려야 하며 민심을 단합시켜야 한다고 하죠. 이렇게 나라를 떠나 바깥에 나와서 시간을 허비하고 있을 때가 아니라고요. 그래서 안중근 의사가 다시 귀국을 해서 계몽 운동에 뛰어듭니다. 그때가 1906년이에요. 안중근 의사의 나이 28세, 의거 3년 전이죠.

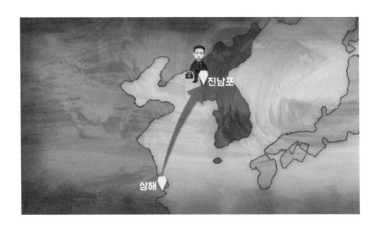

차클 계몽 운동이라니 구체적으로 어떤 활동을 하셨나요?

한 귀국 후에 진남포 쪽에 있는 돈의학교라는 천주교 학교를 인수해서 인재 양성에 힘을 쏟습니다. 삼흥학교도 설립해요. 그런데 귀국하기 전에 자기가 존경하고 믿었던 아버지 안태훈 선생이 돌아가시게 됩니다. 아버지의 임종을 지키지 못한 안중근 의사는 "조국이 독립하는 그날까지 술을 마시지 않겠다!"고 다짐을 하죠.

차클 굳이 술을 안 드신다고 결심한 이유가 뭘까요?

한 자기가 불효를 저질렀다고 생각한 거예요. 부친의 임종을 지키지 못했으니까요. 실제로 저렇게 다짐을 한 이후로는 술을 드셨다는 기록이 하나도 안 나와요. 그만큼 거짓 약속을 하지 않는 분이셨던 거예요. 그리고 자신의 다짐을 바탕으로 구국의 의지를 불태웁니다. 저는 안중근 의사의 이런 점을 제일 존경합니다. 안중근 의사가 위대한 이유가 여기 있다고 생각해요.

차클 그렇게 계몽 운동을 하시다가 무장 투쟁에 뛰어든 계기는 뭔가요?

한 1907년, 안중근 의사의 나이 29세 때입니다. 당시에 어떤 분이 안중근 의사에게 계몽 운동만으로는 지금의 정세를 뒤집을 수 없다고 했어요. 그러면서 간도와 연해주 블라디보스토크에 있는 한국인 100만여 명을 데리고 적극적인 투쟁을 해보면 어떻겠냐고 제안했어요. 그분은 우리가 아무리 실력을 키우고 인재를 양성해도 일본을 따라잡을 수 없다는 생각을 갖고 있었던 것이죠. 안중근 의사도 일본이 을사늑약을 체결하고 한국을 야금야금 침탈하는 걸 보면서 또 한번 생각을 바꾸게 됩니다. 그래서 두만강에서 가장 가까운 마을 중 하나인 러시아 연해주의 크라스키노(연추)를 거쳐서 블라디보스토크로 향합니다.

차클	국내가 아닌 연해주에서 의병을 모아야 했던 특별한 이유가 있나요?
한	국내에서도 의병 운동은 계속 일어나고 있었어요. 남녀노소를 막론하고 전국에서 의병이 일어나죠. 당연히 일본이 가만히 있지 않았겠죠. 의병들도 끝까지 맞서 싸웠지만, 일본의 화력이 워낙 뛰어나서 정면승부가 어렵다고 느낀 거예요. 장기적으로 볼 때 아직은 때가 아니라고 판단을 해서 연해주로 가게 된 것입니다. 그리고 훗날 국내 진공 작전을 펼치기로 결심합니다.
차클	당시 연해주에는 독립운동의 기반이 형성돼 있었나요?
한	항일 독립운동의 대부로 불리는 최재형 선생도 계셨고, 10만~20만 명 정도의 고려인이 살고 있었다고 해요. 간도나 만주 지역에는 더 많았어요. 그들이 학교도 만들고 여러 조직들을 형성해서 이른바 독립운동의 근거지가 될 수 있는 기반들을 이미 갖추고 있었죠. 그러니까 안중근 의사도 상하이나 홍콩보다는 만주나 연해주에서 훨씬 더 일을 도모하기 좋다고 판단한 것이죠.
차클	안중근 의사가 계획했던 국내 진공 작전이란 어떤 것인가요?
한	블라디보스토크에서 조직한 대한의군을 이끌고 국내로 진입하는 작전이었어요. 1000명 정도의 독립군을 이끌고 두만강을 넘어서 함경북도 홍의동과 신아산에서 전투를 벌여 승리도 거두었습니다.
차클	본격적으로 독립군이 국내로 진군을 했다고 볼 수 있는 거네요.
한	그렇죠. 그런데 영산이라는 지역에서 참패를 합니다. 그때 죽을 고비를 넘기면서 한 달 뒤에 크라스키노로 도피를 해요.
차클	그 전투에서 크게 패한 이유가 있었나요?
한	일본에서 전투에 대한 소식을 접한 것이죠. 더 이상 타격을 입었다가

는 큰일이 날 것이라고 판단하고는 화력을 더욱 강화하고 대규모 군
대도 파견했습니다. 그런데 그보다도 전투 패배의 원인은 안중근 의사
에게 있었어요.

차클 아니, 왜요?

한 두 번째 전투였던 신아산 전투에서 일본군 포로 몇 명을 놓아주었기
때문입니다.

차클 전쟁 중에 포로를 놓아주면 정보가 새나갈 것을 예측 못 한 건가요?

한 안중근 의사는 포로를 죽이자는 말에 반대했어요. 안중근 의사는 오히
려 일본군들을 설득하려고 했죠. 일본군도 나라의 명령을 받아 한국으
로 왔을 뿐이고, 모두 이토를 비롯한 정치가들의 거짓말 때문이라고
요. 한국을 보호한다는 거짓말에 속아서 온 군인들은 잘못이 없다고
일러주었다고 해요. 그러니 일본군은 어서 일본으로 돌아가 이토의 정
책이 잘못됐음을 알리라고 말이죠.

차클 너무 순진한 생각 아닌가요?

한 그런데 이러한 안중근 의사의 행동이 이토를 처단한 뒤 떳떳하게 자신을 전쟁포로로 대우하고 만국공법(萬國公法, 국제법)에 의거해 재판해 달라는 요구사항을 제시할 때 근거가 됩니다. 자서전에도 그런 내용이 실려 있어요. "이들이 그같이 폭행을 자행하는 것은 하느님과 사람을 다 함께 분노케 하는 것이다. 그런데 우리마저 야만적인 행동을 해야 하는가? 또한 일본의 4000만 인구를 모두 죽인 다음에 국권을 회복할 계획인가? 만국공법에 사로잡은 적병을 죽이는 법은 없다."

차클 하지만 안중근 의사의 뜻과는 다르게, 자신이 풀어준 포로 때문에 전투에서 패배한 것이군요?

한 그렇죠. 1908년 영산 전투는 일본의 기습으로 참패해요. 군대의 위치가 노출돼버렸거든요. 자신의 동료가 목숨을 잃고, 대의를 위해 목숨을 걸고 진공 작전을 펼쳤는데도 대패하게 된 거죠. 안중근 의사 자신도 죽을 고비를 여러 차례 넘겨요. 이후 살아남았다는 데 대한 죄의식을 갖게 되죠.

차클 자신이 놓아준 포로 때문에 전투에서 패하고 동료들을 잃었으니 의지가 많이 꺾였겠어요.

한 그랬을 겁니다. 국내에서 활동하는 것도 힘들지만, 국외에서 활동하는 건 더 힘들 수밖에 없어요. 나라를 잃고 독립운동을 한다는 게 우리들의 상상을 초월하는 일인 겁니다. 그래도 안중근 의사는 연해주 일대 하바롭스크 위쪽까지 돌아다니면서 동지들을 만나 힘을 결집하고 독립의 불씨를 되살리기 위해서 노력해요. 그 결과 진짜 죽을 각오로 강한 독립의지를 펼쳐 보일 조직을 결성하기로 결심합니다. 이때가 1909년, 안중근 의사의 나이 31세 때입니다. 바로 여러분들이 잘 알고 계신 '단지(斷指)동맹'이 등장해요.

차클 그렇군요. 그런데 왜 손가락을 자르는 조직을 만든 건가요?

한 안중근과 11명의 동지는 동의단지회라는 비밀 결사 조직을 결성합니다. 조국의 독립에 헌신할 것을 다짐하는 뜻으로 왼손 무명지를 잘라 함께 혈서를 썼어요. 독립을 위해서 내 목숨까지 바치겠다는 의지를 다지는 차원에서 손가락을 잘라 피로써 맹세한 것이에요.

차클 의지가 흔들리는 것을 막기 위해 손가락을 자르다니 상상하기 어려운 일이네요.

한 일제의 탄압이 계속되고, 자신들의 약해지는 마음을 다잡고 꺼져가는 항일 정신을 다시 일깨우기 위한 결의였어요. 그렇게까지 하지 않으면 흔들리는 마음을 잡지 못할 거라고 생각한 것이죠. 또 의병 진공 작전이 패배로 끝나면서 독립운동과 무장 투쟁에 대한 회의감이 도는 분위기를 돌리고자 한 것입니다.

차클 그런데 다섯 가지 손가락 중에 왜 약지 손가락을 자른 것인가요?

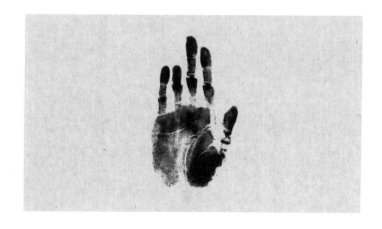

한	우리 몸 어디 하나라도 다치면 아프지 않은 곳이 있나요. 어느 손가락인지는 사실 중요하지 않았어요. 이분들은 단지를 하는 데 목적이 있는 것이 아니라 독립운동을 끝까지 포기하지 않겠다는 맹세를 보여주려 했던 것입니다. 다만 무장 투쟁을 하는 데 가장 지장을 적게 주는 부분을 잘랐을 것이고요.
차클	동의단지회에는 어떤 분들이 계셨나요?
한	12명의 명단을 지금도 정확하게는 모릅니다. 이름을 밝히지 않았고, 가명을 쓰기도 했어요. 체포 대상이 될 수 있으니 보호를 해주려 했던 거예요. 그중 확실히 알려진 분은 황병길·백규삼이라는 두 분이 계십니다.

안중근은 왜 항소하지 않았나

"안중근 의사는 도망가질 않았어요. 처음부터 그럴 생각이 없었던 것이죠. 도망가는 것은 의미가 없다고 생각했어요. 안중근 의사의 진짜 싸움은 저격이 아니라 저격 이후부터 시작하는 것이었습니다. 자신이 잡혀야 전 세계에 이토가 진짜 늙은 도둑이라는 걸 밝힐 수 있다고 생각한 거예요."

• • •

차클 이토 히로부미 저격은 독립운동에 대한 결의를 보여주기 위한 결정적한 방 같은 것이었겠죠?

한 그렇죠. 한 방이 필요했습니다. 안중근 의사만 봐도, 안 해본 시도가 없잖아요. 하지만 당시의 분위기를 전환해 일제의 병탄을 저지하고 독립국으로서의 지위를 유지할 수 있도록 하기 위해선 한 방이 필요했죠. 그때 희소식이 전해진 겁니다. 바로 1909년 10월 26일, 이토 히로부미의 하얼빈 방문 소식이었습니다. 일본의 한국 침략의 상징이자 원흉, 한국 침략에 주도적이고 핵심적인 역할을 담당하고 1905년 을사늑약을 강요한 뒤 4년간 통감을 지낸 인물. 그를 처단할 기회가 찾아온 것입니다. 게다가 일본으로 갈 필요 없이 자신이 있던 곳과 가까운 하얼빈으로 원수가 찾아오는 기회를 놓칠 수가 없었던 것이죠.

차클 그런데 이토 히로부미 정도의 인물이 움직이면 응징하려는 시도가 충분히 있을 수 있으니 미리 대비하지 않았을까요?

한 일화에 의하면 안중근이 가만있지 않을 거라는 소문이 현지에 돌았다고 해요. 그래서 안중근 의사가 거짓말을 했다고 하죠. 자신이 이토를 죽인다고 해서 일본이 우리를 침략하지 않을 것도 아니라는 식으로요. 그렇게 자신의 의도를 철저히 감췄다고 해요. 하얼빈에 가는 것도 다른 일 때문이라고 하고요.

차클 하얼빈에는 혼자 간 건가요?

한 진공 작전 때도 함께하고, 단지동맹 때도 함께했다는 우덕순이라는 동료와 같이 갑니다. 같이 생사를 넘나들었던 만큼 가장 믿을 만한 사람이었던 것이죠. 우덕순도 안중근 의사의 뜻을 잘 알았어요. 안중근 의사가 좋은 기회가 왔으니 함께하자고 제안하자 기꺼이 동참을 하죠.

차클 또 다른 동행자도 있었나요?

한 당시 18세였던 유동하는 러시아어를 잘해서 통역을 위해 함께 동행한 사람입니다. 그런데 유동하에게는 의거 사실을 사실대로 알리지는 않았다고 해요. 유동하를 보호해주려는 배려도 있고, 의거 사실을 최대한 숨기려 한 의도도 있었죠.

차클 만약 의거에 실패할 경우에 대비한 계획도 있었나요?

한 당일 거사를 할 때 유동하는 빠지고 조도선이란 분이 가담을 합니다. 우덕순과 조도선이 하얼빈역 전에 있는 차이자거우(蔡家具)역에서 대기를 했어요. 이토가 혹시 한 정거장 전에 내릴지 모르니 그곳에서도 대비한 것이죠. 1차 거사 예상지인 차이자거우역에 우덕순과 조도선이 대기를 하고, 2차 거사 예상지인 하얼빈역에 안중근 의사가 대기를 한 거예요.

차클 그런데 차이자거우역에서는 이토가 내리지 않았던 것이군요?

한 네. 그래서 두 분은 차이자거우에서 하룻밤 주무시고 안중근 의사는 하얼빈에서 아침부터 이토가 탄 기차가 오기를 기다렸습니다. 7시 이후부터 쭉 기다리는데 드디어 9시쯤에 이토가 차이자거우역을 지나 하얼빈에 도착을 했습니다. 그런데 일본과 러시아의 경비도 굉장히 삼엄할 거라 예상한 것과 달리 분위기가 조금 느슨했다고 해요. 일본 측이 많은 일본인들이 나와서 환영을 하는 게 좋겠다고 생각해 러시아 측의 경계 강화 요청을 거부했다는 거예요. 실수를 한 거죠. 안중근 의사로서는 천운이 따라준 것이고요.

차클 그렇다고 해도 경계가 전혀 없진 않았을 텐데 그걸 뚫고 저격을 하신 건가요?

한 그렇죠. 분열하고 있는 무리와 인파 속에서 튀어나와 이토에게 총을 쏘았습니다. 그런데 안중근 의사는 도망가질 않았어요. 처음부터 그럴 생각이 없었던 것이죠. 도망가는 것은 의미가 없다고 생각했어요. 안중근 의사의 진짜 싸움은 저격이 아니라 저격 이후부터 시작하는 것이었습니다. 자신이 잡혀야 전 세계에 이토가 진짜 늙은 도둑이라는 걸 밝힐 수 있다고 생각한 거예요.

차클 안중근 의사가 의거 후에 '만세'를 외쳤다고 들었어요. 그런데 왜 일본군은 안 의사를 현장에서 죽이지 않고 체포를 한 것인가요?

한 안중근 의사가 도망을 갔으면 아마 쐈을지도 몰라요. 그런데 안중근 의사는 자신을 제지하는 군인에게 제압당하고 총을 떨어뜨린 채 '코레

아 우라(대한 만세)'를 세 번 외쳤단 말이에요. 도망갈 의사를 보이지 않으니 총을 쏠 이유가 없었죠.

차클 전 세계가 주목하던 현장이니 기자들도 많았겠죠?

한 맞습니다. 안중근 의사의 이토 처단 소식이 대서특필 됩니다. 또 러시아의 한 기자가 활동 사진으로 당시 장면을 남기기도 했죠. 안타까운 것은 안중근 의사의 의거 전후만 있고 의거 순간은 남아 있지 않아요. 일본이 삭제를 했을지도 모르죠. 사라진 자료들을 찾는 것이 우리 같은 학자들이 해야 할 일입니다.

차클 안중근 의사가 체포된 뒤에는 어떤 일이 있었나요?

한 처음에 안중근 의사를 체포한 것은 러시아 헌병이었어요. 그래서 러시아 검사가 기본적인 심문을 했죠. 그런데 러시아 입장에서도 큰일이었어요. 다른 사람도 아닌, 이토가 러시아의 재무장관을 만나러 왔다가 사고를 당했으니 자신들의 책임도 있는 거잖아요. 최악의 경우에 전쟁도 일어날 수 있는 상황이었죠. 그래서 일본이 신병 인도를 요청하자 망설임 없이 당일 오후 10시경에 일본 영사관 측으로 안중근 의사를 넘겨줍니다. 이때부터 일본은 재판을 하얼빈에서 할지, 다른 곳에서 할지에 대해 고민을 하게 돼요. 안중근 의사의 진짜 전쟁은 이때부터 시작됩니다.

차클 재판의 과정까지도 안중근 의사가 미리 계획했을까요?

한 안중근 의사가 이토를 응징하고 나서 도망가질 않았던 것은 이후에 벌어질 일에 대한 거대한 계획이 있었기 때문이죠. 이토의 죄상을 전 세계에 알릴 수 있는 가장 확실한 기회를 잡으려 했던 거예요. 반면 일본 입장에선 국제법을 통해 재판을 치름으로써 일본이 문명국임을 보여줄 필요가 있었어요. 한편으론 안중근 의사를 사형시켜서 더 이상 일본의 침략에 반대하는 세력이 고개를 들지 못하게 하려는 생각도 깔려 있었죠.

차클   여러모로 재판이 벌어지는 장소가 굉장히 중요했을 것 같아요.

한   그렇죠. 재판은 뤼순 감옥에서 치러집니다. 왜 재판 장소가 뤼순인지가 중요해요. 뤼순은 일본의 치외법권 지역에 포함돼 있어 일본이 재판을 마음대로 할 수 있는 곳이었어요. 일본이 뤼순을 선택할 수밖에 없는 이유가 하나 더 있습니다. 바로 '스티븐스 저격 사건'입니다. 친일파 미국 외교관이었던 더럼 스티븐스는 일본이 한국을 지배하고 통치하는 것은 당연하다, 이토의 통치 덕분에 한국이 개화되고 살기 좋아졌으며 한국인도 좋아한다고 했던 인물이에요. 이에 샌프란시스코에 거주하던 장인환·전명운 의사가 응징을 하기 위해 스티븐스를 저격했습니다. 1908년 3월 22일의 일이에요.

차클   그분들은 처벌을 받았나요?

한   당시 재판은 속지주의 원칙에 따라 샌프란시스코 지방법원에서 열렸습니다. 그런데 재판에 동원된 미국 측 관선 변호사가 두 분에 대해 사적인 감정이 아니라 나라를 위한 행동이었다고 적극 변호했어요. 스티븐스가 일본을 너무나 찬양하고 한국을 무시하는 행동을 했기 때문에, 스티븐스를 응징하면 한국의 독립을 달성할 수 있다는 환상을 품고 죽인 거라고 변론을 한 거예요. 그래서 장인환 의사는 애국적인 환상에 의한 살인죄를 적용받아 무기징역이 아닌 25년 징역형을 선고받았다가 10년 만에 풀려납니다.

차클   일본 입장에서는 자신들의 법정에 세우지 않으면 안중근 의사를 처형하지 못할 수도 있다고 판단했겠군요?

한   그렇습니다. 대신 뤼순으로 가서 자기들이 만국공법에 따라 공정한 재판을 행하겠다고 주장한 거죠.

차클   일본이 법 절차대로 재판을 하긴 했나요?

한   네. 겉으로는 그랬습니다. 안중근 의사는 뤼순 감옥에서 상대적으로 별다른 고문 없이 대우를 잘 받았습니다. 하지만 일본은 안중근 의사에게 변호사 선임권을 주지 않는 등 재판을 자신들의 의도대로 진행하려고 편법을 썼습니다. 또한 안중근 의사를 단순 범죄자로 만들기 위해 여러 계략을 펼치죠. 심지어 안중근 의사를 폄하하는 내용을 담은 엽서까지 발행합니다. "이토 공을 암살한 안중근, 한국인은 예로부터 암살의 맹약을 하고 무명지를 절단하는 풍습이 있다"는 식의 내용을 담아서요. 하지만 그 엽서는 오히려 안중근 의사의 결연한 의지, 독립을 향한 열정을 반증하는 바람에 인기를 끌었다고 해요. 일본으로서는 안중근 의사를 비방하려고 만들었는데 영웅 만들기에 일조를 한 셈이에요.

차클 안중근 의사의 의거에 대한 해외 반응은 어땠나요?

한 가장 널리 알려진 것이 바로 영국 신문 〈더 그래픽〉의 찰스 모리머라는 기자의 기사예요. "한 명이라도 안중근의 얘기를 듣는다면, 이토 히로부미는 한국의 자유를 송두리째 뺏어간 파렴치한 정치가라는 사실을 깨달을 수 있었다." 이처럼 재판에 대한 소식이 전 세계에 알려지는 것이 안중근 의사가 도망가지 않고 잡힌 가장 큰 목적이었습니다. 하지만 재판정에서 안중근 의사가 이토의 죄상과 일본의 침략을 열정적으로 토로하면 득달같이 재판관이 중지시키고 방청객을 퇴장시켰어요. 그러면 안중근 의사는 버럭 소리를 지르며 재판이 무슨 벙어리 연설회냐고 외쳤다고 해요. 내 말 속에 칼이 들어 있는 거냐, 대포가 들어 있는 거냐, 너희가 떳떳하다면 왜 이렇게 무서워하냐면서 말이죠.

차클 우리가 아는 일본이라면 이런 상황에서 가만두지 않고 또 뭔가 조치를 취했을 것 같아요.

한 그렇죠. 일본의 미조부치 검사가 안중근 의사를 회유하죠. 이토를 오해해서 죽였다고 말하기만 하면 된다고요. 하지만 안중근 의사는 "하얼빈에서 이토를 포살하려 작심했을 때 이미 죽기를 각오한 바, 난 목숨 같은 것 생각하지 않으니 유혹하려 들지 마시오"라고 해요. 그러자 미조부치 검사는 "외국에서는 당신을 테러리스트라 말하고 있으며 당신 조국인 한국인들조차도 이토 공을 죽인 당신을 책망하고 있다는 사실을 아시오?"라고 거짓말을 하죠. 이에 안중근 의사는 "나의 행동은 의를 위함이지 사적 명예를 탐해 나온 것이 아니오. 우리 동포들은 누구 하나 나를 책망하지 않을 것이오. 서방 신문이 그랬다면 우리 동양을 자신들의 손아귀에 넣으려는 야욕 때문이었을 것이오. 난 당신의 말을 믿지 않소"라는 말로 일축합니다.

차클　목숨을 구걸하지 않겠다는 의지가 생생하게 느껴지네요.

한　안중근 의사는 이 모든 것을 다 염두에 둔 것이에요. 우리는 이토를 응징한 것만 중요하게 생각하지만, 더 중요한 건 그 이후였어요. 세계 만방에 이토의 죄상을 폭로하는 기회가 왔는데 구차하게 목숨을 구하겠다고 기회를 날려버릴 수 없었던 것이죠. 안중근 의사도 "동양 평화를 위한 의로운 싸움을 하얼빈에서 시작하고, 옳고 그름을 가리는 자리는 뤼순에 정했다"고 〈동양평화론〉의 서문에서 밝히고 있습니다.

차클　일본의 또 다른 공작은 없었나요?

한　있었죠. 일본이 별 공작을 다 벌입니다. 일본 정부의 주문대로 무조건 사형으로 짜맞추기 위해서 국제법을 자기네 입맛에 맞게 왜곡, 변형시켜요. "안중근의 범행이 극히 중대함을 감안, 응징의 정신에 의거, 극형에 처함이 타당하다고 생각한다"고 판결을 내리죠.

차클　그런데도 안중근 의사가 항소를 하지 않았다면서요. 그 이유는 무엇인가요?

한　안중근 의사도 항소하고 싶었죠. 그런데 자신이 말하고 싶은 것들은 다 전달했고, 더 이상 일본이 재판을 이어나갈 거라는 보장도 없었어요. 또한 안중근 의사는 자신의 주장을 글로 남기는 것이 중요하다고 생각했어요. 그래서 자서전을 쓰기 시작합니다. 1909년 12월 13일부터 《안응칠 역사》를 쓰기 시작해서 1910년 3월 15일에 탈고를 합니다. 그래서 지금 우리가 안중근 의사의 업적을 자세히 알 수 있는 거예요. 안 의사는 항소를 하지 않는 대신 자기 사상을 〈동양평화론〉이라는 글로 최종 정리할 수 있게 기회를 달라고 요청하기도 해요.

차클 책을 쓰는 것 외에도 항소를 포기한 이유가 또 있다면서요?

한 그렇습니다. 안중근 의사가 사형을 선고받고 마지막으로 동생들과 면회를 해요. 그때 어머니의 편지와 수의를 전달받고 마음을 굳혔을 겁니다.

"어미는 현세에 너와 재회하기를 바라지 아니하노니, 너는 앞으로 신묘하게 형을 받아 속히 현세의 죄악을 씻은 후 내세에는 반드시 선량한 하느님(천부)의 아들이 되어 다시 세상에 나오거라."

_〈황성신문〉, 어머니 조마리아 여사의 편지 중

한 찰스 모리머 기자가 공판을 참관하고서 남긴 기사에도 그런 안 의사의 모습이 담겨 있죠. 안중근이 이미 자신의 귀중한 삶을 포기할 준비가 되어 있으며, 의연하게 법정으로 떠났다고 기록했죠.

차클 조마리아 여사도, 안중근 의사도 대단하시네요. 죽음 앞에서 흔들리지 않는 모습이 그저 감동스러워요.

한 일본인 중에도 이 같은 안중근 의사의 말씀과 행동을 보고서 존경의 말을 남긴 사람들이 많아요. 안중근 의사를 감시했던 간수 치바 도시치가 대표적이죠.

차클 한국을 침략한 자신들의 잘못을 뉘우치기도 했나요?

한 안중근 의사의 말을 들어보니, 자신들이 오해하고 있었다는 것을 깨닫게 된 것이죠. 이토의 정책을 따르면 한국을 잘 먹고 잘살게 해주고 일본이 동양 평화를 가져올 것이라고 했는데, 그게 아니라는 걸 알게 되었죠. 이토가 거짓말쟁이고 자신들이 속았고 한국에게 죄를 지었다고 생각하게 돼요. 안중근 의사에게 감화된 치바 도시치는 앞으로 선한 일본 사람이 되겠다고 맹세했습니다.

차클 일본인까지 변화시켰군요?

한 이게 바로 안중근 의사가 바란 것이었습니다. 안중근 의사는 절대로 일본인들을 적으로 몰지 않았어요. 이토를 비롯한 지배층과 군부, 몇 몇 세력이 나쁜 것이지, 일본 국민들은 나쁘지 않다고 했죠. 그래서 치바한테 "위국헌신 군인본분(爲國獻身 軍人本分)"이라는 붓글씨를 써줍니다. "나라 위해 몸 바침은 군인의 본분이다"라는 내용이에요.

차클 일본인들조차 안중근 의사를 기억하고 기리는데 과연 우리는 얼마나 안중근 의사를 기억하고 있는지 돌아보게 됩니다. 그럼 현재 안중근 의사의 유해는 어디에 보관돼 있나요?

한 안중근 의사는 하얼빈공원에 안장되었다가 조국이 독립하면 다시 고국으로 돌아오길 원했어요. 그러나 우리는 아직도 안중근 의사의 시신을 되찾지 못했어요. 일본에서 철저하게 은폐했거든요. 그 이유는 안중근 의사를 죽여야만 했던 이유와 똑같습니다. 우리가 지금 안중근 의사를 기리듯이, 그 유해가 한국인들에게 전해지면 독립운동의 성지가 되기 때문이에요. 2019년은 안중근 의사의 탄생 140주년이고, 우리가 민국으로 거듭나는 데 결정적인 역할을 했었던 3·1운동 100주년인 해입니다. 안중근 의사는 아마 우리 근현대사 인물 중에서 남과 북이 모두 존경하는 몇 안 되는 인물일 겁니다. 그런데 이분의 마지막 유언을 우리가 들어주지 못했잖아요. 최소한 일본의 외무장관이 수상이나 천황 등 누군가에게 그의 재판과 죽음에 대해 보고했을 거란 말이에요. 그러니 저는 안중근 의사의 유해가 반드시 있다고 믿고 이제 그 유해를 찾는 것이 죽을 때까지의 제 사명이라고 생각합니다.

khcby 안중근 의사의 하얼빈 의거 공모로 도산 안창호 선생도 옥고를 치르셨다고 들었는데 두 분의 사상적 연관성이 있는지, 그리고 성씨가 같은 안 씨인데 서로 만나신 기록이 있는지 궁금합니다.

한 두 분은 같은 안 씨이지만, 인척 관계는 아닙니다. 1906년 안중근 의사가 중국에서 돌아와 진남포에서 생활할 때, 도산 선생이 연설하는 것을 들었다고 전해집니다. 이 내용은 《안응칠 역사》에는 구체적으로 기록되지 않았지만, 그랬을 가능성은 매우 크다고 여겨집니다. 또한 1907년 안중근 의사가 서울에 갔을 때, 서우학회 인사들과 친밀하게 만나면서 도산 선생과도 친분을 맺었다고 알려져 있습니다. 그해 여름 도산 선생이 진남포에서 연설했을 때에도 안 의사는 그의 연설을 듣고 감동을 받아 자기 집으로 초대해 식사를 대접했다는 이야기도 전해집니다. 안중근 의사는 도산 선생보다 한 살 아래여서 두 분은 민족의 처지와 항일 투쟁에 서로 공분을 느끼고 의기투합했을 가능성이 높습니다.

도산 선생은 안중근 의사의 의거에 관련된 혐의로 일제에게 3개월 동안 체포되었습니다만, 의거를 실제로 논의하지는 않은 것으로 여겨집니다. 도산 선생이 옥고를 치른 것은 안중근 의사의 의거에 광분한 일제가 독립운동가들을 단속하고 검거하는 차원에서 비롯된 일입니다. 안중근 의사와 도산 선생의 인연은 그후 안중근 의사의 동생인 정근을 거쳐 대한민국 임시정부까지 이어집니다.

안중근 의사 의거 후 가족들은 일제의 탄압과 감시로 인해 나중에는 끼니를 마련하지 못할 정도로 매우 어렵게 생활합니다. 특히 백범 선생은 1932년 윤봉길 의사 의거 후 상하이에서 안 의사의 가족을 거두지 못한 것을 두고두고 한탄합니다.

독도와 '위안부' 문제, 혐일을 넘어 극일로

호사카 유지

세종대학교 독도종합연구소 소장이자 명실상부한 독도 지킴이. 1976년 가업을 잇기 위해 도쿄대 공학부에 입학, 하지만 졸업 후 한일 근현대사 연구를 위해 한국행을 결심했다. 진실을 찾아 일본에서 한국으로 건너온 지 30년이 넘은 자타공인의 한일 관계 최고 전문가다.

일본의 역사 교육 전략은 무엇인가

"독도에 대한 일본의 구체적인 전략이 무엇인지 알아야 합니다.
일본은 독도가 일본의 영토라는 논리를 많이 만들어냈거든요.
우리 한국 사람들은 '독도는 우리 땅'이라고 주장할 때 대부분
감정적으로 치우치곤 하죠. 이처럼 감정적으로 접근하기보다
논리적으로, 전략적으로 접근할 필요가 있습니다."

• • •

차클 교수님은 한국으로 귀화하신 것으로 알고 있습니다. 한국 국적을 취득
하고도 일본 이름을 그대로 쓰는 특별한 이유가 있나요?

호 그 질문에 답을 하기 전에 먼저 귀화라는 말이 원래 일본식 용어를 한
국어 발음으로 옮긴 것이란 점을 말씀드립니다. 일본에서는 귀화라고
하면 일왕의 신하가 된다는 의미를 담고 있어요. 그러니 제 경우에는
국적을 바꾼 것이라고 해야겠죠. 사실 호사카 유지라는 본명을 한국
식 이름인 호유지로 개명할 생각도 있었습니다. 그런데 1998년쯤부
터 제가 독도에 관한 연구를 시작했거든요. 그때 일본 이름을 유지한
채 독도가 한국 영토라는 주장을 하면 더 효과적일 거라는 의견들을
많이 접했어요. 한국 이름을 가진 한국 사람이 "독도는 우리 땅"이라고

말하는 것보다 일본 이름을 가진 사람이 "독도는 한국 땅"이라고 외치는 것이 더 파급력이 크겠다는 생각을 하게 된 거죠.

차클 일리가 있네요. 그런데 원래 공학을 전공하신 분이 어쩌다 역사에 관심을 갖게 되셨나요?

호 역사 분야는 학창 시절부터 좋아했었습니다. 수학도 잘하긴 했어요. 문제는 아버지가 당시 렌즈를 만드는 회사를 갖고 있었기 때문에 저에게 공학부로 진학할 것을 지시하신 거예요. 그래서 도쿄대에서 금속공학을 전공하게 되었습니다. 하지만 일단 공학부로 들어간 뒤에도 역사나 철학, 인문학을 많이 공부했습니다.

차클 특별히 한국의 근현대사에 관심을 갖게 된 계기가 있나요?

호 재일교포 친구들의 영향을 받았습니다. 친구들을 통해서, 그리고 문헌을 통해서 명성황후 시해사건에 대해 알게 되었어요. 그 사건이 상당히 큰 영향을 주었습니다.

차클 왜 그 사건이 특별히 영향을 주었던 것인가요?

호 일본에서는 그런 역사를 가르치지 않거든요. 한국을 비롯해 주변 국가를 침범하고 그 나라 사람들을 죽인 역사 말이에요. 주변 국가들 입장에선 죽은 사람들은 있는데 죽인 사람이 없는 셈인 거죠. 1945년까지 얼마나 많은 일들이 벌어졌나요. 731부대도 존재했고, 생체실험도 존재했잖아요. 난징 대학살도 있었고요. 왜 일본이 한국을 비롯한 아시아 국가들을 침략했고, 자신들이 무슨 일을 저질렀는지 일본 사람들도 알아야 한다고 생각했습니다. 그래서 한국으로 건너와 공부를 하게 된 것이죠.

차클 일본에서 공부할 수도 있었을 텐데, 굳이 한국으로 오신 진짜 이유가 있을까요?

호   한국이 가진 아픈 역사에 대해 한국의 언어로 한국 사람들과 이야기하지 않으면 그들의 진짜 속마음까지는 알 수 없다고 생각했기 때문입니다. 기회가 된다면 한국에 꼭 가고 싶다고 생각했어요. 1980년부터 한국어를 독학으로 공부하기 시작했고, 독도에 대한 연구도 시작했습니다. 2002년에는 '독도는 한국 영토다'라는 주장을 뒷받침할 첫 번째 논문을 발표하게 되었습니다.

차클   그러셨군요. 그런데 교수님이 독도에 관한 논문을 발표하면 일본 사람들이 방해하거나 공격하지는 않았나요?

호   최근 들어 그런 사람들이 부쩍 늘었습니다. 일본의 유명한 잡지들도 저를 많이 공격했어요. 주로 가십성 기사들인데요. 흥미롭게도 그런 기사를 쓰고 나서 저에게 전화를 해서 알려주었어요. 그리고 제 이야기를 다룬 책도 보내주더라고요.

차클   사실 한국 사람들은 일본의 독도 관련 주장을 들으면 화가 날 수밖에 없어요. 그런데 그런 주장을 하는 일본 사람들의 진짜 속내는 어떤지 궁금합니다.

호   오늘의 주제가 독도와 '위안부' 문제죠. 이와 관련된 한일 역사 갈등의 근본적인 부분을 이해하려면 먼저 한국과 일본의 차이부터 알아야 합니다. 그래야 감정적 대응이 아닌 논리적으로 상대방을 설득할 수 있어요. 이게 대단히 중요합니다.

차클   한국과 일본의 차이부터 알아야 한다니 구체적으로 어떤 차이를 말씀하시는 건가요?

호   한국은 유교 문화가, 일본은 사무라이 문화가 뿌리 깊게 박혀 있는 나

유교 문화
500년간(1392-1909)의
유교 사회

사무라이 문화
680년간(1192-1867)의
사무라이 사회

라라는 점입니다. 한국은 1392년부터 1909년까지 약 500년간 유교가 지배하는 나라였고, 일본은 1192년부터 1867년까지 약 680년간 사무라이가 지배하는 나라였죠. 그럼 일본 사람들의 기본적인 사고방식은 어떻다고 봐야 할까요?

차클   무사가 지배하는 나라였다면 싸움의 방식에 정통하지 않을까요?

호   비슷합니다. 사무라이들은 중국의 대표적 병서 《손자병법》에 기반한 사고방식을 갖고 있었습니다. 현재의 일본 사람들도 마찬가지예요. 사무라이라고 해서 무조건 칼을 뽑아 그냥 미친 듯이 싸우는 사람들이라고 생각하면 안 됩니다. 일본에 뿌리내린 칼의 문화는 오히려 전략적 지성의 문화라고 할 수 있어요. 싸우기 전에 먼저 생각하고, 승리를 위해 상대를 철저히 연구하는 것이 《손자병법》에 기반한 사무라이들의 기본적인 문화입니다.

차클   잘 몰랐던 얘기예요. 《손자병법》식 사고를 좀 더 설명해주실 수 있을까요?

호 《손자병법》에 지피지기 백전백승(知彼知己 百戰百勝)이라는 말이 나온다고 알고 계시죠? 한국에서는 백전백승이라고 알려져 있는데, 사실은 지피지기 백전불태(百戰不殆)가 맞아요. 적을 알고 나를 알면 여러 번 싸워도 위태롭지 않다는 것이 원래 뜻입니다.

차클 그 말은 싸움에서 반드시 승리하지 않아도 괜찮다는 의미인가요?

호 그렇다고 볼 수 있죠. 다만 패배하더라도 위태롭지 않게 패배해야 훗날 승리를 쟁취할 수 있다고 생각하는 게 《손자병법》식의 전략적 사고입니다. 일본은 독도나 '위안부' 문제에 있어서도 이 같은 사고를 펼치고 있어요. 그래서 '이것이 진리냐, 거짓이냐'는 중요하게 생각하지 않아요. 대신에 '우리가 이기느냐, 패배하느냐'를 더 중요하게 생각하죠. 궁극적으로 이기면 선(善)이고 패배하면 악(惡)이라고 보는 겁니다. 이것이 바로 일본이 역사를 바라볼 때 적용하는 선악의 개념입니다.

차클 그러한 일본의 사고방식을 알고 있다는 전제하에 독도 문제나 '위안부' 문제에 어떻게 대처해야 위태롭지 않게 될까요?

호 먼저 독도에 대한 일본의 구체적인 전략이 무엇인지 알아야 합니다. 일본은 독도가 일본의 영토라는 논리를 많이 만들어냈거든요. 우리 한국 사람들은 '독도는 우리 땅'이라고 주장할 때 대부분 감정적으로 치우치곤 하죠. 이처럼 감정적으로 접근하기보다 논리적으로, 전략적으로 접근할 필요가 있습니다.

차클 감정보다 논리로 무장하라는 말씀이 와닿네요. 일본은 어떻게 이 문제에 전략적으로 대응하고 있나요?

호 '독도가 일본 영토'라는 주장을 널리 알려서 한국 사람들의 신념을 꺾어버리려고 하는 게 일본의 주요 전략입니다. 신(新)친일파 양성 계획이 대표적이죠. 신친일파는 한국 사람들 가운데 일본의 자금을 지원받아 연구를 하다 보니 일본의 논리를 내면화하게 된 사람들을 말합니다.

차클 놀랍네요. 신친일파 양성 방식에 대해 좀 더 듣고 싶습니다.

호 우선 여러 기금이나 자금을 활용해서 한국인 인재를 일본에 초대해요. 그러고서 선진화된 문물을 경험하게 해주어 반일 감정에 물타기하는 방식을 취하곤 합니다. 이런 식으로 한국뿐만 아니라 세계 곳곳에 일본 편이 될 사람들을 심어놓는 것이죠. 일본 극우 인사가 설립한 사사카와 재단(현 닛폰 재단)의 특별 장학금이 대표적인 수단입니다.

차클 장학금을 쏟아부어 자연스럽게 일본 편이 되도록 만드는 방식이 실제로 효과가 있나요?

호 물론 있습니다. 심지어 어떤 한국 사람이 저한테 전화를 걸어 와선 독도는 일본 영토인데 왜 일본 사람이 한국 영토라고 말하고 다니느냐고 따져 묻기도 했습니다. 그런 분들에게 어디에서 공부를 했냐고 물어보면 다들 일본에서 공부를 했다고 하시더군요. 일본에서 활동하다 한국으로 돌아가면 한국 사회에 굉장히 큰 영향을 줄 만한 사람들을 골라 일부러 일본에 불러다 공부를 시키는 케이스도 있어요. 혹은 일본에 와 있는 유학생들 중 유망주를 선별해서 만나기도 합니다. 그들은 표적으로 삼은 한국 사람을 만날 때마다 30만~50만 엔(약 280만~470만 원) 정도를 장학금과 생활비 명목으로 준다고도 해요.

차클 실제로 돈을 받았다는 분들을 만나본 적도 있으신가요?

호 일본의 재단으로부터 300만 원 정도의 장학금을 받은 분이 제게 와서 말해준 적이 있습니다. 그런데 그런 장학금에 문제가 있다고 생각해서 이후로는 해당 재단의 접근을 피했다고 말씀하시더군요. 국내 모 대학의 교수님이셨는데 뒤늦게 일본 재단의 의도가 위험하다고 판단하셨다고 해요. 그런가 하면 국내 한 대학의 아시아 연구 기금에 일본의 우익 재단이 75억 원을 출연한 적도 있습니다.

차클 그린데 일본의 금전적 유혹에 넘어가는 사람들이 한국에만 있는 게 아니라고 하셨죠?

호 맞아요. 일본은 전략적으로 미국의 주요 인사들을 포섭하는 활동도 하고 있어요. 앞서 소개한 사사카와 재단이 대표적입니다. 이 재단은 제2차 세계대전 당시 A급 전범 용의자로 체포됐다가 불기소 처분을 받고 풀려난 사사카와 료이치(笹川良一)라는 일본의 극우 인사가 경정 사업으로 부를 축적해 설립했어요. 평소 일본 편을 많이 드는 미국 인사들의 배후를 조사해 보면 사사카와 재단 같은 일본 우익 단체들이 손길을 뻗고 있는 경우가 많습니다. 이들 재단은 미국의 교수들과 정치인들에게 어마어마한 연구비나 후원금을 제공합니다. 자기네 재단 이사장으로 미국 전직 국가정보국장을 선임할 만큼 영향력을 과시하고 있죠.

차클 정부도 아닌 민간단체에서 왜 그런 포섭 활동에 적극적으로 나서는 것인가요?

호 물론 일본의 국익을 위해서 하는 것이죠. 사사카와 재단 같은 민간단체뿐만 아니라 일본 정부 역시 유학생 지원 제도를 운영하고 있어요. 정부든 민간이든 국익을 위해서 자국에 도움이 되는 활동을 할 순 있겠죠. 하지만, 왜곡된 역사를 주입시키는 것이 문제입니다. 독도는 일본 영토라고 주장한다거나 '위안부'는 없었다고 주장하도록 만드는 행위는 분명 잘못된 겁니다.

차클 일본의 교과서에서도 역사 왜곡을 하고 있지 않나요?

호 맞습니다. 일본에서는 2017년 이른바 사회과 신학습지도요령을 통해서 독도와 북방 영토, 센카쿠 열도가 일본 고유의 영토라고 가르치라는 지침을 확정했어요. 초등학교에선 2020년부터, 중학교에선 2021년부터 이 같은 영토 교육을 의무화하기로 했습니다.

차클 왜 그렇게 잘못된 역사 교육을 하는 건가요?

호 일본 학교에서는 주로 메이지 유신(明治維新, 1868) 이전까지의 역사만 가르칩니다. 학생들은 근대의 역사를 제대로 배우지 못해요. 심지어 TV 대하 드라마도 메이지 유신 이후의 역사는 다루지 않을 정도예요.

차클 메이지 유신에서 역사 교육이 멈춘 이유는 무엇인가요?

호 메이지 유신은 일본이 사무라이 시대에서 근대로 전환하는 분기점이 되는 역사적인 사건입니다. 서구식 근대 국가로의 시작을 알리는 중요한 의미가 있죠. 당시 일본엔 무사 출신으로 일왕의 국가 통치권을 회복시키고 일본의 근대화를 이끈 일등 공신인 사카모토 료마(坂本龍馬)라는 인물이 있었습니다. 서른세 살의 나이에 암살을 당한 뒤 일본 사람들에게 메이지 유신의 영웅으로 각인이 돼 있는데요. 그러다 보니 일본의 역사를 다루는 대하 드라마도 딱 료마 이야기까지만 다루곤 합니다.

차클 메이지 유신 이후에 본격화된 해외 침략의 역사를 일본 학생들은 전혀 배우지 못한다는 얘기네요?

호 네. 딱 사카모토 료마까지만 다룹니다. 예컨대 사카모토 료마와 동시대에 활동한 이토 히로부미의 경우 우리 한국인들에겐 너무나 익숙한 이름이죠. 반면 일본의 대하 드라마나 교육 과정에서는 이토 히로부미에 대한 내용을 다루지 않아요. 만약 이토 히로부미에 대한 이야기를 하게 되면 자신들의 침략의 역사와 안중근 의사처럼 일제에 항거한 인물들에 대해서도 가르쳐야 하니까요. 결론적으로 역사를 공부해도 어떤 관점에서 공부하느냐가 굉장히 중요합니다. 일본을 옹호하는 일본 우익의 관점에서만 공부하면 자신들에게 불리한 역사가 나올 경우 그냥 덮어버리려 하죠.

일본은 왜 영토 분쟁을 일으키는가

"한국에서는 UN 해양법에 따라 독도를 섬으로 볼 것인지, 바위로 볼 것인지에 대한 논쟁이 있었습니다. 만약 독도가 섬이면 배타적 경제수역 200해리를 주장할 수 있어요. 바위가 되면 영해 12해리만 주장할 수 있고요. 1965년의 한일협정 체결 이후부터 현재까지의 독도 문제 경위를 살펴볼 필요가 있습니다."

• • •

차클 일본이 독도를 일본 땅이라고 주장한 건 언제부터인가요?

호 1965년 6월 도쿄에서 한일기본조약과 네 가지 한일협정이 체결됐습니다. 해방 후 단절됐던 한일 간 외교를 정상화하기 위해 박정희 정권 때 한일 간 협상을 통해 맺은 조약과 협정이죠. 그런데 당시 협상 과정에서 일본이 독도 문제를 제기했던 게 확인됐습니다.

차클 협정 내용에 독도 영유권 문제를 넣자고 했나요?

호 일본은 독도 영유권 문제를 국제사법재판소로 가져가는 것으로 약속해달라고 주장했죠. 하지만 한국 측에서는 독도 문제는 회담의 현안이 아니니 국교 정상화 후에 따로 취급하자는 쪽으로 맞섰습니다. 매우 첨예하게 대립했었어요. 그러다가 마지막에 독도라는 구체적 명칭을 뺀 채 '분쟁을 해결하기 위한 교환공문'이라는 것을 체결했습니다.

차클 문제의 교환공문에는 어떤 내용이 담겨 있나요?

호 일본 측 주장에 의하면 독도가 분쟁 지역이므로 향후 분쟁이 발생할 경우에 분쟁을 처리하는 절차를 담은 공문이라고 해요. 물론 한국 측 반대 때문에 독도에 대한 구체적인 내용이 들어가지 못했죠. 당시 한국에선 한일협정 반대 시위가 굉장히 격렬했기 때문에 한국 측 대표단은 '독도라는 이름이 들어가면 우리가 한국에 돌아갔을 때에 죽임을 당할 수도 있다'는 식으로 과격한 이야기도 했다고 해요. 그리고 최악의 경우, 독도 문제가 한국 측이 원하는 대로 잘 해결되지 않으면 한일협정 자체에 도장을 찍지 않고 한국으로 귀국하겠다고 선포하기도 했어요.

차클 그럼 결국 일본 측이 한국의 의사를 받아들인 것 아닌가요?

호 그렇죠. 일본 쪽에서는 독도를 고집했다가 다른 한일 관계가 더 나빠질 수 있다고 본 것입니다. 독도는 굉장히 작은 섬이었기 때문에 협상 과정에서 사실상 독도 영유권 주장을 포기한 겁니다.

차클 그런데 일본은 왜 자기들이 포기했던 독도에 대해 다시 영유권을 주장하게 된 것이죠?

호 1965년에 한일협정을 맺은 뒤로 일본 정부는 1993년까지는 독도에 대해 거의 언급하지 않았습니다. 사실 일본이 무언가를 주장할 때에는 전략적으로 이득이 있다는 것을 의미합니다. 독도의 경우, 이전까지는 작은 섬에 불과했었어요. 그런데 갑자기 큰 가치를 가진 섬으로 부상하는 계기가 있었습니다.

차클 도대체 어떤 변화가 생긴 건가요?

호	바로 1994년 UN 총회에서 'UN 해양법'이라는 새로운 조약을 발효한 것이죠. 이전에는 자국 연안으로부터 12해리(약 22킬로미터)까지만 영해로 주장할 수가 있었어요. 그런데 새로운 해양법에서는 200해리(약 370킬로미터)까지 배타적 경제수역으로 규정하게 되었거든요. 그래서 지난 30년간 독도에 대해 침묵하고 있던 일본 정부가 느닷없이 독도가 일본 땅이라고 주장하기 시작한 것이죠.
차클	당시 한국 정부에서는 UN 해양법 발효에 대비해 대책을 마련하고 있었나요?
호	UN 해양법 121조에 따르면 "인간의 거주 또는 독자적 경제적 생활을 유지할 수 없는 바위는 배타적 경제수역 또는 대륙붕을 가지지 않는다"라고 정해두고 있습니다. 당시 한국에서는 UN 해양법에 따라 독도를 섬으로 볼 것인지, 바위로 볼 것인지에 대한 논의가 있었습니다. 만약 독도가 섬이면 배타적 경제 수역 200해리를 주장할 수 있어요. 바위가 되면 영해 12해리만 주장할 수 있고요. 그런데 당시 한국 정부는

UN 해양법 제121조 '섬'의 정의

"인간의 거주 또는
독자적 경제 생활을 유지할 수 없는 바위는
배타적 경제 수역 또는
대륙붕을 소유하지 않는다"

UN 해양법에 비춰 볼 때 사실상 독도를 섬으로 보기 어렵다고 판단한 거예요. 그래서 1998년에 독도를 바위로 보자는 주장이 등장합니다. 일본도 이에 대해 검토를 했습니다. 그리고 '독도를 바위라 하자'라고 양측이 합의하기 직전까지 이르게 됩니다.

차클 한일 양국이 독도를 두고 싸우지 않기 위해 바위로 보자고 했다는 얘기인가요?

호 각자 이해득실을 따져본 거죠. 독도를 바위로 볼 경우부터 생각해볼까요? 지도상에서 일본의 오키섬과 울릉도의 중간에 선을 그었을 때 어차피 독도는 한국 수역에 들어옵니다. 그런데 독도를 섬으로 볼 경우에는 한국도 독도를 기점으로 배타적 경제수역 200해리를 주장하고 일본도 독도를 기점으로 200해리를 주장하게 되면 전면적인 갈등을 빚을 소지가 있었던 것이죠. 그래서 한국이 독도를 바위로 보자고 제안한 것입니다. 일본도 한국의 제안을 검토하긴 했어요. 그런데 마지막에 일본에서 독도를 섬이라고 주장하고 나섰습니다.

차클 대체 일본이 입장을 뒤집은 이유가 뭐죠?

호 일본이 소유한 섬에 문제가 생길 수 있기 때문입니다. 도쿄에서 남쪽으로 1700킬로미터 떨어진 해역에 있는 오키노토리섬이 있습니다. 이곳은 세 개의 암초와 인공 섬으로 이루어져 있습니다. 일본에서는 1987년에 이 암초에 콘크리트를 붓고 방파제를 설치했어요. 배타적 경제수역 200해리를 확보하기 위해 일본은 이곳 역시 바위가 아니라 섬이라고 주장하는 상태였던 거죠.

차클 독도를 바위라고 할 경우 오키노토리도 섬이라고 주장할 수 없게 된 거군요.

일본은 3개의 암초로 구성된 오키노토리섬에 콘크리트로 방파제를 설치했다.

호 그렇죠. 오키노토리는 면적이 고작 10제곱미터 정도밖에 되지 않아요. 그래서 일본 내 양심적인 사람들은 자기들 정부가 주장하는 논리 중에서도 가장 웃기는 것이라고 말하기도 해요.

차클 국제법상으로 섬인지 바위인지를 정확히 가르는 조항이 없나요?

호 UN 해양법 제121조가 근거가 됩니다. 그러나 당시는 아직 국제적 판례가 없어서 어떤 것이 바위고 어떤 것이 섬이라고 정확히 규정하는 건 아직 어려운 상황이었습니다. 그러다 보니 일본의 경우 오키노토리를 섬이라고 주장하기 위해 그보다 훨씬 더 큰 독도를 바위라고 할 수 없었던 것이죠. 결국 한일 양국은 합의에 이르지 못하고 한일 중간 수역을 형성하게 되었어요. 일본 것도 아니고 한국 것도 아닌 바다에 독도가 들어가게 된 거죠. 현재는 한국 정부도 독도에 대한 입장을 섬으로 정정한 상태입니다.

독도 영유권 주장의 진실은 무엇인가

"어떤 사람의 땅도 아니라면 먼저 가서 깃발을 꽂는 것만으로 내 것이 된다는 주장이 가능하죠. 주로 서양 제국주의가 아프리카나 아시아로 진출할 때 내세웠던 논리예요. 미국도 마찬가지잖아요. 아메리카 대륙 원주민들의 땅을 빼앗기 위해 선점 논리라는 것을 만들었습니다. 그리고 일본이 이러한 논리를 독도에 적용시킨 것이에요."

• • •

차클　바위가 아닌 섬이라고 주장하게 된 맥락은 알게 됐는데요. 그렇다면 일본이 독도를 일본 땅이라고 우기는 근거는 뭔가요?

호　일본이 내세운 독도 영유권 주장은 크게 세 가지로 나눌 수 있습니다. 먼저 첫 번째 주장은 '일본은 17세기 중반 독도 영유권을 확립시켰다'는 겁니다.

차클　17세기면 조선 시대 아닌가요? 그때 독도가 일본의 지배를 받았었다는 말인가요?

호　이 주장은 일본의 사료만 살펴봐도 사실이 아님을 알 수 있습니다. 당시 일본의 시마네현이나 돗토리현의 어부들이 울릉도와 독도까지 진출을 했었다고 해요. 그런데 1870년 일본 외무성에서 작성한 조선국

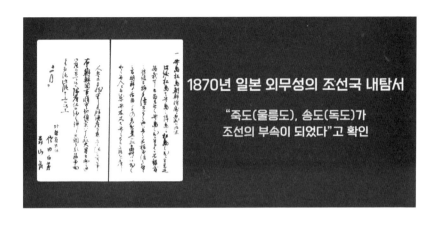

1870년 일본 외무성의 조선국 내탐서

"죽도(울릉도), 송도(독도)가
조선의 부속이 되었다"고 확인

교제시말내탐서(朝鮮國交際始末內探書)를 보면 "죽도(울릉도), 송도(독도)가 조선의 부속이 되었다"고 기록하고 있습니다. 일본 내에서 작성된 역사 문헌만 봐도 당시 조선이 독도를 실효지배했다는 근거가 남아 있는 것이죠.

차클 일본이 자기네 국가 기록을 부정하고 있다는 말인가요?

호 네. 분명 일본의 국가 기록이에요. 요즘의 일본인들이 쉽게 찾아볼 수 없는 자료이긴 하지만요. 또 다른 이야기도 살펴보죠. 17세기 말에 울릉도로 진출한 부산 출신의 안용복이 일본으로 넘어가서 일본의 영주나 관리들에게 울릉도와 독도는 조선의 땅이라고 주장을 했습니다. 그러자 일본의 중앙 정부인 에도 막부가 울릉도와 독도는 조선 땅이라고 인정한 일이 있습니다.

차클 어떻게 조선인 한 사람의 주장을 당시 일본 정부가 순순히 받아들였을까요?

호 원래 안용복은 부산 출신이고 일본어에 능통한 사람이었는데 바다에 나가 일을 하던 중에 일본으로 끌려가게 됐어요. 너무나 억울했던 그는 조선으로 돌아온 뒤 장군 옷을 몰래 챙겨 입고 울릉도와 독도 부근에서 활동하는 일본 어부들을 찾아 가서는 조선의 바다에서 고기를 잡지 말라고 말하기도 했어요. 또 일본으로 건너가 일본 정부의 관리들에게 자신을 조선의 고관이라 사칭한 뒤 일본의 어부들이 조선의 바다에서 어업을 하고 있으니 이를 금지할 것을 요청했죠. 그러자 일본 정부에서도 이를 받아들인 겁니다. 17세기 말 에도 막부의 보고서에도 이런 사실이 기록되어 있고, '독도는 일본 땅이 아니다'라고 썼습니다.

차클　이후 일본 정부는 쭉 독도를 조선의 땅으로 인정했던 건가요?

호　　1838년에 제작된 일본의 다케시마 방각도라는 지도를 보면 독도가 분명히 조선의 영토로 표시되어 있습니다. 조선 영토는 빨간색, 일본 영토는 노란색으로 분명히 구분해서 표시를 해두었어요. 이 지도는 일본의 한 재판에서 사용된 공식 지도입니다. 1838년에 도항 금지 규정을 어기고 울릉도와 독도에 밀항한 일본인이 있었는데 그는 일본으로 돌아와서 사형되었습니다. 당시 일본에서는 조선의 땅으로 넘어가면 벌을 받았기 때문입니다. 바로 그 재판 기록에 나온 공식 지도가 다케시마 방각도입니다. 안용복 사건 이후 일본에서 울릉도와 독도가 조선의 땅이라고 인정하고 있었음을 보여주는 증거죠.

차클　지금 일본 정부는 이런 역사적 기록들에 대해 어떤 입장인가요?

호　　'노 코멘트'로 일관하고 있습니다. 간혹 일본 국회의원 중에 이를 근거로 독도가 한국의 영토가 아니냐고 말하는 사람들이 있습니다. 그럴 때마다 일본 정부는 해당 문서들이 너무 오래됐기 때문에 조사가 필요하다는 말로 입을 막아버립니다. 그렇다고 실제로 조사를 하는 것 같진 않아요. 계속 조사 중이라고만 하거든요.

차클 참 답답하네요. 독도가 조선의 땅이라는 근거가 되는 과거의 지도가 또 있나요?

호 1877년 태정관 지령문(太政官 指令文)이라는 것을 보면 '1692년 조선인 이 섬으로 들어간 이래 본방(일본)과 관계가 없어졌다' '죽도(울릉도)와 그곳의 밖에 있는 한 섬(독도)의 건은 본방(일본)과 관계가 없음을 명심 할 것'이라고 밝히고 있습니다. 지령문에는 울릉도의 약도에 독도가 함께 기록되어 있고요.

차클 교수님께서 직접 찾아낸 자료나 지도들도 있나요?

호 네. 1882년 일본 내무성 지리국에서 만든 공식 지도인데요. 그 지도를 보면 독도가 일본 영토에서 완전히 제외된 것을 확인할 수 있습니다. 1899년 시마네현 오키섬의 지도를 봐도 마찬가지예요. 아무리 찾아 봐도 독도는 보이질 않아요.

차클 그렇다면 일본이 독도를 일본 땅이라고 주장하는 또 다른 근거는 무 엇인가요?

호 1905년 일본 정부는 비밀리에 독도를 시마네현 오키섬의 부속 섬으 로 편입시키며 '무주지 선점론(無主地 先占論)'을 주장했습니다. 그러면 서 이전에 한국이 독도를 영유했다는 근거가 없다는 식으로 얘기합니 다. 최근에 일본은 이러한 주장을 더 강하게 내세우고 있죠.

차클 무주지 선점론이 정확히 무슨 얘기인가요?

호 독도가 주인이 없는 섬이었다는 얘기예요. 어떤 사람의 땅도 아니라 면 먼저 가서 깃발을 꽂는 것만으로 내 것이 된다는 주장이 가능하죠.

주로 서양 제국주의가 아프리카나 아시아로 진출할 때 내세웠던 논리예요. 미국도 마찬가지잖아요. 아메리카 대륙 원주민들의 땅을 빼앗기 위해 선점 논리라는 것을 만들었습니다. 그리고 일본이 이러한 논리를 독도에 적용시킨 것이에요.

차클 무주지라 주장한 논리가 대단하네요. 한국에서 만든 지도에 독도가 있었을 테고 그걸로 주인이 있는 땅이라는 것이 증명되지 않나요?

호 일본도 독도가 한국 영토라는 것을 알면서 독도를 얻기 위해서 무주지 선점론을 내세운 겁니다. 1905년이면 러일전쟁이 한창이었고, 일본이 한국도 침략했던 때였기에 한국 입장을 무시한 거죠.

차클 당시 일본은 독도에 왜 그렇게 집착했던 것인가요?

호 러일전쟁을 치르면서 일본이 동해상에서 러시아 함대하고 싸우고 있었거든요. 그때 러시아 정찰을 위해 필요한 군사용 망루를 독도에 설치하려고 한 거예요.

차클 독도가 무주지가 아니라는 증거가 전혀 없었던 것은 아니죠?

호 그럼요. 분명한 증거가 몇 가지 있습니다. 1900년 10월 25일 고종 황제가 '칙령 제41호'를 반포했는데 울도군을 설치하고 그 범위를 "울릉도, 죽도(울릉도에서 2킬로미터 거리에 있는 섬), 석도(독도)"로 정하는 내용을 담고 있어요. 또 1902년 당시 대한제국의 허가를 받은 일본 사람들도 울릉도, 더 나아가 독도까지 가서 어업을 했어요. 그렇게 전복이나 우뭇가사리를 채취해서 울릉도로 돌아온 뒤 일본으로 수출할 때는 울릉도 도감에게 수출세를 내야 했습니다. 과세를 했다는 것은 명백한 실효 지배의 증거가 되죠. 이런 것들만 봐도 1905년 이전에 독도가 조선의 영토였다는 것이 증명됩니다. 결코 무주지가 아니었다는 거죠.

차클　독도가 당시에 무주지가 아니었다는 걸 보여줄 일본 자료는 없나요?

호　1904년에 일본의 군함 '니타카'호가 울릉도를 찾았었다고 해요. 니타카호의 항해일지를 보면 독도에 대한 기록이 나옵니다. 당시 울릉도를 찾았던 니타카호의 선원들이 멀리 보이는 독도를 보고 섬의 이름이 무엇이냐고 물었다고 해요. 그러자 한국 사람이 독도라고 했고 이를 일본군이 잘 알아듣지 못해서 한자로 독도라고 써서 보여줬다는 겁니다. '리안코르도섬(독도), 한인(한국인)이 이것을 독도라고 쓰고 본방(일본) 어부 등이 생략해서 리안코도라고 칭한다'라고 기록돼 있습니다.

차클　그때까지 일본에서 독도를 잘 몰랐다는 말인가요?

호　리안코도는 1849년 프랑스의 '리앙쿠르'호가 동해를 항해하던 중에 우연히 독도를 발견하고 자신들의 배 이름을 붙인 것에서 유래한 이름이에요. 그런데 이미 그 섬에 독도라는 한국 이름이 있는 것을 니타카호의 항해일지에서 밝히고 있잖아요. 그러면 독도의 주인은 당연히 한국이죠. 이름이 있다는 것은 영유권을 주장할 때 대단히 중요합니다. 지금도 독도냐 다케시마냐 라고 맞서는 것도 그런 이유 때문이죠. 니타카호의 항해일지가 독도는 일본 것이 아니었다는 것을 그대로 증명하는 문서입니다. 이것은 아직 일본에서 잘 모르는 자료인 것 같아요. 민간인에게도 공개된 문서인데 말이죠.

차클　일본이 독도 영유권을 주장하는 또 다른 근거는 무엇인가요?

호　일본은 제2차 세계대전 당시 한동안 승승장구하죠. 하지만 연합국에게 패하며 큰 굴욕을 당하게 됩니다. 그 와중에 독도를 향한 집착을 계속 보입니다. 이때 일본은 한반도를 비롯해 대만·만주·동남아까지 식민지를 삼으며 제국이 되기 위한 포석을 놓았잖아요. 이후 일본이 패전하면서 연합국과 일본이 1951년에 샌프란시스코 조약을 맺으며 전후 일본의 영토를 다시 결정하게 되죠. 이 조약을 통해 전쟁 전 일본 영토였던 홋카이도·혼슈·시코쿠·규슈라는 네 개의 섬을 제외한 거의 모든 점령지는 일본 영토로 인정받지 못하게 되었어요.

차클 독도 문제와 샌프란시스코 조약은 어떤 연관이 있는 것인가요?

호 샌프란시스코 조약 제2조를 걸고 넘어지는 거예요. 제2조엔 '일본은 한국의 독립을 승인하고 제주도·거문도·울릉도를 포함한 한국에 대한 모든 권리와 청구권을 포기한다'라고 적혀 있습니다. 여기에 울릉도는 있지만 독도가 없다는 것을 일본에서 문제 삼고 있어요. 독도라는 이름이 들어가 있지 않으니 일본의 영토로 남는 것이라고 주장하는 거예요.

차클 조약에는 대표적인 큰 섬들만 써놓은 거고 나머지 작은 섬들은 일일이 열거를 할 필요가 없다고 본 것 아닌가요?

호 그렇죠. 말이 안 되는 주장이에요. 한국에는 독도 같은 섬이 2000개가 넘게 있잖아요. 말씀하신 것처럼 그런 것을 일일이 다 써넣을 수 없기 때문에 대표적인 섬들만 간단하게 표기한 것에 불과해요. 상식적인 내용만 적은 것이죠. 그리고 독도는 울릉도에 속하는 섬이기 때문에 조약엔 필요한 사실이 다 포함됐다고 볼 수 있습니다.

차클 샌프란시스코 조약에서 정한 일본 영토의 근거도 남아 있겠죠?

호 샌프란시스코 조약의 기초가 된 일본 영토를 정확하게 선으로 그려서 보여준 스캐핀 677호(SCAPIN NO. 677)라는 문서가 남아 있습니다. 1946년에 연합국의 지휘하에 일본 주변 지역을 일본의 통치에서 분리하기 위해 작성한 각서입니다. 스캐핀 677호에는 독도가 정확하게 한국 영토로 표기되어 있습니다.

차클 당시 연합국들도 독도를 한국 땅이라고 인정했던 거네요?

호 여기에 독도가 다케시마라는 일본 이름으로 표기되어 있긴 하지만, 연합국은 독도가 울릉도에 속하는 섬이라고 정확하게 인정했습니다. 이 스캐핀 문서 내용이 그대로 샌프란시스코 조약에 반영됩니다. 스캐핀에 쓰여지지 않았던 부분이나 변경된 부분은 샌프란시스코 조약에서 따로 변경되었다고 쓰여져 있거든요. 그런데 독도 부분은 변경되지 않았기 때문에 샌프란시스코 조약 체결 당시 독도는 한국 땅이라고 인정한 셈이죠.

차클 샌프란시스코 조약을 일본이 근거로 드는 건 말도 안 되는 게 분명하네요. 그렇다면 일본에 유리한 또 다른 문서라도 있나요?

호 샌프란시스코 조약 외에 1951년 8월에 미 국무부 차관보인 딘 러스크가 주미 대한민국 대사에게 보낸 러스크 서한(Rusk documents)이라는 것이 있습니다. 미 국무성에서 독도가 사실상 일본 영토라는 내용을 담은 서한을 대한민국에 보낸 것이에요. 그런데 1951년이면 대한민국은 전쟁을 치르고 있던 시기입니다. 북한이 부산만 제외하고 거의 다 점령을 했던 시기예요. 이때 미국이 우려했던 것은 대한민국이라는 나라의 소멸이었어요. 한반도가 모두 북한 땅이 되어버리면 자신들에게 도움이 될 게 없다고 판단한 것이죠. 미국 내에서 독도만이라도 북한에 내줄 수 없다는 논리가 전개된 겁니다.

차클 기가 찰 노릇이네요. 미국이 자신들에게 유리한 쪽으로 독도의 영유권을 해석한 것이군요?

호 레이더 기지나 해양 기지를 세울 수 있는 전략적 요충지로서의 가치를 본 것이죠. 그러니 독도를 북한에 뺏기는 걸 보고 있을 수 없었겠죠. 당시는 동서 냉전의 시대였기 때문에 자신들이 독도를 차지하거나, 그렇지 못할 경우에는 차라리 일본의 영토로 인정하는 것이 차선이라고 생각했을 겁니다. 굉장히 단순한 지정학적 판단이었어요.

차클   그러면 러스크 서한이 샌프란시스코 조약이나 이후 국제 정세에 영향을 미쳤나요?

호   이게 샌프란시스코 조약에 그대로 반영되지는 않았어요. 당시 미국의 공화당 대표이자 나중에 국무장관이 되는 존 포스터 댈러스라는 인물이 대통령 특사 자격으로 샌프란시스코 강화조약 체결에 힘을 썼는데요. 그가 1953년 10월에 러스크 서한은 미국만의 견해일 뿐이라고 밝혔습니다. 역사적 지식이 부족했다고 주장하면서 서한 자체를 부정해요. 그러나 일본은 계속해서 러스크 서한을 독도가 일본 땅이라는 주장에 대한 근거로 악용하고 있죠.

차클   일본이 정말 오랜 기간 집요하게 독도 문제를 전략적으로 다루고 있다는 것을 알게 됐습니다. 혹시 최근에 새로운 전략으로 내세우는 것도 있나요?

호   다양한 시나리오를 만들고 있는데 그중 하나가 바로 독도를 실질적으로 가져가려는 독도와 울릉도 개발 계획이에요. 거대 자본을 투자할 뿐만 아니라 일본인을 이주시키는 계획까지 포함하고 있어요. 독도와 울릉도를 비롯해 일본의 오키섬까지 포함하는 하나의 국제적인 공원을 구상하는 것이죠. 실제로 그렇게 개발하자는 사람들이 있어요.

차클   정말 치밀하네요. 한국 정부도 개발을 목적으로 진출하는 것은 무조건 막기 어렵다고 판단했겠죠. 주민들에게 이득이 되는 계획이라고 하면 조금씩 설득이 될 거라고 말이에요.

호   네. 실제로 그런 식으로 주민들의 마음을 돌려서 국제법상 영토의 소속 국가 변경을 한 사례가 있기도 해요. 주민 투표를 실시해서 해당 지역의 소속 국가를 바꾸겠다는 의사를 분명하게 나타내면 이를 인정해 주는 국제법이 존재하거든요. 크림반도가 대표적이죠. 우크라이나 땅이었던 크림반도에 러시아계 사람들이 유입되어 살고 있었습니다. 그런데 우크라이나에서 분리하는 것에 대한 주민 투표를 통해 2014년, 크림반도를 우크라이나에서 분리시켜 러시아로 편입시킨 사례가 있습니다.

차클   일본에서 벌써 지역 주민들의 마음을 돌리려는 유화정책을 쓰기 시작했나요?

호   일본의 시마네현 쪽에서 독도와 관련된 개발 계획과 같은 이야기들을 하고 있죠. 겉으로는 더 이상 싸우지 말고 사이좋게 지내자고 말하지만 그 이면에 숨은 치밀한 전략을 파악하는 것이 중요합니다.

독도를 지키기 위한 전략은 무엇인가

"1993년까지는 국제 관계에서 무대응의 입장을 취하는 게 전
혀 문제가 없었어요. 그런데 지금은 그렇지 않습니다. 국제법
상으로 현재 일본이라는 국가에서 독도의 영유권을 공개적으
로 주장하고 있는데, 한국에서 아무것도 하지 않는다면 그들의
주장을 인정하는 꼴이 되는 것입니다."

• • •

차클　　그렇다면 우리나라는 독도 문제에 대해 어떤 전략을 취하고 있나요?

호　　많은 사람이 독도는 어차피 우리 것이니까 우리가 어떤 대응도 할 필요
가 없다고 생각합니다. 오히려 대응할수록 일본의 전략에 말려들어가
는 것이라고도 말합니다. 소위 무대응 전략을 주장하는 사람이 많아요.

차클　　올바른 역사 교육을 통해 정확한 사실을 제대로 알리면, 억지스러운
일본의 주장에 일일이 대응할 필요까진 없지 않을까요?

호　　맞습니다. 1993년까지는 국제 관계에서 무대응의 입장을 취하는 게
전혀 문제가 없었어요. 그런데 지금은 그렇지 않습니다. 국제법상으로
현재 일본이라는 국가에서 독도의 영유권을 공개적으로 주장하고 있
는데, 한국에서 아무것도 하지 않는다면 그들의 주장을 인정하는 꼴이

되는 것입니다.

차클 역사적으로나 여러 증거로 보나 우리 땅이 명백한데도 반박을 해야 한다는 것인가요?

호 그렇습니다. 이제 독도는 한국 고유의 영토라고 말해야 합니다. 일본의 주장에 반박하지 않을 경우 소극적인 인정으로 해석할 수 있는 여지가 남거든요. 만약 우리가 그들의 주장에 반박하지 않으면 일본 입장에서는 한국이 국제법적으로 일본의 주장을 인정했다는 증거로 계속 축적을 할 것입니다.

차클 차라리 국제적인 분쟁을 조정해주는 재판으로 결론을 내면 되는 것 아닌가요?

호 네. 요즘 젊은 분들 사이에서 국제사법재판소에 대한 이야기들이 많이 나오죠. 하지만, 어쨌든 재판이라는 과정을 거칠 때 100퍼센트 승률을 보장할 수 없는 것이 현실입니다. 혹시라도 운이 나빠서 인정을 받지 못하게 될 수 있으니 섣불리 재판에 갈 이유는 없다고 봅니다.

차클 오늘 말씀해주신 자료들만 봐도 증거가 충분히 많은데도 이기지 못할 수 있다고요?

호 물론 국제사법재판소에 가게 되면 충분히 우리가 이길 가능성이 있습니다. 하지만 재판이라는 제도의 속성을 고려해봐야 합니다. 국제사법재판소로 가려면 우리가 대한민국의 독도가 분쟁 지역이라는 것을 인정해야 하기 때문이죠. 우리 스스로 독도가 일본 것인지 한국 것인지 모호하다고 인정하는 셈이 되는 것입니다. 대단히 중요하고 민감한 문제예요.

차클 그런데 국제사법재판소에 나가고 안 나가고는 우리 선택에 달린 건가요? 일본이 일방적으로 재판을 신청할 순 없나요?

호   세계에는 두 가지 부류의 나라들이 있어요. 우선, 재판을 거부할 수 없는 관할권 수용 국가가 있습니다. 이들 국가는 국제사법재판소에 무조건 나가야 해요. 일본이 대표적이었죠. 2017년 이전에는 우리가 일본을 상대로 제소할 경우 일본은 거부권이 없으므로 무조건 국제사법재판소로 나와야 했습니다. 그런데 일본은 2017년에 입장을 바꿔서 현재는 국제사법재판소의 관할권을 인정하지 않고 있습니다.

차클   일본은 왜 2017년 이전에는 거부권이 없었나요?

호   일본이 전범국이기 때문이죠. 일본은 UN에 가입할 당시 국제사법재판소 관할권을 강제 수용해야 했습니다. 샌프란시스코 조약에서도 일본에 불만이 있는 나라는 국제사법재판소에 제소하라고 나와 있어요.

차클   한국은 국제사법재판소에 나가지 않아도 되나요?

호   맞아요. 재판을 거부할 수 있는 국가, 즉 관할권을 수용하지 않은 나라가 있는데 우리도 거부권을 갖고 있어요. 이를 두고 일본에서는 거부권을 갖고 있는 한국이 비겁하게 피한다고 주장합니다. 한국에서도 많은 사람이 일본에게 비겁하다는 소리를 듣느니 그냥 재판에서 시시비비를 가리자고 주장하는 것으로 알고 있습니다. 그러나 한국인의 심리적인 부분을 건드리는 일본의 전략에 절대 말려들면 안 됩니다.

차클   참 무서운 나라네요. 우리 말고도 국제사법재판소에서 거부권을 갖고 있는 나라들은 어디인가요?

호   UN 가입국 중 130개 국가는 관할권 수용을 거부할 수 있습니다. 우리를 비롯해 국제사법재판소에 나가지 않아도 되는 나라들은 대부분 대국들입니다. UN 안보리 상임이사국 중 관할권 수용국인 영국을 제외한 미국·러시아·중국·프랑스는 우리와 똑같아요. 국제사법재판소에 끌려다닐 필요가 없습니다. 관할권 수용을 거부하는 쪽이 오히려 주류인 거예요. 그러니까 우리는 절대로 비겁한 게 아닙니다.

차클 그렇군요. 그런데 국제사법재판소의 판결에 효력이 있긴 한가요?

호 먼저 국제사법재판소가 창설된 1945년 이후 지금까지 몇 건의 사건이 해결되었는지를 살펴볼 필요가 있습니다. 단 16건의 사건만 해결되었어요. 국제사법재판소가 완전한 해결책이 아닐 수 있다는 방증입니다. 예를 들면 국제사법재판소에서 독도가 한국 영토임을 인정했다고 가정해보죠. 이때 일본이 판결에 불복한다면, 일본을 제재할 수 있는 기관이 어디일까요?

차클 UN이 아닐까요?

호 맞습니다. UN이에요. 그러면 UN의 중심은 어디인가요? 안전보장이사회고, 그 이사국인 다섯 개 나라가 결정하는 거예요. 그런데 지금 북한 핵문제만 봐도 다섯 개 나라 입장이 제각각이잖아요. 만약 일본이 국제사법재판소의 판결에 불복했을 때 안보리 이사국 다섯 개 나라 중에서 일본의 손을 들어주는 나라, 일본을 반대하는 나라로 나뉘면 구속력이 사라져요. 국제사법재판소라고 하면 마치 절대적인 구속력을 가진 곳처럼 생각하지만, 결국 마지막에 가면 안보리 이사국들의 판단에 따를 수밖에 없는 게 현실이에요.

차클 무대응도 하면 안 되고, 재판으로 가는 것도 위험하다면 도대체 어떤 전략을 펼쳐야 하는 건가요?

호 먼저 한국은 절대로 독도를 분쟁 지역으로 인정하면 안 됩니다. 국제사법재판소에 스스로 찾아간다는 것 자체가 독도를 버리는 셈이에요.

그렇다면 어떤 전략으로 맞서야 하느냐. 대략 세 가지 정도로 요약할 수 있어요. 우선 독도가 분쟁 지역이 되지 않도록 관리해야 합니다. 그리고 독도를 바위로 보느냐 섬으로 보느냐에 따른 맞춤형 전략을 세워야 합니다. 마지막으로 일본의 영향력 있는 전문가들을 설득하는 전략을 취해야 합니다.

차클 분쟁 지역이 되지 않도록 하는 게 제일 중요한가요?

호 맞습니다. 외교적인 관리가 필요해요. 예를 들어 일본 어선들이 독도에 침범했다고 해서 어선을 모조리 공격해서 폭파시켜버리거나 하면 그건 실제로 분쟁 지역이 되는 것을 인정하는 꼴이죠. 물론 심정적으로 그런 마음이 들더라도 살살 달래면서 관리하는 전략이 필요해요.

차클 우리가 선제공격을 하면 일본이 맞대응을 할 수 있어서 그런가요?

호 네. 일본의 무사들이 쓰던 전략이 바로 그것이었어요. 자신들의 피해를 빌미로 상대를 공격하는 것이죠. 누군가 죽으면 그것을 빌미로 적진으로 쳐들어가는 것입니다. 중일전쟁도 그렇게 시작된 것이에요. 그러니 우리가 일본의 도발에 흥분하면 안 돼요. 절대 흥분할 필요가 없는 거예요.

차클 독도가 섬이냐, 바위냐에 따른 전략이란 구체적으로 어떤 건가요?

호 남중국해 분쟁을 예로 들어보죠. 중국·대만·베트남·필리핀·말레이시아·브루나이 6개국이 남중국해의 영유권을 두고 벌인 국제적인 분쟁입니다. 이 중 난사군도(스프래틀리 군도)를 주목해보죠. 약 700개의 작은 암초로 이루어진 군도인데, 6개국이 각각 암초를 나누어 점유 중이에요. 스물여섯 개 정도의 조그마한 바위도 있고 섬도 있어요. 그런데 거의 모두가 바위라는 판결이 났습니다. 독도보다 세 배, 여섯 배 큰 것들도 모두 바위라고 결론이 났어요. 전문가들은 앞으로 국제법상에서 독도가 바위인지 섬인지를 판명하는 재판이 이루어질 때 독도가 섬이라는 위치를 갖기가 거의 어렵다고 말합니다. 바위가 될 가능성이 농후하다고 해요. 독도를 섬이 아닌 바위로 간주해 배타적 경제수역을 설정하지 않도록 해야 한국에 유리하다고 봅니다. 물론 국내적으로는 섬이라고 해도 문제가 없습니다.

차클 또 다른 방법으로 양심적인 지식인 등 일본 내에 우리 편을 많이 만드는 전략이 필요하다는 거죠?

호 바로 그거예요. 내부에서부터 모든 것을 붕괴시키는 것이죠. 분쟁을 일으키기보다 일본 국민을 설득하는 전략도 필요합니다. 이때 내부자들을 어떻게 내 편으로 만드느냐가 대단히 중요합니다. 예를 들면 여름방학이 되면 일본 대학생들이 한국으로 많이 찾아옵니다. 저도 한 대학에서 초청을 받아서 일본어로 독도에 대한 강의를 한 적이 있어요. 그때 제 이야기를 듣고 난 뒤 학생들은 독도가 한국 영토라고 생각하게 됐다고 해요.

'위안부' 문제, 어떻게 대처해야 하는가

"한국 인구가 5000만 명 중 5퍼센트만이라도 일본의 잘못을 꼬집을 수 있는 논리로 무장돼 있다면, 그리고 전 세계에서 영어로, 중국어로 널리 일본의 잘못을 알리면 일본은 꼼짝없이 손을 들게 되어 있습니다. 다시 한번 지피지기 백전불태라는 말을 떠올려봅시다. 일본과의 관계에서도 나를 알고 적을 알아야 된다. 그러면 백 번을 싸워도 위태롭지 않다는 식으로 접근하면 길이 보일 것입니다."

● ● ●

차클   한일 양국 간에 독도만큼 뜨거운 이슈가 '위안부' 문제잖아요. 우리가 어떻게 대처해야 할지 알려주시면 좋을 것 같습니다.

호   우선 생각해볼 게 '위안부'라는 용어입니다. 명백히 성노예인데 '위안부'라는 식으로 에둘러 표현하면 안 된다고 주장하는 분들이 있죠. '위안부·정신대·일본군 위안부·종군 위안부·일본군 성노예'처럼 다양한 표현이 있는데 여러분들은 어떤 단어가 가장 맞다고 생각하시나요?

차클   '위안부'라는 단어 자체는 일본 제국주의 군인들의 입장을 대변하는 용어인 듯해요. 전쟁에 참가한 군인들을 위안한다는 의미를 담고 있는 것이니까요. 그래서 '위안부'라는 단어를 쓰는 것에 거부감을 느낍니다. 오히려 성노예라는 말이 가장 잘 맞는 것이 아닌가 생각합니다. 다만 가해자에 대한 정보가 포함되지 않은 표현인 것 같아요.

호 맞습니다. 앞에서 소개한 단어에도 '일본군 위안부'와 '일본군 성노예'만 가해자가 포함되어 있죠. 국제적으로는 성노예가 가장 적절한 표현으로 통용됩니다. 하지만 피해자들께서 성노예라는 말을 싫어하셔서 지금 한국에서는 '일본군 위안부'를 가장 보편적으로 사용하고 있습니다.

차클 일본에선 '위안부'에 대해 얼마나 알려져 있나요?

호 '위안부' 피해자 중에서 세계 최초로 일본군의 만행을 만천하에 폭로하면서 피해자임을 증언한 분이 바로 김학순 할머니입니다. 일본 내에서도 1980년대부터 '위안부'의 존재가 알려지기 시작했어요. 일본의 전쟁 경험자들이 책을 통해 많이 털어놓았죠. 그러나 실제로 "내가 그랬다"라고 증언을 한 사람은 없었는데 그런 상황에서 1991년에 김학순 할머니가 최초로 피해 사실을 전 세계에 알린 것입니다. 어마어마한 용기였죠.

차클 정말 대단한 일을 하신 거네요. 그런데 '일본군 위안부' 피해자는 언제 어디서 처음 발생한 건가요?

호 기록에 의하면 1932년에 상하이에서 최초의 군위안소가 만들어졌어요. 그러나 본격적인 시작은 1937년입니다. 1937년에 일어난 난징 대학살을 계기로 일본군에 의한 '위안부' 동원이 본격화되었어요. 당시 중일전쟁을 치르고 있던 일본군이 중국 난징을 점령하고서 수많은 중국 여성들을 강간하는 등 만행을 저질렀습니다. 일본은 그런 사건들을 정당화하면서 전쟁터에서 일어나는 강간 행위를 막기 위한 방법으로 위안소를 설치했다고 주장했습니다.

차클	한국이나 중국을 침략하지 않았더라면 그런 위안소 자체가 아예 존재할 필요가 없었던 건데 말도 안 되는 궤변이네요.
호	맞습니다. 조금 더 자세히 살펴보도록 하죠. 1931년에 만주를 침략하기 위해서 수많은 일본군이 동원되다 보니까 일본 입장에서는 군인들을 위한 위안소로 많은 여성들을 보내야 하는 문제가 발생했습니다. 갑자기 늘어난 위안소에 보내기 위해 여성들을 강제적으로 동원해야 하는 상황이 된 것이죠.
차클	강제로 동원한 수법을 구체적으로 알려주세요.
호	처음에는 일본이나 한국에서 너무 강제적으로 여성들을 끌고 가려다 문제가 많이 발생했습니다. 일본 내에서는 그런 업자들이 체포되기도 했답니다. 그런데 조사를 했더니 상하이의 일본군의 명령으로 왔다는 거예요. 그래서 내무성 경보국장이 '위안부' 동원을 극비로 허가한 문서를 작성합니다. 즉 중국 상하이에 있는 일본군의 명령을 받아 하는 일이니 편의를 제공하라는 명령을 담은 문서를 작성해 각 관계기관으로 하달했어요.
차클	취업을 시켜준다는 것에 속아서 끌려간 여성들도 많았다고 들었어요.
호	네. 하지만 정작 군함에 올라탄 순간부터 강제 연행으로 바뀌고 집으로 돌아갈 수 없었어요. 예를 들면 강제 동원된 여성들이 탄 배를 헌병대가 기다리고 있는 겁니다. 배에서 내린 여성들을 곧바로 위안소로 데려가서 도망갈 수 없게 했어요. 1925년 당시 일본은 부녀자 아동 매매 금지 조약에 가입되어 있었거든요. 게다가 전쟁터에 내보내면 죽을 수 있으니 무슨 일을 하는지와 상관없이 해외로 내보내면 안 되도록 금지하고 있었죠. 하지만, 일본에서는 일단 군대의 요청이 있으니 이

런 조약은 무시해버린 겁니다. 대신 21세 이상 여성만 보냈다고 주장하죠.

차클 그런데 수요일마다 일본 대사관 앞에서 '위안부' 피해자 할머니들이 집회를 하시잖아요. 그분들의 증언을 들어보면 10대 때 붙들려 간 사람들이 정말 많았다고 하던데요.

호 일본의 주장이 사실과 다르다는 기록이 남아 있습니다. 1942년 5월 26일에 필리핀 일로일로 환자요양소에서 실시한 성병검사 결과를 담은 문서인데요. 열 명 중 여덟 명이 21세 미만이라고 기록돼 있습니다. 그중 16세는 두 명이었고요. 대부분 16세, 18세였다는 것이 증명되고 있죠. 이렇게 사실상 청소년들을 강제 동원한 것이었어요. 15세의 아이도 있었다는 것이 굉장히 충격적입니다.

차클 이런 증거들에 대한 일본 정부의 입장은 무엇인가요?

호 1991년 김학순 할머니의 담화가 있고 나서 1년 후에 가토 고이치 당시 관방장관이 일본의 입장을 표명한 가토 담화라는 것을 발표했습니

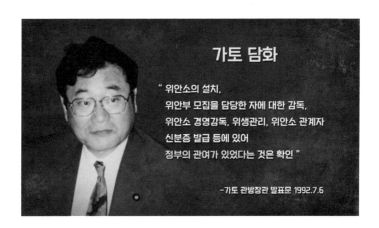

가토 담화

" 위안소의 설치,
위안부 모집을 담당한 자에 대한 감독,
위안소 경영감독, 위생관리, 위안소 관계자
신분증 발급 등에 있어
정부의 관여가 있었다는 것은 확인 "

-가토 관방장관 발표문 1992.7.6

다. 담화의 내용은 '위안소의 설치, 위안부 모집을 담당한 자에 대한 감독, 위안소 경영감독, 위생관리, 위안소 관계자 신분증 발급 등에 있어 정부의 관여가 있었다는 것은 확인했다'는 것이었고요. 일본 정부가 딱 여기까지만 인정을 했습니다.

차클 강제로 동원한 사실을 인정하지 않은 것인가요?

호 동원에 강제성이 있었다는 말은 끝내 하지 않았습니다. 그래서 한국 측은 강제성을 인정하지 않은 가토 담화에 대해 문제를 제기했습니다. 그러자 다음으로 등장한 것이 1993년 일본 고노 요헤이 관방장관이 발표한 고노 담화였어요. 이 담화에서는 '감언, 강압에 의하는 등 본인들의 의사에 반하여 모집된 사례가 많이 있고, 더욱이 관헌 등이 직접 이에 가담한 흔적도 있었던 것으로 드러났다'고 밝혔습니다.

차클 혹시 관헌이라는 것이 지금의 공무원들을 의미하는 것인가요?

호 당시 한반도에서 일하던 군인과 순사, 면 직원 등을 말합니다. 사실 일본인뿐만 아니라 한국 사람이 많이 관여했다는 이야기예요. 이게 무슨 뜻인지 아시겠어요? 산케이 신문에서는 '군인·순사·면 직원 등이 위안부 모집 때 입회하기도 했고, 강압적인 행위에 가담하는 경우가 있었다'고 보도했습니다. 사실상 일본 정부의 책임을 피하려는 표현이었죠. 다시 말해 일본인들이 한국말을 잘 못하기 때문에 실질적으로 범행을 저지른 것은 한국 사람이라는 식으로 물타기를 한 것입니다.

차클 일반적으로 고노 담화라고 하면 한국 쪽에도 긍정적인 결과를 가져온 담화로 알고 있는데요. 교수님 말씀대로라면 강압성은 인정했지만 모두 한국 공무원이 저지른 일이라고 한 정도네요?

호 물론 한국 공무원이라고 정확히 밝히진 않았어요. 하지만 최종 책임은 일본에 있는 거 아니냐고 문제 제기할 것에 대비해 책임의 소재를 모호하게 한 발언이죠. 일본군이나 일본 정부에 책임이 있다고도 분명하게 말하지 않았어요.

차클 그런데 2012년에 출범한 아베 정부는 고노 담화조차도 모두 뒤집어버리지 않았나요? 그렇게 고노 담화를 백지화해놓고 2015년에는 한국과 일본이 10억 엔을 한국에 주는 조건으로 '위안부' 피해자 할머니들에 대한 사과나 동의를 얻는 과정도 없이 합의를 해서 문제가 됐고요. 양국이 당시 그런 합의를 한 이유는 무엇인가요?

호 2015년 12월 28일 한일 '위안부' 합의 이전까지 일본은 합의를 일절 거부해왔습니다. 그런데 당시 일본에서 조금 서두른다는 감이 있었습니다. 여기에는 여러 가지 요소가 작용하고 있습니다. 먼저 미국 입장에서 한일 관계가 나빠지게 되면 북한 문제를 해결할 때 걸림돌이 된다고 보고 외교적 차원에서 '위안부' 문제를 합의할 것을 양측에 요구했던 게 사실입니다. 이런 내용은 일본 내 뉴스에서는 많이 다뤄졌지만 상대적으로 한국에서는 많이 알려지지 않았죠.

차클 미국의 압력 외에 또 다른 이유도 있나요?

호 일본 내에서도 '위안부 강제 동원'에 대한 여러 가지 자료들이 또다시 나오기 시작했어요. 그러니까 '위안부'와 관련된 자료들이 더 많이 나오면 자신들에게 불리해지겠다고 생각한 겁니다. 게다가 당시에 8개국이 함께 '위안부' 자료를 유네스코 세계기록유산으로 등재하겠다고 나서기도 했죠. 일본 입장에서는 그것을 막아야 한다고 생각했을 겁니다. 만약 한국과 합의를 이루면 한국이 그런 움직임에 적극적으로 참여하지 않을 것이라고 판단한 거예요.

차클	전략적인 계산이 깔려 있는 합의였다는 말이군요? 그럼 한국이 일본의 전략에 어느 정도 말려들었다는 것인가요?
호	이미 다 알려진 사실이죠. 사실 당시 합의를 한국의 외교부에서 주도한 것이 아니고, 국정원에서 주도했어요. 무엇보다 당사자인 '위안부' 피해자들의 의견도 듣지 않고 진행해버린 것이죠. 저는 처음에 합의를 이루었다고 했을 때 할머니들이 승낙하신 줄 알았어요.
차클	많은 사람이 그렇게 알았죠. 그때 정부에서 합의부터 한 뒤에 피해자들을 설득하겠다고 하지 않았나요?
호	일부 사람들은 '위안부' 합의에 포함된 10억 엔이 일본의 국고에서 나온 돈이니까 일본 정부가 사과한 걸로 받아들일 수 있는 것 아니냐고 말하기도 합니다. 그런데 국고에서 나왔으면 그 10억 엔을 위로금이 아니라 배상금으로 표현했어야 합니다. 그러면 문제가 없는 것이었어요. 자신들의 범죄를 인정하고 피해국에 주는 것이 배상금이니까요. 그때 당시 기시다 후미오 외상에게 일본 기자들이 한국에 합의금으로 지급한 10억 엔이 배상금이냐고 질문을 했습니다. 그러자 즉각 아니라고 말했어요. 그리고 10억 엔은 위로금이라고 밝혔습니다.
차클	배상금이 아니라 위로금이라고 했다는 것은 자신들의 범죄를 끝까지 인정하지 않겠다는 것이군요?
호	국고에서 지급했다고 해도 명목상 위로금이면 일본 정부의 책임을 인정하지 않는 것입니다. '위안부' 합의문에도 일본 정부는 책임을 통감한다는 식으로 쓰고 있어요. 통감(痛感)이라는 것은 어떤 사건에 대해 매우 아프게 느낀다는 정도의 말입니다. 그러니까 대단히 애매한 표현인 거예요. 한국 정부는 일본 정부가 책임을 인정한 것이라고 말할 수

있고, 반면 일본 정부는 자신들의 책임을 인정한 게 아니라는 식으로 설명할 수 있게끔 애매한 표현을 쓴 것이죠.

차클 문재인 정부가 2015년의 한일 위안부 합의를 사실상 인정할 수 없다고 한 데 대해 일본이 크게 반발하고 있는데요.

호 일본에서는 이유를 막론하고 국가 간의 합의를 강조합니다. '위안부' 합의로 문제는 끝난 것이라고 말합니다. 합의를 이행하는 것이 중요하다는 이야기만 되풀이해요.

차클 일본 주장대로 우리 쪽에서만 일방적으로 합의를 번복한 건가요?

호 꼭 그런 것만은 아닙니다. 왜냐면 일본이 국제무대에서 '위안부' 강제 연행 사실을 부인하고 있거든요. 이것은 한일 간 '위안부' 합의를 위반하고 있는 거예요. 사실 그것만으로도 충분히 일본 역시 합의를 이행하지 않고 있다고 지적할 수 있습니다. 아베 신조는 '위안부' 합의 이후에도 강제 연행의 증거는 없다고 지속적으로 말하고 있고요. 그렇기 때문에 우리도 일본에 대해 합의를 이행하라고, 합의를 다시 검토하겠다고 말할 수 있는 입장인 것이죠. 이미 우리는 '위안부 합의 TF팀'을 만들어서 공증 작업을 마치고 사실상 '위안부' 합의를 사문서화한 상태죠. 일본 아베 정부가 고노 담화를 사문서화한 것처럼요.

차클 아까 여러 나라가 같이 '위안부' 관련 기록을 유네스코 세계기록유산으로 등재시키려 했다고 하셨는데요. 그것도 일본이 막을 수 있나요?

호 여러 가지 수단이 있는데 대표적인 것이 유네스코 분담금입니다. 유네스코에 가입한 나라들은 분담금이라는 것을 내는데요. 일본이 9퍼센트 정도의 분담금을 내고 있어요. 미국에 이어서 두 번째로 많이 내고 있습니다. 문제는 미국이 유네스코를 탈퇴해버렸다는 겁니다. 자신들이 인정하지 않는 팔레스타인이 유네스코에 가입됐다는 걸 빌미로 삼았죠. 그러자 일본도 미국을 흉내 내고 있고요.

차클 돈을 가지고 협박을 하는 꼴이군요?

호 비슷합니다. 일본에서 유네스코에 새로운 기준을 많이 요구했다고 해요. '위안부' 문제에 대해선 당사자의 말을 들어봐야 한다고 제시한 거예요. 당사자라면 바로 가해국인 일본을 의미하죠. 등록을 원하는 사람과 당사자 사이에 합의가 이뤄져야 등록할 수 있도록 압력을 넣은 것입니다. 그러면서 일본 쪽에서는 위안소가 합법적이었음을 보여주는 자료들을 제출했어요. 그래서 어느 쪽 주장이 맞는지 2년간 다시 심사하게 됐고요. 사실상 보류가 된 거예요. 이것도 일본의 전략이 통한 사례입니다.

차클 정말 안타까운 일이네요. 그렇게 실랑이를 벌이는 동안 피해자 할머니들은 언젠가 다 돌아가실 테니 말이에요.

호 지금 '위안부' 피해자 중 생존자가 19명입니다(2020년 3월 기준). 평균 나이가 90대 초반이시니, 이분들이 돌아가신 후에도 끝까지 싸울 수 있도록 모든 준비를 해나가야 합니다. 지금까지는 너무 피해자 할머니들의 증언에만 의존을 했어요. 이제 피해자들의 증언을 체계적으로 문서화하거나 역사적 자료들을 연구하는 문제들에 대해 진지하게 고민해봐야 합니다.

차클 우리나라뿐만 아니라 주변 국가들과 연합해서 사과를 이끌어내는 움직임이 있어야 할 것 같아요. 국제적 연대는 없나요?

호 전혀 없는 것은 아닙니다. 2017년 12월에 필리핀의 수도 마닐라에 '위안부' 상이 세워졌어요. 1942년부터 1945년까지 한국에서 희생된 여

성들을 기억하는 의미로 세워진 비석입니다. 이 '위안부' 상을 만든 사람들은 민간단체가 아닙니다. 필리핀의 국가역사위원회에서 세운 것이에요. 이런 사례를 보면 국제적 연대도 가능할 것으로 보입니다. 지금까지 한국은 지나치게 감정적으로 대응을 해왔어요. 그러나 '위안부' 문제, 독도 문제에 대해 일본의 잘못이 무엇이고 무슨 문제가 있는지를 명확하게 논리적으로 꼬집을 수 있는 준비가 되어 있어야 합니다. 한국 인구 5000만 명 중 5퍼센트만이라도 일본의 잘못을 꼬집을 수 있는 논리로 무장돼 있다면, 그리고 전 세계에서 영어로, 중국어로 널리 일본의 잘못을 알리면 일본은 꼼짝없이 손을 들게 되어 있습니다. 다시 한번 지피지기 백전불태라는 말을 떠올려봅시다. 일본과의 관계에서도 나를 알고 적을 알아야 된다, 그러면 백 번을 싸워도 위태롭지 않다는 식으로 접근하면 길이 보일 것입니다.

bokyung　일본이 사무라이 정신이나 《손자병법》에 기반한 사고방식으로 전쟁이나 지정학
적 선택을 한다고 하셨어요. 그런데 일본은 태평양전쟁에선 다소 무모해 보이는
전략을 택해 전쟁을 벌이다 결국 무조건 항복해버리고 말았잖아요. 당시의 일본
의 전략에 대해선 어떻게 생각하시나요?

호　《손자병법》에 소개된 많은 병법 중 일본의 역사 속에서 자주 볼 수 있는 것이 바
로 "싸우기 전에 이겨놓고 있어야 된다"는 것입니다. 다시 말해, 이길 수 있는
상대하고만 싸우라는 말이에요. 어떤 국가든 전쟁을 하기 전에 승부는 거의 결
정되어 있다고 봐요. 자신들이 적국을 이길 수 있다고 생각되면 전쟁을 벌이는
것이죠. 태평양전쟁 당시에 일본은 미국을 전략적으로 이길 수 있다고 판단했습
니다. 전쟁 발발 초기 6개월간은 이길 수 있다고 계산을 했을 겁니다. 이후에는
영국을 중재자로 세워두고 자신들이 이기고 있는 상황에서 전쟁을 끝내려고 했
었죠. 그게 일본의 전략이었습니다. 러일전쟁 당시에 미국이 중재자로 참여하게
되어 자신들이 승리를 했던 경험을 바탕으로 태평양전쟁도 비슷한 시나리오를
그렸을 겁니다. 그러나 영국이 미국과 함께 일본을 상대로 싸우기 시작했기 때
문에 일본의 전략이 실패하게 된 것입니다.

동북공정,
중국은 왜 고구려를
훔치려 하는가

·

조법종

우리 민족의 흔적을 찾아 역사의 진실을 파헤치는 역사 길잡이. 지식이 아닌 지
혜가 되는 역사를 알려온 역사학자로, 한일역사공동연구위원회 위원, 중국고구려
사대책위원회 위원이자 우석대학교 박물관 관장, 사범대학 역사교육과 교수로 재
직 중이다.

중국은 우리의 역사를 어떻게 왜곡하나

첫 번째
질문

> "중국사회과학원에서 동북공정 프로젝트를 시작하며 내세운 강
> 령 내용을 살펴보면 이유를 알 수 있어요. 처음부터 동북공정
> 은 국가의 이념과 목표에 부흥하는 결과를 만들어야 한다고 못
> 박아두었으니까요."

• • •

차클   중국이 고구려의 역사를 훔치려 한다는 주제가 인상적입니다. 일본이
독도에 대한 야욕을 품는 것만큼 주시해야 할 문제인 것 같아요.

조   역사를 배울 때 과거의 사실을 공부하는 데서 그치면 안 됩니다. 역사
를 안다는 것의 진정한 의미는 결국 나와 관계된 현실 또는 미래에도
적용할 수 있는 지혜를 갖추는 수준으로 이어져야 해요. 역사라는 지
식을 바탕으로 미래를 내다보는 통찰력과 판단력을 길러야 한다는 얘
기죠. 그런 인식에서 출발해 오늘날 우리가 안고 있는 문제에 대해 고
민해보기 위한 주제입니다. 안타깝게도 최근 동아시아, 특히 우리 한
반도의 역사와 관련된 분쟁들이 많이 일어나고 있는 게 현실입니다.

차클   동감합니다. 그렇다면 중국이 어떤 식으로 우리의 역사를 가로채고 있

중국 드라마 〈후궁여의전〉의 한 장면

는지 구체적으로 말씀해주실까요?

조　예를 들어보죠. 2018년 중국에서 〈후궁여의전〉이라는 드라마가 방영
됐습니다. 청나라 건륭제(乾隆帝, 1736~1796 재위) 시대에 궁중에서 살았
던 후궁들의 치열한 암투를 그리고 있죠. 그런데 드라마 속에서 후궁
이 황후로 책봉되는 장면에서 우리의 자존심을 긁는 부분이 있었어요.

차클　중국의 황후 책봉식 중 어떤 장면이 그랬던 건가요?

조　황후의 책봉식에 참여한 인파 중에 조선의 왕이 입는 곤룡포를 입은
인물이 있었거든요. 마치 황후 책봉식에 조선의 왕이 축하하기 위해
청나라를 방문해 무릎을 꿇고 있는 듯한 장면이 연출된 거예요.

차클　실제로 그런 일이 있었던 건 아니죠?

조　그럼요. 현실적으로 불가능한 설정입니다. 조선의 국왕이 청나라에 입
조한 적은 한 번도 없었고요. 더구나 황후의 책봉식에 왕이 갈 리가 없
습니다.

차클   잘 모르는 사람은 조선의 왕이 황후 책봉식에 참여했다고 오해할 수도 있겠네요.

조   아마도 그렇게 생각할 수 있겠죠. 그래서 역사 왜곡이 심각한 문제인 것입니다. 게다가 드라마로 끝나지 않고 정치외교적인 문제로 이어지게 되면 더욱 심각해질 수 있죠.

차클   이 사례는 빙산의 일각에 불과할 듯해요. 또 다른 역사 왜곡 문제도 알려주시죠.

조   최근 왜곡 사례가 갈수록 많아지고 있어요. 일례로 고구려 19대 왕인 광개토대왕의 업적을 기록한 광개토대왕비가 중국의 길림성에 있어요. 이 비석을 소개하는 안내문을 보면 중국이 고구려를 현재 어떻게 인식하고 있고, 얼마나 심각하게 역사를 왜곡하고 있는지 알 수 있습니다. 다음은 광개토대왕비의 안내문 중 일부 내용입니다.

"여기에서 오랫동안 명성을 떨쳐 온 중화민족 비석 예술의 전통으로 불리는 〈해동 제일 고대 비석〉, 즉 호태왕비가 있고."

차클   광개토대왕비를 중국 비석 예술로 소개한다고요?

조   그렇습니다. 광개토대왕은 고구려의 왕이잖아요. 그리고 고구려는 우리의 역사이고요. 그런데 중국에서 어느 순간부터 고구려를 중화민족으로, 광개토대왕비를 중화민족의 비석 예술로 설명하면서 고구려 역사를 중화민족의 역사로 탈바꿈시키고 있습니다.

차클   너무 심각한 도발 아닌가요? 당연히 중국 정부에 시정을 요구했겠죠?

조   저를 비롯해 많은 한국 역사학자들이 중국 측에 역사 왜곡 문제를 지적하며 수정해줄 것을 요구했습니다. 그런데 최근에는 중국 측에서 우리를 무시하는 것 같기도 합니다. 직설적으로 말하자면 우습게 여기는 것 같아요.

차클 우습게 여긴다는 건 아무리 요구해도 시정하지 않는다는 말씀이죠? 그렇다면 중국을 방문해 그 비석 소개문을 본 외국인들은 고구려가 정말 중화민족의 일부라고 생각할 수 있을 것 같아요.

조 네. 중국인들이 바로 그 점을 노리는 겁니다. 심지어 10년 전에는 광개 토대왕 때 고구려가 쌓은 산성인 길림시의 용담산성 입구에 "고구려 인은 조선인이 아니다"라고 노골적으로 쓰기도 했어요. 최근에 문구를 바꾸긴 했지만, 또다시 새롭게 역사 왜곡을 시작했어요.

차클 교수님 같은 학자들뿐만 아니라 마땅히 한국 정부 차원에서 공식적인 대응을 해야 하는 것 아닌가요?

조 오래전부터 정부를 비롯해 관련 기관이 외교 루트를 통해 대응을 했습니다. 그런데 안타까운 건 다양한 민관 채널 간의 긴밀한 협력이 필요한 사안인데 그러질 못했어요. 그렇게 우리가 주춤하는 사이에 중국은 암암리에 다시 왜곡을 가속화하고 있는 것입니다.

차클 너무 안타깝네요. 일단 중국의 역사 왜곡 실태부터 제대로 알고 대처하는 게 중요할 것 같아요. 흔히 중국의 역사 왜곡을 '동북공정(東北工程)'이라고 부르던데 정확하게 무슨 뜻인가요?

조 동북공정은 중국의 동북지역에서 전개된 고구려·발해 등의 역사를 중국사로 편입시키려는 연구 프로젝트를 말합니다. 중국 사람들은 자국의 지도를 닭에 비유하는데요. 여러분도 중국의 지도를 보면 아시겠지만 실제로 닭의 옆모습과 닮았어요. 그런데 이 같은 중국의 영토 가운데 동북지역은 닭의 머리 부분에 해당해요. 동북 3성으로 불리는 요녕성·길림성·흑룡강성이 있는 곳이죠. 동북공정이란 바로 이 지역이 아주 오래전부터 중국의 영토이고, 중국의 역사 속 한 줄기임을 입증하는 걸 목적으로 하는 연구 프로젝트입니다.

차클   기가 막히네요. 중국이 동북공정을 통해 내세우는 주장과 논리를 좀 더 들여다봐야 할 것 같습니다. 도대체 무슨 근거를 갖고 그런 주장을 하는지 말예요.

조   네. 그럼 지금부터 중국의 동북공정과 한국의 반박이 첨예하게 맞부딪히고 있는 다섯 가지 핵심 주장들을 살펴보도록 하겠습니다. 첫 번째로 "고구려는 중국 땅에 세워졌다"는 중국 측의 주장입니다. 역사 시간에 배우셨겠지만, 고구려의 영토 중 상당 부분이 현재의 요녕성과 길림성 일대에 걸쳐 있습니다. 이처럼 고구려가 현재의 중국 땅에 세워졌으니 중국의 역사이고, 중국의 민족이라는 게 중국 측의 논리입니다.

차클   지금의 영토를 기준으로 보면 중국 땅이 맞긴 하죠. 하지만 단지 그 이유만으로 자기네 역사라고 하는 건 너무 억지 주장 아닌가요?

조   맞아요. 그래서 우리는 "그것은 현재 영토 중심적인 시각"이라고 반박하고 있습니다. 물론 고구려 영토가 지금의 중국 땅에 속해 있는 건 맞아요. 우리도 현재의 정치적 영역을 부정하자는 건 아니에요. 하지만 고구려는 기원전 37년에 주몽이 세우고 서기 668년까지 이어져온 고대 국가 아닙니까. 역사적으로 볼 때 중국의 역사와는 전혀 관계가 없거든요. 한마디로 중국의 주장은 시대착오적이라 할 수 있습니다.

차클   중국의 주장대로 보자면 지금 중국 땅에 세워졌던 모든 나라의 역사가 중국의 역사라는 얘기잖아요?

조 그렇습니다. 중국 땅에 있으면 모두 다 중국 거라는 생각이에요.

차클 우리가 고구려 땅을 다시 내놓으라고 하는 것도 아닌데 너무 심하잖아요.

조 아직 흥분하긴 이릅니다. 첫 번째 주장을 조금 더 확대한 것이 두 번째 주장인데요. 바로 "고구려는 독립국이 아닌 중국의 지방정권"이라는 겁니다.

차클 고구려가 중국의 속국이라고 주장한다고요? 도대체 그렇게 주장하는 근거는 또 뭔가요?

조 이는 조공책봉 제도를 완전히 착각한 데서 비롯한 주장입니다. 고구려가 중원 왕조에 조공을 바쳤기 때문에 지방 정권이라고 생각하는 거예요. 그런데 조공과 책봉은 외교 관계에서 형식적 관례였을 뿐입니다. 조공을 받고 책봉에 관여를 했다고 해서 상대국의 속국이 되는 건 절대 아닙니다.

차클 조공책봉 제도로 엮인 모든 나라가 속국이면 일본도, 백제도, 신라도 모두 중국의 속국이라는 얘기인가요?

조 맞습니다. 천여 년 동안 중국과 조공책봉 관계를 유지했던 나라가 서른다섯 개 이상입니다. 중국의 말을 그대로 해석하면 그 나라들이 모두 중국의 지방정권이 돼야 한다는 말이에요. 그래서 우리는 "중국의 논리에 따르면 동아시아 대부분 국가가 중국의 속국이 돼야 한다"며 반박하고 있습니다. 여러분도 아시다시피 고구려가 700여 년 가까이 한 나라로 유지된 반면 중국의 수나라는 30년도 안 돼 멸망했습니다. 지방 정부가 천 년 가까이 유지되는데 그동안 중앙 정부는 서른다섯 번이나 이합집산했다는 건 논리적으로 말이 안 돼요.

차클   그러네요. 게다가 고구려는 중국과 전쟁을 치르기도 했잖아요?

조   맞습니다. 매우 역설적인 사건이죠. 수나라 양제가 113만 대군을 이끌
        고 고구려를 침공했다가 거의 몰살되다시피 패하고 그 여파로 나라까
        지 망하고 말았습니다. 우리에겐 고구려의 을지문덕 장군이 살수대첩
        으로 수나라를 물리친 역사적 사건으로 유명하죠.

차클   《삼국지》의 〈위서〉 '동이전'에서도 우리나라 사람들을 동쪽의 오랑캐
        라고 불렀다는 걸 본 적이 있어요. 이것만 봐도 고구려를 지방 정권이
        아닌 별개의 나라로 여겼다는 얘기 아닌가요?

"고구려는 요동의 동쪽 1000리에 있다. 남은 조선과 예맥, 동은 옥저, 북은 부여와 접
해 있으며 환도성 아래에 도읍하고 있다."

_〈위서〉 '동이전'

조   좋은 지적입니다. 이미 2000년 전에 고구려를 별개의 나라로 열전에
        기록해놓곤 1990년대 이후부터 다르게 해석하는 거예요. 다음으로
        중국이 내세우는 세 번째 주장도 살펴보죠. 668년에 고구려가 내부 분
        열로 인해 약해진 상황에서 당나라와 신라가 협공을 해서 결국 붕괴
        되는데요. 당시 당나라는 고구려가 다시 부활할 것을 두려워한 나머지
        많은 고구려 유민들을 당나라로 끌고 갔습니다. 이처럼 "고구려가 망
        한 뒤 많은 고구려인이 중국에 흡수됐으니, 고구려는 중국사"라는 게
        중국의 주장입니다.

차클   그건 선후 관계가 잘못된 왜곡이죠. 고구려의 유민들이 당나라로만 건
        너간 게 아니라 독립적으로 발해를 세우기도 했잖아요.

조 그렇죠. 앞뒤가 맞질 않는 주장입니다. 우리도 "유민들이 발해를 건국하며 고구려를 계승했다"고 반박합니다. 또 상당수 고구려의 유민들이 백제와 신라를 거쳐서 일본으로도 유입됐습니다. 일본의 사이타마현에 가면 일본으로 건너간 고구려의 마지막 임금을 모시는 고마신사도 있습니다. 고구려 후예들의 마을도 남아 있고요. 또한 상당수 고구려 유민들이 현재 터키의 조상이자 몽골평원을 호령한 돌궐로도 망명했다는 사실이 중국의 역사서인 《구당서(舊唐書)》에 기록돼 있습니다. 이처럼 고구려의 유민들이 동아시아 각국으로, 또 일부는 동남아권까지 유입됐다는 기록이 있는데도 중국은 유민들의 역사가 곧 중국인들의 역사인 것처럼 주장해요. 마치 옷만 바꿔 입으면 바로 중국인이 되는 것처럼 여기는 상황인 것이죠.

차클 지금 말씀하신 것들이 다 역사적 자료로 남아 있죠?

조 네. 그렇습니다. 게다가 고구려인들은 중국에 포로로 잡혀가서도 자신들의 정체성을 잃지 않으려고 노력했어요. 이국의 땅에서 생을 마감하고 낯선 땅에 묻히면서도 비석에 자신이 누구인지를 남겼죠. 대표적으로 "연개소문의 아들"이라고 남겨둔 기록도 발견됐어요. 이처럼 자신이 고구려 출신임을 잊지 않으려고 끊임없이 노력했습니다.

차클 그런데 아무리 중국의 학자라고 해도 역사를 공부하는 사람들이라면 자신들이 말도 안 되는 논리를 편다는 것을 알지 않나요?

조 그렇죠. 하지만 중국은 사회주의 국가라는 것을 기억해야 합니다. 당에서 시키는 것을 그대로 따라야 하죠. 중국사회과학원에서 동북공정 프로젝트를 시작하며 내세운 강령 내용을 살펴보면 이유를 알 수 있어요. 처음부터 동북공정은 국가의 이념과 목표에 부흥하는 결과를 만들어야 한다고 못 박아두었으니까요.

차클 말로는 학술 연구 프로젝트라고 하면서 이미 결론은 정해졌다는 뜻인가요?

조 네. 아주 중요한 지적입니다. 지극히 정치적인 학술 연구 용역 프로젝트인 거죠. 학자로서의 관점이나 양심에 따른 연구가 아니라 국가적 이익을 위한 연구였고, 당에서 정해놓은 선을 넘어서는 것은 금기가 되었던 것이죠.

차클 그렇다면 중국에서 내세우고 있는 또 다른 주장은 무엇인가요?

조 네 번째는 고려와 관련된 것입니다. 고려는 태조 왕건이 세운 나라죠. 그래서 중국에서는 "왕씨 고려는 고구려를 계승한 국가가 아니다"라고 주장해요. 고려를 세운 왕건과 고구려를 세운 주몽의 성씨가 다르다는 이유로 고려가 고구려를 계승한 나라가 아니라는 거죠.

차클 성씨가 같아야 나라를 계승한 것이라니, 중국의 역사에도 그런 경우가 있나요?

조 중국의 역대 왕조를 살펴봐도 모두 성씨가 달라요. 주나라·진나라·한나라 등등 각 나라 황제들의 성씨가 모두 다르죠. 이 주장은 초등학생도 코웃음을 칠 만큼 말도 안 되는 논리예요. 워낙 궁색한 논리이다 보니 중국의 학자들도 한심한지 자주 언급하진 않습니다.

차클 중국 자체의 역사까지 부정해야 하는 얼토당토않은 논리로 고구려와 고려의 관계를 굳이 부정하려는 이유는 뭘까요?

조 고려시대에 벌어진 한 사건 때문이에요. 바로 993년에 고려의 외교가였던 서희가 거란의 장수 소손녕과 외교 담판을 벌여 강동 6주를 얻어낸 역사적 사건을 말합니다. 중국에게는 아킬레스건과 같은 역사죠.

차클 우리에겐 자랑스러운 역사인 반면 중국에는 큰 수치였던 건가요?

조 당시 담판의 주제는 "누가 고구려 옛 땅을 차지하는 것이 정당한가?" 였습니다. 그때 소손녕은 "고구려 옛 땅은 거란의 것"이라고 주장했어요. 이에 서희는 "우리 고려는 고구려를 계승한 나라"라고 답하며 역사상 가장 성공적인 실리 외교로 평가받는 외교 담판을 이끌어냈죠. 중국은 스스로 고려가 고구려를 계승했다는 것을 인정해 땅을 내줬던 역사적 사실조차 감추려고 하는 거예요.

차클 그렇다면 중국에서는 금나라처럼 한족이 아닌 이민족이 중원을 지배했던 역사는 어떻게 인식하고 있나요?

조 중국의 역사 속에서 매우 중요한 북방 민족들이 등장하죠. 거란이 세운 요나라, 여진족이 세운 금나라, 몽골족이 세운 원나라까지. 중국은 이처럼 북방의 유목 민족이 세운 나라들도 중원의 문화를 공유하고 있다는 이유로 중국의 역사에 편입시켰습니다.

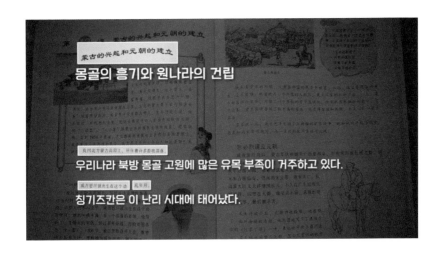

차클	칭기즈칸도 중국인이라고 주장한다는 말인가요?
조	중국의 역사책이나 박물관에서 소개하는 내용을 보면 "위대한 중화민족의 칭기즈칸"이라고 쓰고 있어요. 대륙을 제패하며 원나라를 세계 최대의 영역으로 확장시킨 중국인이라고요. 2004년에 방영된 드라마 〈성길사한〉에서는 칭기즈칸의 일대기를 그리면서 중국의 영웅이라고 소개하기도 했어요.
차클	몽골 사람들은 그런 중국의 주장에 반박하지 않나요?
조	당연히 말도 안 되는 주장이라고 반박하고 있죠. 그런데 중국의 이러한 논리들이 단순히 주장으로만 끝나지 않고 정치적인 문제로까지 이어지고 있다는 것이 더 큰 문제입니다.
차클	중국의 태도를 보니 결국 목소리가 큰 사람이 이긴다고 여기는 것 같아요. 끊임없이 주장을 하다 보면 자기 땅이 된다는 식인 거죠.
조	맞아요. 중국이 취하는 태도를 예의 주시해야 해요. 바로 '느리다'는 뜻의 중국어인 만만디(慢慢的) 전략이에요. 천천히 여유롭게 자신들의 뜻을 관철시키겠다는 것이죠. 반면 우리의 장점은 순발력과 즉각적인 대응인데 단점은 금방 잊어버리는 경우가 많다는 것이에요. 이런 우리의 단점을 중국에서 파악하고 천천히 자신들의 논리를 펼치고 있는 것입니다.
차클	더욱 경각심을 가져야겠네요. 도대체 중국이 동북공정이라는 프로젝트를 시작한 건 언제부터인가요?
조	제1차 동북공정은 2002년부터 2007년까지 진행됐습니다. 당시에 한국 정부는 정식으로 항의하고 문제 제기를 하며 대응했습니다. 그러자 2004년 중국 측이 입장을 내놓았어요. 외교부 부부장이 나서서 해당

프로젝트는 지방 정부에서 한 일이니, 중앙 정부 차원에서 연구를 못 하도록 하겠다고 구두 약속을 했었죠. 그런데 4년 뒤인 2011년에 발해와 관련된 다큐멘터리를 만들면서 자신들의 약속을 완벽하게 뒤집어버리죠. 발해는 중국의 지방 정권이고, 말갈족의 역사라는 식으로 언급하면서 고구려에 대한 이야기는 쏙 빼버렸어요.

"7세기에 말갈족은 강대해지고 당 현종 때 그들의 수령 대조영을 '발해 군왕'으로 책봉했습니다. … 대조영은 용맹하고 용병술이 뛰어나다고 역사에 기록돼 있습니다. 정치·군사·외교에서 출중한 재능을 가진 이 부족 수령은 이 시기부터 정식으로 당 제국에 해마다 사절을 보내 조공을 바쳤습니다."

_다큐멘터리 〈장백산〉, CCTV

차클   또 한 번 기가 차네요.

조   이게 바로 동북공정과 관련된 중국의 다섯 번째 주장입니다. "발해는 당나라의 군정 기구이자 지방 정권"이라는 겁니다.

차클   군정 기구는 정확히 무엇인가요?

조   당나라에 의해서 설치된 군사 기구를 말해요. 그런 기구가 조금 더 발전해 지방 정권으로 확대된다면서 이는 곧 중국의 역사라고 주장하고 있죠. 그런데 발해와 관련된 중국의 이 같은 주장이 상당히 우리를 위협하고 있는 실정입니다.

차클   발해에 대한 우리 측 기록이 상대적으로 적어서 그런 것인가요?

조   고구려 문제에 대해서는 우리가 적극적으로 방어를 했기 때문에 중국에서도 더 이상 대응하기 어려웠어요. 그런데 발해에 관해서는 우리가 취약한 지점을 중국에서 발견했습니다. 발해를 중국의 역사라고 주장하는 핵심적인 근거 중에 하나로 "인구의 80퍼센트가 중국의 소수 민족인 말갈족 세력"이라는 점을 내세우는 것입니다.

차클 말갈족도 중국의 민족이라 할 수 있나요?

조 말갈족은 고구려와 함께 정치·문화적으로 공동체를 형성해 당나라에 끝까지 저항한 세력이었어요. 그리고 대조영이 고구려 유민과 말갈족을 모아서 발해를 건국한 것이고요. 결국 고구려 민족이 발해라는 나라를 세운 겁니다.

차클 말갈족 비율이 높다는 것만으로 중국 역사라고 우기는 건 근거가 부족하지 않나요? 역사적 기록은 어떻게 돼 있나요?

조 중국의 《구당서》라는 역사서에도 "발해 건국자 대조영은 고구려의 별종"이라고 기록하고 있습니다. 발해에 대한 기록에서도 고구려의 문화를 계승한 발해 문화를 소개하면서 "고구려를 계승한 나라"라고 표현했고요. 일본에 보낸 국서를 봐도 발해의 문왕은 스스로를 "고려국왕(高麗國王) 흠무언(欽武言)"이라고 칭하고 있죠.

차클 발해가 중국의 속국이 아니라는 증거가 또 있나요?

조 2005년에 중국의 용두산 고분군이라는 곳에서 발해 고분들이 발견됐어요. 만약 발해가 당나라의 지방 정권이라면 황제라는 표현을 쓸 수 없었겠죠. 그런데 고분 중 하나에서 순목황후라고 쓴 비석이 발견됐어요. 만약 지방 정부가 황제나 황후라는 표현을 썼다면 그건 말 그대로 반역입니다. 큰일 날 일이죠.

"발해국의 순목황후는 곧 간왕의 황후 태씨이다. 건흥 12년 7월 15일 ○릉에 안장하니 예를 따른 것이다."

_발해 고분의 비석 중

차클   반박할 수 없는 증거네요. 이게 나왔을 때 중국의 반응은 어땠나요?

조   중국 측에서는 이 비문을 비공개로 부쳤어요. 분명히 발해라는 나라가 독립국이라는 것을 드러내는 내용이 담겨 있으니 중국의 입장에서는 찜찜할 수밖에 없었을 겁니다. 독자성을 가진 국가 체제임을 나타내는 황제나 황후라는 표현이 분명하게 적혀 있으니까요. 어떻게든 고구려를 중국 역사 속에 편입시키고 발해도 함께 장악하려고 했는데 자신들의 뜻과는 반대되는 사료들이 등장하니 중국은 딜레마에 빠져 있는 상황입니다.

무엇을 얻기 위한 왜곡인가

"국호라는 것은 자신들의 정체성을 드러내는 가장 중요한 표현인 셈이죠. 그런데 우리와 북한이 모두 고려에서 유래한 '코리아'를 국호에 쓰고 있잖아요. 다들 알다시피 고려는 고구려에서 비롯된 국가예요. 결국은 중국이 가장 두려워하는 코드가 바로 저 코리아라는 국호에 깔려 있습니다."

• • •

차클　그런데 역사라는 것도 결국 대다수의 합의를 통해 기록되는 것이잖아요. 후대에 얼마나 많은 사람들이 인정하느냐도 중요한 문제고요. 중국의 엄청난 인구가 고구려나 발해를 자기 땅이라고 믿게 되면 아무래도 절대적인 수에서 밀리게 되는데, 이런 상황에서 우리는 어떻게 대응해야 할까요?

조　매우 중요한 지적입니다. 중국에서 내세우는 기조 중에 중화민국 애국주의라는 것이 있습니다. 모든 분야에서 중화민족이 최고라는 식으로 학생들을 교육시키고 있어요. 그리고 애국심을 고취시키기 위해서 역사적으로 중요한 유적지와 박물관을 통해 중국의 인민들에게도 교육을 시키고 있죠. 안타깝게도 고구려와 발해의 역사를 모두 중화민족의 역사로 탈바꿈시키는 작업도 진행되고 있습니다.

차클   교과서로 잘못된 역사를 배우고 있는 거네요. 중국의 수많은 학생들이 고구려를 정말 중국의 소수 민족 중 하나로 여기게 될 수밖에 없는 상황이겠어요.

조   아이들의 판단 능력이 발달하지 않은 상태에서 왜곡된 역사를 받아들이게 되면, 조금 과장되게 말해서 세뇌가 되는 것이죠. 사실 일본도 그렇게 역사 교육을 하고 있어서 큰 문제가 되고 있죠. 똑같은 상황이 지금 동북아 각국에서 패권주의적 역사 분쟁의 형태로 일어나고 있는 것입니다.

차클   정부가 쉬이 나서지 못한다면 우리라도 할 수 있는 역할이 있을까요?

조   정부는 각국의 이해관계가 얽혀 있으니 쉽게 말할 수 없는 부분이 있습니다. 하지만 국민들은 어떤 눈치도 볼 필요가 없어요. 오히려 정부 입장에서는 국민들의 여론을 수렴해서 정책에 반영하거나 상대국에 전달하면 오히려 당위성을 갖게 되죠. 국민들의 요구이니 정부는 응할 수밖에 없는 것 아니겠어요? 동북공정이 시작되던 초기에도 여론에 힘입어 우리의 뜻을 관철시켰던 측면이 있어요.

차클   중국이 주장하는 내용들에 대해 우리나라에서 반박할 수 있는 근거들을 충분히 제시하는 데도 불구하고 중국이 무리수를 두면서까지 고구려에 집착하는 이유는 무엇인가요?

조   사실 중국이 두려워하는 가장 큰 요소가 바로 우리나라와 북한의 국호 속에 있습니다. 우리의 공식 국호는 대한민국이고, 북한의 공식 국호는 조선민주주의인민공화국이죠. 그런데 영문 국호를 보면 공통점을 발견할 수 있어요. 대한민국은 'Republic of Korea', 북한은

'Democratic People's Republic of Korea'죠. 바로 'Korea'라는 영문 국호 때문입니다.

차클 고구려의 후손이라는 것이 국호에 드러나 있네요.

조 그렇죠. 국호라는 것은 자신들의 정체성을 드러내는 가장 중요한 표현인 셈이죠. 그런데 우리와 북한이 모두 고려에서 유래한 '코리아'를 국호에 쓰고 있잖아요. 다들 알다시피 고려도 고구려에서 비롯된 국가예요. 결국은 중국이 가장 두려워하는 코드가 이 코리아라는 국호에 깔려 있습니다.

차클 중국이 고려와 고구려를 두려워하는 정확한 이유가 뭔가요?

조 중국의 동북공정 프로젝트가 추진된 배경을 보면 정확히 이해할 수 있습니다. 1980년대 말부터 동구권 사회주의가 와해되기 시작하고, 1990년에는 분단국이었던 서독과 동독이 통일을 합니다. 1991년에는 소비에트 사회주의 연방 공화국, 즉 소련이 해체됐습니다. 이후 1992년에는 한중 수교가 이뤄지죠. 이처럼 세계가 급변하는 가운데 1994년에 북핵 위기가 고조되다가 남북 정상회담이 이뤄지고 중국이 바짝 긴장을 한 겁니다.

차클 남한과 북한이 정상회담을 하는데 중국이 왜 긴장한 거죠?

조 북한은 중국에게 있어서 변하지 않는 항수와 같았어요. 그런데 남한과 화해 무드가 조성된다면 어떻게 변할지 모르는 변수 같은 존재가 되겠죠. 그래서 중국에서는 1996년부터 사회과학원을 통해 남북이 하나가 되면 어떤 일이 벌어질지 연구를 했어요. 그랬더니 일단 국호부터 '코리아'가 될 가능성이 높다는 결론을 얻었죠. 고려와 고구려의 역사가 자신들에게 걸림돌이 될 수 있다고 여긴 것이죠.

차클 중국에서는 남한과 북한이 화해 무드로 돌아서게 되면 늘 경계를 하
는 입장인가요?

조 그렇다고 할 수 있죠. 실제로 2000년에 김대중 대통령과 김정일 위원
장이 6·15 남북 공동선언을 발표하자 중국은 2년 뒤인 2002년에 동
북공정을 공식 출범시켰습니다. 2000년에 북한이 단독으로 고구려
유적을 세계유산으로 신청한 것을 막고 중국 영토에 남아 있는 고구
려 유적을 중국 문화재로 둔갑시키고는 2004년 북한과 중국이 공동
으로 고구려 유적을 세계문화유산으로 신청, 등재하기도 했죠.

차클 남북 정상회담만 해도 그 난리를 치는데 남북한이 통일을 이뤄 '코리
아'라는 국호를 쓰게 되면 어떻게 될까요?

조 만약 남북이 하나가 돼서 국호를 코리아로 쓰게 되면 코리아로 상징
되는 역사 공동체를 재구성하게 되겠죠. 이때 가장 문제가 되는 것이
바로 중국과 우리 사이에 명확하게 정리가 되지 않는 영토에 대한 부
분입니다.

차클 남북한이 통일을 하게 되면 중국과의 영토 문제가 발생한다고요?

조 간도라고 들어보셨죠? 백두산 동쪽으로 러시아와 연결되는 두만강과
나란히 그어진 국경선 위쪽에 서간도, 동간도 등으로 불린 '간도'라는
지역이 있어요. 그곳이 바로 고구려, 발해의 옛 영토이자 우리 조상들
이 독립 투쟁을 위해서 망명해간 만주 땅입니다. 중국의 동북 3성 중
길림성과 흑룡강성으로 이어지는 지역이죠. 그곳으로 넘어간 많은 조
선인들이 여전히 살고 있는 곳이기도 하고요.

차클 역사적 근거를 들어 통일 한국이 이 땅의 반환을 요구할 수 있다고 보
는 건가요?

조	2004년에 동북공정 문제로 한창 심각한 상황에서 중국의 외교부 부부장이었던 우다웨이(武大偉)가 협의를 하기 위해서 한국을 방문한 적이 있습니다. 그때 고위 관리들과 논의하는 중에 그가 이런 말을 했다고 해요. "만일 한국이 간도의 소유권을 주장하지 않으면 중국도 고구려가 중국의 것이라고 주장하지 않겠다." 이종석 전 통일부 장관이 회고록을 통해 공개한 내용입니다.
차클	동북공정의 목적 자체가 고구려가 아니었다는 말인가요?
조	네. 그렇습니다. 간도라는 공간에 남북 통일 후 영토 귀속 문제나 조선족 문제로 인해 가장 복잡한 이해관계가 얽혀 있음을 스스로 인정한 것이죠.
차클	현재 연변 조선족들이 살고 있는 곳이 간도 지역인 것이죠?
조	네. 연변 조선족 자치주의 일부예요. 그곳은 현재 중국 땅입니다. 이것은 바뀌지 않는 사실이에요. 그런데 여러 가지 문제가 복잡하게 얽혀 있는 곳이기도 해요. 중국의 땅이긴 한데 조금 애매하게 정리가 됐어요.
차클	어떤 이유 때문에 애매한 공간이라는 것인가요?
조	2019년이 바로 간도협약이 체결된 지 110년이 되는 해예요. 1909년에 간도를 청의 영토로 인정한 협약이죠.
차클	그렇다면 고구려 이후에도 1909년 이전까지는 간도의 주인이 우리였다는 얘기인가요?
조	그 답을 하기 전에 간도가 논란이 됐던 역사적 배경을 살펴보도록 하죠. 17세기에 여진족이 세운 청나라가 중국 중원을 지배하게 되는데요. 100만 명에 불과한 여진족이 1억 인구의 한족을 지배하려니 어떻

게 다스려야 할지 막막했습니다.

차클 그래서요?

조 여진족은 앞서 중국을 통치했던 이민족의 역사를 공부해서 몇 가지 대책을 내놓았어요. 그중 하나가 자기들의 발상지를 보호하자는 정책이었습니다. 그래서 여진의 발상지라고 여긴 간도에 사람들이 출입하는 것을 막고자 국경을 정하고 봉금제도(封禁制度)를 실시합니다. 중국의 한족들이 절대로 이곳에 접근하지 못하게 경계 지역에 나무를 쭉 심어 표시하고는 들어가지 못하게 했어요.

차클 조선 사람들의 출입도 막았나요?

조 한족은 출입을 못 하게 막았지만, 조선 사람들은 계속 오갔어요. 그래서 청은 1712년 숙종 때 조선과 청 사이에 경계선을 설정하기로 협약을 맺습니다. 그것이 바로 백두산정계비를 세우게 된 과정이에요. 당시에 청나라의 관리인 목극등과 조선의 박권 등등이 백두산에 올라가 협약을 맺었어요.

차클 당시에 국경선을 정한 기준이 어떻게 되나요?

조 서쪽으로는 압록강, 동쪽으로는 토문강을 국경선으로 한다고 정했어요. 두만강이 아니라요. 지도를 보시면 알겠지만, 토문강은 백두산에서 뻗어나오는 물줄기 중에서 북쪽으로 올라가는 강입니다. 송화강의 상류인 토문강으로 연결되는 선을 국경으로 정하게 되면 현재 두만강으로 그어진 지역과는 상당히 큰 차이가 생겨요. 토문강으로 구분을 지은 국경은 연변 조선족 자치주 공간과 거의 맞아떨어집니다.

차클 그래서 간도 지역의 영토 문제가 애매하다는 것이군요? 당시에도 토문강과 두만강에 대한 논란이 있었나요?

조   백두산정계비에 표기된 '동위토문(東爲土門)'이라는 표현이 두만강이냐
      아니면 송화강의 상류인 토문강이냐는 것을 두고 논란이 불거졌죠.

차클   지도에도 토문강, 백두산정계비에도 토문이라고 명백하게 적혀 있는
      데 왜 논란이 된 거죠?

조   당시에 토문이나 두만이나 동음이의어적인 표현으로 썼거든요. 토문
      과 두만이라는 말은 사실 같은 표현이에요. 백두산정계비를 세울 당시
      에 두만강을 지칭했을 가능성도 있어 더 헷갈리는 거예요.

차클   이후 후속 조치는 없었나요?

조   목극등은 토문강에서 여러 줄기가 뻗어나가니 그중 하나로 국경선을
      정하고 싶어 했어요. 그래서 조선 관리와 함께 직접 조사해서 나무로
      국경선을 표시했다고 해요. 그런데 우리 관리가 나무를 심다 보니 백
      두산정계비부터 내려오는 돌담과 물줄기가 연결되는 곳이 북쪽으로
      계속 올라갔다는 것을 확인했다는 설이 있어요. 목극등이 실수를 했다
      는 거죠.

차클　그런 사실을 중국에 알리지 않았나요?

조　조선 정부에서 청나라에 알렸을지 알리지 않았을지는 상상에 맡길게요. 어찌 됐든 국가 간에 맺은 협약은 양국의 합의를 통해 맺은 것이기 때문에 만약 실수가 나와도 개정하기 전까지는 유효합니다. 예컨대 수입 금지 품목을 정할 때 파인애플(pineapple)이라는 과일을 목록에 넣다가 실수로 '파인, 애플(pine, apple)'로 표기를 했다고 가정해보죠. 그러고 나서 양국 간 조약이 확정됐어요. 그럼 수입 금지 품목은 소나무와 사과가 됩니다. 마찬가지로 지도에서 토문강을 기준으로 구분된 일대 공간이 우리의 관할권이 돼버리는 겁니다.

차클　이후에는 어떻게 된 건가요?

조　일본이 등장하면서 영토 문제가 순식간에 한층 더 애매해졌어요. 일본은 1905년 을사늑약을 맺어 우리 외교권을 대행했습니다. 1909년에는 청과 간도 소유권을 놓고 협상을 했어요. 그때 청에 간도를 팔아넘기고 만주 철도 부설권을 얻은 거예요.

차클　기가 찰 노릇이네요. 독립 후에도 그 협약의 효력이 유지된 건가요?

조　국제법적으로 보면 협약의 당사국은 대한제국이 돼야 하죠. 그런데 당사자가 배제된 협약이므로 무효인 겁니다. 또 1962년에 북한과 중국이 조중변계조약(朝中邊界條約)이라는 것을 맺었어요. 백두산·압록강·두만강을 경계로 하는 양국의 국경선을 정한 거예요. 만약 남북이 통일을 하게 되면 북한이 중국과 맺은 협약을 우리가 계승할 건지 아니면 새로운 논의를 할 건지 선택해야 돼요. 그만큼 복잡하게 얽혀 있는 공간이 간도입니다. 게다가 간도라는 공간은 중국과 남북한 사이의 문제만으로 끝나지 않아요. 중국의 가장 핵심적인 문제와도 연결돼 있습니다. 어찌 보면 중국의 목을 죄고 있는 가장 큰 문제일 수도 있어요.

차클 간도 지역 때문에 중국의 존립이 위태로워질 수 있다는 건가요?

조 중국은 간도 지역의 조선족이 독립을 해서 통일된 한국의 일원이 되어 분리해 나가는 걸 가장 두려워하고 있습니다. 중국이 우려하는 최악의 시나리오는 중국의 각 소수 민족이 독립을 하는 상황이에요.

차클 그럴 수도 있겠네요. 조선족 외에도 중국으로부터 독립할 가능성이 높은 민족들이 얼마나 되나요?

조 중국의 민족 구성을 살펴보도록 하죠. 중국은 한족과 55개의 소수 민족으로 이루어져 있어요. 대표적으로 조선족이 80만여 명, 몽골족이 400만여 명, 신장위구르족이 1100만여 명, 티베트족이 337만여 명에 이른다고 합니다. 지역으로 보면 중국 영토의 거의 절반을 차지해요. 만약 각 소수 민족이 독립을 하게 되면 중국 영토의 63퍼센트가 줄어드는 것이에요.

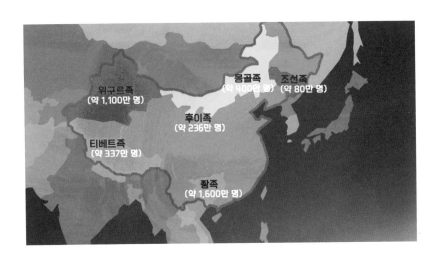

차클　　소수 민족이라고는 해도 어마어마한 숫자네요.

조　　지역적으로는 소수 민족이 넓은 영역을 차지하고 있지만, 인구는 한족이 워낙 많아요. 12억 명이 넘으니까요.

차클　　그런데 조선족들의 의견을 들어보면 자신의 정체성을 중국인이라고 생각하고, 독립할 가능성이 없다고 말하는 분들도 상당하다고 들었어요. 실제로도 그런 분위기인가요?

조　　현재 중국 국민으로 생활하고 있는 조선족들은 그렇게 얘기할 수밖에 없어요. 어릴 때부터 그렇게 교육을 받아왔고, 정체성에 대해 고민을 할 상황이 아니기 때문이죠. 그런데 만약 남북이 하나가 되면 문제가 달라집니다. 우리가 꿈꾸는 평화통일을 이룩한 남북한이 새로운 통일 한국을 탄생시킨다면 조선족들이 어떤 선택을 할지를 두고 중국에서 고민이 될 겁니다. 더 구체적으로는 중국으로부터 분리해 나가고자 하는 소수 민족들이 연쇄 작용을 일으키지 않을까 두려워지는 것이죠.

차클　　그렇다면 중국은 조선족 외에도 다른 소수 민족과 관련된 역사 왜곡 프로젝트도 벌이고 있나요?

조　　현재 동북공정을 비롯해 중국에서 진행 중인 역사공정들을 살펴보면 중국이 어떤 소수 민족을 가장 두려워하는지를 엿볼 수 있죠. 즉, 중국이 장악하고 있는 소수 민족 지역의 역사를 중국화하는 동북공정(흑룡강성·길림성·요녕성)을 비롯해서 북방공정(몽골), 서북공정(신장위구르자치구), 서남공정(티베트자치구), 남방공정(베트남)이 추진됐고 중화민족의 역사를 유구한 것으로 둔갑시키는 중화문명탐원공정(中和文明探源工程)으로 수렴됐습니다. 중국으로부터 분리해 나갈지도 모르는 소수 민족들을 어떻게든 붙들어놓아야 하니까 그들의 역사를 자신의 역사로 편입

시키고 있는 것이죠. 그래서 몽골인도 중국인, 회교도인 신장위구르족
도 중국인, 티베트도 중국인이라는 논리를 내세우는 것입니다. 또 중
화문명탐원공정을 통해 중화민족의 기원 연대를 올려서 소수 민족사
를 편입시키는 연구를 하고 있어요.

차클 소수 민족들이 중국의 역사 왜곡에 불만을 품거나 반대하는 행동을
하지는 않았나요?

조 물론 많은 소수 민족들이 중국의 정책에 반대하며 다양한 방식으로
자신들의 의사를 드러냈습니다. 지난 10여 년간 일어난 사태들을 한
번 살펴볼까요? 2008년 티베트의 반정부 시위, 2009년 신장위구르
유혈사태, 2011년 내몽골 유혈시위, 2013년 톈안먼 폭탄 테러 등이
대표적이에요. 이후 중국 정부의 통제가 더욱 강화됐죠.

역사를 어떻게 바로 세워야 하는가

"역사적 사실을 공부해서 지식을 쌓는 것만으로는 앞으로 일어날 미래를 대비하기 힘든 것이 사실입니다. 우리의 뿌리를 먼저 알고, 현실적으로 정확한 논리를 내세워야 합니다. 아주 준엄한 경고와 대안도 제시할 수 있어야 합니다. 마지막으로 우리에게 힘을 보탤 수 있는 중요한 세력을 품어야 해요."

• • •

차클　소수 민족들이 반대하는 중국의 정책 중 대표적인 것이 무엇인가요?

조　중국은 주변 소수 민족들의 역사를 자신의 역사에 편입시키는 역사관과 함께 한 치의 영토도 절대 내어줄 수 없다는 영토관을 내세우고 있어요. 그리고 소수 민족들에게 자신들의 논리를 강제하고 있죠. 소수 민족 통합을 위해 '통일적 다민족 국가론'이라는 정책도 내세우고 있습니다. 쉽게 말해 가정을 구성하는 방식으로 대가정주의 민족관을 만들고 있어요.

차클　가정을 구성하는 것과 민족관이 어떤 연관이 있는 것인가요?

조　외국인도 중국인과 결혼하면 자신들의 가족, 자신들의 민족이 된다는 논리예요. 묘한 논리지만 또 나름의 논리적 완결성을 이루고 있어요.

중국이라는 대국을 운영하다 보니 여러 복잡한 문제가 터질 수밖에 없겠죠. 소수 민족이 독립을 해 중국이라는 나라가 분열되는 공포를 두려워하는 중국의 심정도 이해가 되긴 합니다. 그렇다고 해도 무조건 자신이 움켜쥐고 있는 것을 내놓지 않는 패권적 태도가 옳지는 않습니다. 그러나 중국은 여전히 주변국과 마찰을 일으킬 뿐 문제를 해결하기 위한 근본적인 태도 변화를 보여주지 않고 있어요.

차클 통일적 다민족 국가론 정책의 일환으로 볼 수 있는 조치로 어떤 게 또 있나요?

조 현재 중국은 동북지역의 고구려를 조선의 역사가 아닌 중국의 역사라고 알리고 있죠. 그리고 조선족은 중국의 56개 민족 중 하나, 결국 대가정 민족의 구성원이라고 못을 박았어요. 조선족을 더 적극적으로 중국화시키기 위해서 몇 가지 정책도 진행했습니다. 바로 2009년에 조선족의 농악을 자신들의 문화라 내세우며, 유네스코 세계무형문화유산으로 등재시키기 위한 작업을 진행한 것이 대표적입니다.

차클 정말 우려되는 수준이네요. 연길에 있는 윤동주 생가에서도 사실과 다른 정보를 안내하고 있다면서요?

조 그렇습니다. 윤동주 시인이라고 하면 한국적 정서를 가장 잘 반영한 시인이라고 알려져 있죠. 하지만 광개토대왕비 안내문에서 중국의 역사로 왜곡한 것처럼 윤동주 시인의 생가에도 '중국 조선족 애국 시인'이라고 날조된 표지판을 세워두었어요.

차클 이렇게 시대적으로 가까운 역사 속 인물까지 왜곡을 하고 있다니 정말 놀라울 뿐입니다. 또 다른 역사 지우기는 없나요?

조 우리 민족의 대표적인 상징이라면 백두산을 빼놓을 수 없죠. 그런데

현재 중국을 통해 백두산에 가보면 백두산이라는 이름을 찾을 수가 없어요.

차클   중국에서는 원래 장백산이라고 부르는 걸로 알고 있어요. 그런데 백두산이라고 함께 표기하지 않았나요?

조   최근 중국에서는 '장백산 문화론'이라는 것을 내세우면서 만주족의 성산으로 탈바꿈시키고 있어요. 백두산이라고 하면 원래 우리 민족의 발상지로 여기며 한민족의 성산으로 인식하던 공간이죠. 그런데 중국에서는 고조선·고구려·발해로 연결되는 백두산의 역사를 완전히 무시하고 그냥 중국 만주족의 역사 공간으로 바꾸는 작업을 진행하고 있어요.

차클   언제부터 장백산으로만 불리기 시작했나요?

조   2006년까지는 연변 조선족 자치 관할 구역이어서 백두산과 장백산을 함께 썼었습니다. 그런데 중국 중앙 정부가 관할권을 가져가면서 더 이상 백두산이라는 명칭을 쓰지 못하게 해버렸죠. 심지어 2007년 동계 아시안 게임을 할 때에는 '중국의 산 장백산'이라고 홍보하면서 성화를 채화하기도 했어요.

차클 그걸 본 전 세계 사람들은 백두산이 당연히 중국의 산이라고 여길 수밖에 없겠어요. 정말 치밀하다는 생각이 듭니다.

조 그렇죠. 이렇게 중국은 고구려를 우리의 역사 속에서 지우고, 백두산도 지우려 하고 있어요. 우리의 역사적 상징들을 하나씩 사라지게 하는 것이죠. 그러면서 중국의 역사를 확장시켜서 우리의 역사 속 상징들과 연결하려는 작업도 진행하고 있어요. 여러분은 만리장성이 우리나라 영토까지 뻗어 있다고 하면 믿으시겠어요?

차클 만리장성이 한반도까지 이어져 있다고요?

조 원래 만리장성은 총 길이 6300여 킬로미터에 달했어요. 그런데 이른바 장성공정이라는 프로젝트를 통해 2009년에 만리장성의 길이가 8851킬로미터로 연장됐다고 발표했어요. 또 2012년에는 신장위구르 지역과 동북 3성 지역까지 포함해 만리장성의 길이가 총 2만여 킬로미터가 넘는다고 발표했죠.

차클 진나라 때 지은 만리장성이 늘어나기라도 했다는 말인가요?

조 중국인들도 자신들의 행태가 부끄럽긴 했던 모양이에요. 한국 사람들이 만리장성 확장 프로젝트에 대해 반론을 제기한다는 뉴스를 전달하던 중국 측 뉴스 앵커가 고무줄 장성이라는 표현을 썼다고 해요. 장성이 마치 고무줄처럼 늘었다 줄었다 하는 것을 비아냥댄 것이죠. 그런데도 중국은 여전히 만리장성이 한반도까지 뻗어 있다고 주장하고 있어요.

차클 주변에서 아무리 반박하고 비웃어도 자신들이 맞다고 계속 주장하면

된다고 생각하나 봐요. 사람 수가 많고 국력이 막강하니깐 밀어붙이면
된다고요.

조　네. 그런 생각 때문일 겁니다. 이제 여러분도 중국이 어떤 논리로 역사
를 왜곡하는지 어느 정도 파악이 되셨죠? 이는 오늘날 우리가 국제 정
세 속에서 직면하고 있는 가장 민감한 문제 중 하나입니다.

차클　중국이 역사 문제로 도발하는 그 깊은 속내를 아는 사람들이 그리 많
지 않은 게 큰 문제인 것 같아요.

조　맞습니다. 중국이 역사 왜곡을 하는 가장 중요한 이유는 영토 확대주
의와 연결돼 있습니다. 이 땅이 자기네 땅이라고 주장하려면 그 땅에
서 자기네 역사가 계속 이어져왔다는 것을 증명해야겠죠. 어찌 보면
중국이 진행하고 있는 역사공정이 21세기의 마지막 영토 확대주의 야
욕에 사로잡힌 모습인 것 같아 안타깝습니다. 그런 중국의 야욕이 실
질적으로 우리에게 가장 큰 영향을 끼치고 있고요.

차클   그렇다면 우리는 중국의 역사 왜곡에 맞서 어떻게 대응해야 할까요?

조   처음에도 이야기했듯이 역사적 사실을 공부해서 지식을 쌓는 것만으로는 앞으로 일어날 미래를 대비하기 힘든 것이 사실입니다. 우리의 뿌리를 먼저 알고, 현실적으로 정확한 논리를 내세워야 합니다. 아주 준엄한 경고와 대안도 제시할 수 있어야 합니다. 마지막으로 우리에게 힘을 보탤 수 있는 중요한 세력을 품어야 해요.

차클   그게 누구인가요?

조   바로 북한입니다. 동북공정이 아주 치열하게 부각됐을 때 남북한 역사학자들이 함께 모여 일본에서 약탈해간 문화재 반환을 촉구하고 일본의 표기에 부당성을 제기하면서 함께 힘을 합칠 방안을 마련하려 노력한 적이 있었습니다.

차클   북한 학자들도 일본이나 중국의 역사 왜곡에 대해서 우리와 뜻을 같이하고 있었나요?

조   남북 역사학자들이 여러 가지 문제를 같이 논의했습니다. 공식적으로 일본의 문화재 약탈이나 표기 부당성에 대한 국제 학술행사를 진행하면서 정당하게 우리의 뜻을 요구하고 발표하기도 했고요. 또 중국에서 진행하고 있는 동북공정 문제에 우리가 어떻게 대응할 것인지 심사숙고를 했습니다. 그 과정에서 역할 분담론이 나오기도 했어요.

   또한 진짜 중요한 것은 우리 국민이 잊지 않고 이 문제에 대한 해답을 같이 마련해야 한다는 것입니다. 특히 동북공정 문제로 상징되는 우리 역사 침탈 문제에 있어서 그간 위기 상황에 아주 현명하게 대응해왔습니다. 그런데 우리의 관심이 많이 줄어든 사이에 중국은 또다시 고구려를 지우고 백두산을 지우고 각종 지역에서 우리 역사를 왜곡시키면서 중국화하고 있어요. 이제 다시 한번 각성할 시기가 됐습니다. 나를 정확하게 알고 남을 정확하게 알아야 합니다.

차클 지피지기 백전불태를 말씀하시는 건가요?

조 그렇습니다. 적을 알고 나를 알면 백 번 싸워도 위험하지 않아요. 위태롭지 않은 우리의 역사, 우리의 나라를 후손에게 잘 물려줄 수 있는 지혜, 주변 나라들과도 함께 살며 아름다운 세계를 만드는 지혜로움을 같이 찾아나가는 계기를 여러분이 함께 만들어주면 좋겠습니다.

junk2089 중국이 말도 안 되는 동북공정 프로젝트를 진행하면서 고구려와 발해뿐 아니라 고려까지도 인정을 하지 않고 중국의 속국이라고 주장한다고 하셨는데요. 그렇다면 조선에 대해서는 어떻게 주장하는지 궁금합니다.

조 중요한 질문입니다. 중국은 다양한 역사 학술 연구 프로젝트를 통해 우리 역사와 문화를 침탈하고 있습니다. 즉, '요하문명론'을 통해 우리의 신석기·청동기·고조선으로 연결되는 선사문화를, '동북공정'을 통해 고구려사·발해사를 중국사로 편입하려 하고 있습니다. 또한 '장백산 문화론'을 통해 우리 민족의 상징인 백두산 등의 역사 문화를 중국 만주족만의 무대로 바꾸고 있습니다.

2013년엔 청나라 멸망 100주기를 계기로 만주족 청의 역사를 중국화하는, 이른바 '청사공정'을 통해 청대의 영토 문제, 주변 민족국가와의 관계사, 역사 이론 등의 정리를 추진했습니다. 이 문제의 결과는 아직 공식화되지 않았지만, 청사공정의 핵심 내용 중에 조선과 청과의 국경 분쟁, 간도 문제, 조공책봉론에 입각한 조중 관계를 중국의 입장에서 부각하려는 내용이 포함돼 있습니다. 이를 통해 '조선 속국론'을 제기할 수 있다는 점에서 우리와의 역사 갈등을 더욱 구체적으로 내세울 계획이었습니다.

그러나 동북공정에 대한 우리나라의 전면적 저항 덕분에 이 문제는 아직 표면화되고 있지 않지만, 상황에 따라 언제든 부각될 수 있는 내용입니다. 특히, 남북한 관계의 상황 변화에 따라 중국과 북한과의 관계를 강조하기 위한 근거로 이를 활용할 가능성이 매우 높다는 점에서 예의 주시해야 합니다. 현재 이들 문제에 대한 우리 학계와 정부의 포괄적 대응은 상당히 미약한 상황이어서 안타깝습니다.

우리 역사를 지키고 이를 통한 우리 민족공동체의 회복과 동아시아 평화를 위해 그리고 주변 국가들의 확장적 역사, 영토 인식에 적극 대응하기 위해 우리 국민들의 지속적 관심과 적극적 도움이 매우 중요합니다.

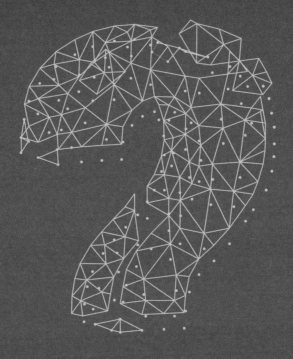

Part 2

분쟁과 갈등의 세계,
우리의 미래를 논하다

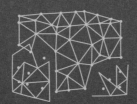

차이나는 클라스

덩샤오핑의 중국
VS
시진핑의 중국

•

조영남

실사구시의 활발한 연구 활동을 바탕으로 중국 정치를 날카롭게 분석하는 서울
대학교 국제대학원 교수. 거시적 관점에서 개혁기 중국의 정치 변화를 연구했으
며, 중국의 권력 구조와 운영뿐만 아니라 중국과 동아시아 국가의 정치 발전까지
날카로운 통찰로 해석한다.

덩샤오핑은 누구인가

"덩샤오핑은 누구보다 준비된 지도자였어요. 사회주의 혁명 기
간에는 군에 몸을 담았었고, 정무원 부총리를 거치면서 정부
에서 일한 경험도 있었습니다. 차기 후계자로 낙점이 됐던 사
람이란 뜻이죠. 게다가 덩샤오핑이 개혁개방을 추진한 때가
1978년입니다. 74세의 덩샤오핑이 개혁개방을 하도록 만든 원
동력이 무엇인지를 알아야 해요."

. . .

차클   덩샤오핑의 중국과 시진핑의 중국을 비교하자는 것이 주제인데, 두 지
도자를 함께 살펴봐야 하는 이유가 있을까요?

조   2018년은 중국의 개혁개방 정책 40주년이 되는 해였습니다. 강산이
네 번 바뀌는 시간이 흐른 것이죠. 그래서 지난 40년간 중국이 변화
해온 모습을 돌아보고 그들의 생각을 읽는 눈을 기르기 위해 덩샤오
핑(鄧小平)의 중국과 시진핑(習近平)의 중국을 비교해보려고 합니다. 또
시진핑은 알아도 그 뿌리라 할 수 있는 덩샤오핑의 개혁개방 정책에
대해선 잘 모르는 사람들이 많아요.

차클   맞아요. 중국은 정치나 경제 시스템이 한국과는 완전히 달라서 이해하
기 어려운 측면이 있어요.

조   우선 한국은 자유민주주의 체제하에서 선거를 통해 정권이 교체됩니다. 반면 중국은 정권이 아니라 지도자 교체가 이루어져요. 지도자가 바뀌어도 공산당에 속한다는 점은 마찬가지죠. 따라서 국가를 운영하는 정책이 잘 바뀌지 않아요.

차클   그렇군요. 그래도 지도자들마다 약간의 노선 차이는 있지 않을까요?

조   제3세대 지도자인 장쩌민(江澤民, 1989~2002 재임) 주석과 제4세대 지도자인 후진타오(胡錦濤, 2002~2012 재임) 주석은 사실상 '덩샤오핑 없는 덩샤오핑 이론'을 계승한 후계자들이에요. 반면 시진핑 주석은 이전 지도자들과는 차별된 길을 걷고 있어요. 덩샤오핑 이론을 계승하면서 새로운 중국을 만들고자 하죠. 하지만 이 또한 전체적으로 보면 공산당이라는 큰 틀 안에서 움직이고 있습니다. 그럼 지금부터 현재 시진핑이 이끄는 중국이 어떻게 만들어졌는지 그 과정을 차근차근 알아볼까요? 먼저 '중국이 어떻게 개혁개방에 성공했는가'라는 질문에 대한 답을 찾아보도록 하겠습니다.

쑨원   마오쩌둥   덩샤오핑

차클   중국의 개혁개방 정책은 덩샤오핑이 원조라고 하셨죠?

조   그렇습니다. 덩샤오핑에 앞서 중국 현대사를 연 주요 인물들을 먼저 살펴보도록 하죠. 첫 번째 인물은 신해혁명(1911)으로 중화민국정부를 수립한, 하지만 근대화에는 실패한 쑨원(孫文)이 있어요. 두 번째 인물은 중화인민공화국의 초대 주석인 마오쩌둥(毛澤東)입니다. 그들의 뒤를 이어 덩샤오핑이 등장해 중국의 개혁개방을 설계하고 혁명의 목적인 부국강병에 성공한 겁니다.

차클   쑨원과 마오쩌둥은 중국에서 실패한 지도자로 평가받고 있는 건가요?

조   쑨원은 신해혁명을 통해 근대 국가의 수립을 시작했지만 완성하지는 못했습니다. 마오쩌둥은 1949년에 중국을 건국해서 일본의 식민지와 외세로부터 나라를 지켜내긴 했어도 국민이 잘 먹고 잘살도록 하는 목적은 달성하지 못했습니다. 문화대혁명(1966~1976)을 거치면서 심지어 중국은 붕괴 직전까지 곤두박질치기도 했습니다. 그런 의미에서 두 사람은 큰 업적을 달성한 것은 맞지만, 혁명의 목적인 부국강병엔 실패한 지도자라고 할 수 있어요.

차클   그들과 달리 덩샤오핑은 개혁개방을 통해 부국강병에 성공했다는 얘기군요. 덩샤오핑은 어떤 인물이었는지 궁금합니다.

조   덩샤오핑의 정치 역정은 크게 세 시기로 나뉩니다. 우선 어린 시절을 살펴보도록 하죠. 덩샤오핑은 아주 훌륭한 아버지의 영향을 많이 받았습니다. 덩샤오핑의 이름도 원래는 '앞설 선(先)' '성스러울 성(聖)'을 써서 덩셴성(鄧先聖)이었습니다. 공자와 같은 사람이 되라는 의미였죠. 덩샤오핑의 아버지는 아들에게 단 한 번도 돈을 벌라거나 출세를 하라는 식의 얘기도 하지 않았다고 해요.

차클 특별한 가정 교육을 받았군요. 학창시절은 어땠나요?

조 1920년 16세의 나이에 프랑스로 유학을 갔어요. 지역 출신의 사업가가 만든 장학재단을 통해서 지원을 받은 것이죠. 그런데 프랑스 유학을 가자마자 재단이 망해버려서 6개월밖에 공부를 못 했어요. 대신 르노 자동차 공장에 들어가서 노동자로 일을 했죠.

차클 흥미진진하네요. 그럼 덩샤오핑은 어떻게 중국에 돌아오게 되나요?

조 1926년에 프랑스 경찰의 추적을 피해 모스크바로 떠납니다. 공장에서 일하면서 함께 일하는 중국 노동자들의 어려운 사정을 해결하기 위해 노동운동을 했거든요. 이후 중국 혁명가를 양성하기 위해 소련이 모스크바에 세운 중산대학(中山大學)에서 1년간 제대로 공부를 하고 공산당에 입당하게 됩니다. 그러다 1927년에 중국으로 돌아와서 혁명운동을 시작해요.

차클 1927년의 중국은 어떤 상황이었나요?

조 당시 중국에선 국민당이 주도한 북벌(北伐, 군벌과의 전쟁)이 진행되었고, 그 과정에서 국민당은 공산당과의 약속을 어기고 공산당을 탄압하기 시작했습니다. 그런 상황에서 덩샤오핑이 노동자와 농민을 위한 운동을 하다 보니 수배령이 내려졌어요. 그때 도망을 다니면서 덩샤오핑으로 개명하게 됩니다. 아버지가 지어주신 덩셴성에서 덩샤오핑으로요. '작을 소(小)' '평범할 평(平)'을 썼어요. 천상에서 지상으로, 성인에서 평범한 사람으로 자신을 낮춘 겁니다.

차클 그렇군요. 이후 혁명 활동에 대해서도 알려주세요.

조 국민당과의 내전(內戰)에서 승리해 1949년에 베이징으로 진입하기 전까지 농촌 근거지에서 빨치산 활동을 하면서 지냈습니다. 오랜 전쟁 때문에 매우 열악한 환경에서 살아야 했죠. 잠도 제대로 잘 수 없고, 항상 도망을 다녀야 해서 당시 사진을 보면 완전 거지 몰골을 한 모습들뿐이죠. 하지만 우리가 상상할 수 없을 만큼 강인한 체력과 정신력으로 무장한 상태였어요. 그 덕분에 국민당과의 내전에서 이기고 어마어마한 중국 대륙을 차지하게 돼요.

차클 중국 정부 수립 후 덩샤오핑은 어떤 역할을 했나요?

조 1952년 마오쩌둥 집권기에 요직으로 진출합니다. 먼저 중앙정부 격인 정무원의 부총리로 발탁됩니다. 이후 공산당의 총서기직도 맡았죠. 그런데 중화인민공화국을 수립해 사회주의 중국을 세운 공산당의 첫 번째 과제는 무엇이었을까요? 정치 혁명에 성공했으니, 이제 경제 개발을 해야겠죠. 하지만 당시 중국의 경제력이 미미한 상태이니 같은 사회주의 국가인 소련에게 경제적 지원을 받을 수밖에 없었습니다.

차클 소련과의 관계는 좋은 편이었나요?

조 네. 소련이 중국을 전폭적으로 도와줬어요. 그런데 1954년에 최고 권력자였던 스탈린(Iosif Vissarionovich Stalin)이 죽자 이후 당권을 잡은 흐루쇼프(Nikita Khrushchyov)가 스탈린의 개인 독재를 비판하는 연설을 하는 등 스탈린 격하 운동에 나섭니다. 이를 계기로 소련과 중국이 갈등을 빚게 돼요. 중국의 입장에서 스탈린 격하 운동은 곧 사회주의에 대한 배신 행위였거든요. 처음에는 말싸움을 벌이다 1960년에 중국 관영 매체인 〈인민일보〉 등에서 기사화하면서 전면적으로 논쟁이 붙습니다. 소련 측은 이에 대한 보복으로 모든 지원 프로그램을 다 중단시켜버렸죠. 중국은 소련의 수정주의 노선을 비판하고 자립을 선언합니다. 급기야 1969년에는 전바오섬(珍寶島)에서 군사 충돌도 발생했습니다.

차클   소련으로부터 자립하기 위해 중국이 어떤 정책을 폈나요?

조   마오쩌둥은 국민의 힘으로 모든 것을 할 수 있다고 판단했어요. 이른 바 '대약진운동(1958~1960)'이 등장하게 된 배경이죠. 대약진운동은 국민의 노동력을 집중적으로 동원해 경제를 성장시키겠다는 운동이에요. 간단히 말해 기계가 해야 될 일을 사람이 대신 하는 것이죠. 예를 들어 철강 생산량을 늘려야 한다는 목표를 일단 정하고 무조건 국민들에게 생산을 할당하는 식이었어요. 그러면 국민들은 집에 있는 솥단지를 녹이든 철을 훔쳐오든 무조건 할당량을 채워야 했죠.

차클   효율과는 거리가 먼, 말 그대로 '하라면 하라!'는 식의 정책이네요.

조   대약진운동의 핵심은 국민의 의지와 적극성을 동원해서 경제 발전을 성공시키겠다는 것이었죠. 하지만 결과는 참담했습니다. 3년간 대흉작을 겪고 4000만 명의 국민들이 죽어나갔습니다. 이때부터 중국 공산당은 민심을 잃기 시작해요. 그리고 대약진운동의 책임을 두고 류샤오치(劉少奇) 공산당 부주석과 마오쩌둥 공산당 주석 사이에 싸움이 붙었습니다. 류샤오치는 대약진운동의 실패가 인재(人災)라고 주장했죠. 마오쩌둥은 마지못해 자신의 책임을 일부 인정하고 국가주석의 자리를 류샤오치에게 넘깁니다. 이때부터 본격적으로 류사오치와 덩샤오핑이 함께 경제부흥운동을 벌여요.

차클   마오쩌둥이 그렇게 순순히 실권을 넘기진 않았을 것 같은데요?

조   맞습니다. 마오쩌둥은 류샤오치와 덩샤오핑의 경제부흥운동을 두고 "소련의 경제 개혁을 시도했던 흐루쇼프와 똑같다"고 했어요. 중국이 흐루쇼프의 개혁 움직임을 수정주의라고 비판했다는 얘기, 앞서 했었죠? 마오쩌둥은 결국 정치를 바꾸는 게 중요하다고 주장하며 다시 혁명을 시도합니다. 국민을 사회주의형 인간으로 바꾸겠다는 일종의 정신개조 운동인 '문화대혁명'을 추진하죠. 그런데 고위 당·정 간부의 다수는 마오쩌둥의 주장에 동의하지 않았어요. 그러자 마오는 문화대혁명을 추진하기 위해 중고등학교 및 대학교 학생을 '홍위병(紅衛兵, 사회주의를 지키는 병사)'이라는 이름으로 동원합니다. 이후 류사오치를 주자파(走資派), 즉 자본주의 추종 세력으로 분류해서 감옥에 가둬버렸어요. 덩샤오핑도 당연히 숙청돼 지방에서 노동을 하게 됩니다.

차클 마오쩌둥에 의해 쫓겨났던 덩샤오핑이 다시 돌아와 결국 개혁개방 정책을 성공시킬 수 있었던 원동력은 무엇이라고 봐야 할까요?

조 덩샤오핑이 하늘에서 갑자기 떨어진 지도자가 아니라는 점을 분명히 알아야 합니다. 덩샤오핑은 누구보다 준비된 지도자였어요. 혁명 과정에서 군에 몸을 담았었고, 정무원 부총리를 거치면서 정부에서 일한 경험도 쌓았습니다. 차기 후계자로 낙점이 됐던 사람이란 뜻이죠. 덩샤오핑이 복권돼 본격적으로 개혁개방을 추진한 때가 1978년입니다. 무려 74세 때죠. 노령의 덩샤오핑을 개혁개방에 나서게 만든 원동력이 무엇인지를 알아야 해요. 저는 아버지의 교육과 프랑스에서의 유학 시절에 품은 열망이 주효했다고 생각합니다. 그는 어린 시절부터 훌륭한 인재가 되기 위한 교육을 받았고, 프랑스의 발전된 모습을 보면서 무너져가는 조국과 국민을 떠올렸을 겁니다. 감수성 예민한 어린 덩샤오핑은 자신이 국가를 구해야 한다는 강한 열망을 가지고 있었어요. 저는 그것이 덩샤오핑을 지탱해준 원동력이라고 생각해요.

차클 정치가로서 덩샤오핑에 대해서는 어떻게 평가하시나요?

조 한국어와 다르게 영어로는 정치가를 부르는 두 가지 표현이 있어요.

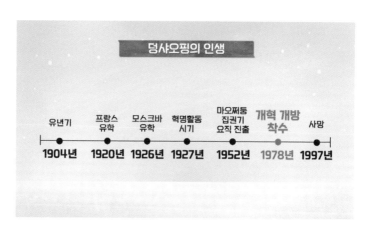

덩샤오핑의 인생

유년기 / 프랑스 유학 / 모스크바 유학 / 혁명활동 시기 / 마오쩌둥 집권기 요직 진출 / 개혁 개방 착수 / 사망

1904년 1920년 1926년 1927년 1952년 1978년 1997년

폴리티션(politician)과 스테이트맨(stateman)입니다. 20세기 초에 미국의 한 철학자는 이를 이렇게 구분했습니다. "폴리티션은 다음 선거만 생각하는 정치인이고, 스테이트맨은 다음 세대를 생각하는 정치인이다." 저는 덩샤오핑이 권력만을 탐하는 폴리티션이 아니라 다음 세대를 위해 최선을 다한 스테이트맨이라고 생각해요. 지금의 경제 대국 중국을 만든 개혁개방의 최고지도자인 것이죠.

차클 덩샤오핑을 단순히 사회주의자라고 정의하기 어려울 듯해요. 교수님은 어떻게 생각하시나요?

조 저는 덩샤오핑을 사회주의자 이전에 실용주의자라고 생각합니다. 또한 덩샤오핑은 마오쩌둥·저우언라이·류샤오치와 마찬가지로 모두 사회주의자 이전에 민족주의자라고 할 수 있어요. 그들에게 사회주의는 부국강병을 위한 수단이지 목적이 아니었어요.

두 번째
질문

덩샤오핑은 어떻게 중국 경제를 일으켰나

"덩샤오핑은 자본주의에도 계획을 도입할 수 있듯이, 사회주의
에도 시장을 도입할 수 있다고 생각했지요. 시장은 경제 운용
의 목적이 아니라 수단일 뿐이라는 생각입니다. 이것이 그 유
명한 덩샤오핑의 '흑묘백묘론(黑猫白猫論)'입니다. '검은 고양이
건 흰 고양이건 쥐만 잘 잡으면 된다'는 뜻이에요. 시장을 택하
든 계획을 택하든 경제를 발전시키면 된다는 것을 강조하는 덩
샤오핑의 생각을 담은 말입니다."

• • •

차클　　앞서 장쩌민과 후진타오 전 주석이 '덩샤오핑 없는 덩샤오핑 이론'을
이어받았다고 하셨는데요. 그렇다면 덩샤오핑 이론이란 정확히 무엇
을 의미하는 건가요?

조　　덩샤오핑의 고민을 이해하려면 1978년 개혁개방에 착수하던 당시에
그가 어떤 생각을 가졌는지, 어떤 미래를 그렸는지 생각해봐야 합니
다. 덩샤오핑 이론의 목표는 경제 발전이에요. 이것을 덩샤오핑은 '하
나의 중심'이라고 불렀습니다. 그런데 경제를 발전시키려면 두 가지
기본 원칙을 지켜야 한다고 생각했죠. 하나는 공산당 영도(領導), 즉 공
산당 일당제고, 다른 하나는 개혁개방입니다. 덩샤오핑은 이것을 '두
가지 기본'이라고 불렀습니다. 결국 덩샤오핑 이론은 '하나의 중심'과

'두 가지 기본'을 말합니다. 참고로 덩샤오핑은 권력 분립을 기초로 하는 자유민주주의를 비효율적이라는 이유로 혐오했습니다. 특히 중국처럼 인구가 많고 땅덩어리가 크며, 직면한 과제가 많은 상황에서는 자유민주주의가 굉장히 비효율적이라고 생각했어요.

차클 프랑스에서의 유학 경험도 민주주의에 대한 혐오를 상쇄시키진 못했군요?

조 그렇습니다. 덩샤오핑도 자유민주주의 체제를 모르지 않았죠. 하지만 덩샤오핑은 민주주의는 정치인들끼리 언쟁만 할 뿐 국가 운영에는 효율성이 떨어지는 체제라고 생각했어요. 그보다는 공산당이 결정하면 국가와 전 사회가 그것을 집행하는 공산당 일당제가 더욱 효율적이라고 생각한 것이죠.

차클 중국이라는 거대한 나라를 통솔하기 위한 불가피한 선택으로 여긴 거군요.

조 덩샤오핑은 죽을 때까지 공산당의 권위에 도전하는 것을 용납하지 않았습니다. 하나의 신념이었어요. 1989년 4~6월에 베이징에서 발생한 톈안먼 민주화 운동을 무력으로 진압한 것은 그러한 신념을 잘 보여주죠. 동시에 덩샤오핑은 개혁개방에도 흔들리지 않았습니다. 그 결과 1991년에 소련이 붕괴된 이후에도 중국은 개혁개방을 지속할 수 있었습니다. 만약 당시에 덩샤오핑이 보수파의 공세에 밀려 개혁개방을 포기했다면 지금처럼 부유한 중국은 없었을 것입니다.

차클 공산당 일당체제와 개혁개방을 어떻게 병행할 수 있었나요?

조 그것이 바로 중국에 대해 많은 사람들이 품는 궁금증 중 하나예요. 같은 사회주의 국가인 소련과 달리 중국은 어떻게 개혁개방에 성공할

수 있었느냐는 거죠. 거기서 소련과 중국의 성패가 갈라집니다. 공산
당 일당제를 유지하면서도 얼마든지 경제 발전을 이룰 수 있다는 것,
그게 바로 중국식 경제 발전 모델이에요. 물론 국민들은 마오쩌둥에
의해 밀려났던 덩샤오핑을 다시 믿어도 되는지 의심을 했을 겁니다.
그때 덩샤오핑이 제시한 3단계 경제 발전론이 등장합니다. 시진핑이
말한 이른바 '중국의 꿈(中國夢)'의 원형이에요.

"중국 건국 100주년(2049년)에는 부강하고, 민주적이며, 문명이 있고, 조화로운 사회
주의 현대화 국가의 목표가 달성돼 중화민족의 위대한 중흥의 꿈이 실현될 것이다."

_시진핑

차클 그렇군요. 이후 덩샤오핑의 개혁은 쭉 순조롭게 추진될 수 있었나요?

조 전 세계의 어떤 국가든 개혁을 할 때에는 저항 세력의 도전에 대비해
야 합니다. 덩샤오핑도 개혁을 추진할 때 당·정 간부들이 쥐고 있던 일
부 권한을 사회에 넘기라고 했어요. 기득권층은 당연히 거부했겠죠.
기존의 공산주의나 사회주의 이념과는 다르다는 생각에 저항했을 수
도 있었겠죠.

차클 기득권층의 저항에는 어떻게 대처했나요?

조 '사상해방(思想解放)'이라는 기치를 내걸었습니다. '기존의 사회주의 중
에서 일부는 잘못된 것이다. 따라서 그로부터 벗어나야 한다'고 강력
하게 주장한 것이죠. 덩샤오핑은 개혁개방에 저항하는 보수적인 당·
정 간부를 사상해방이라는 무기로 비판하고 올바로 교육시키기 위해
노력했습니다. 한편 앞서 문화대혁명이 실패로 끝나면서 일부 사람들

이 민주화를 요구했는데, 덩샤오핑은 그것 또한 용납하지 않았습니다.

차클   기존의 사회주의에서 벗어나 사상해방을 하자면서 민주화는 용납하지 않았다고요? 그 이유를 좀 더 자세히 설명해주시죠.

조   중국 공산당은 사회주의를 버릴 수 없어요. 만약 사회주의를 버리게 되면 공산당 일당제도 버려야 하잖아요. 이때 말하는 사상해방이란 사회주의에 대한 재해석입니다. 요컨대 사상해방은 사회주의라는 껍데기를 남겨두고 알맹이를 개혁개방에 필요한 내용, 예를 들면 덩샤오핑 이론으로 바꿔버리는 것을 말해요. 기존의 사회주의처럼 무조건적인 평등을 지향하는 게 아니라 경제 발전을 정당화시키는 이념으로 바꿔버린 것이죠.

차클   냉전 시대의 사회주의와는 다른 사회주의인가요?

조   완전히 다릅니다. 덩샤오핑은 1970년대부터 사회주의 시장경제론이라는 것을 구상하고 있었어요. 그러다 1987년 공산당 13차 당 대회 때 '사회주의 초급단계론'이라는 것을 제시합니다. 이 이론은 사회주의를 포기한 게 아니라 사회주의를 재해석해, 현재 중국은 사회주의 초급단계에 있기 때문에 경제 발전에 매진해야 한다고 주장합니다. 이처럼 이 이론은 중국이 현 단계에 수행할 정확한 임무를 결정하기 위해 제기된 것입니다. 이런 점에서 덩샤오핑이 추진한 개혁개방 정책은 자본주의와는 다릅니다.

차클   사회주의 시장경제론은 구체적으로 어떤 내용을 담고 있나요?

조   자본주의에 계획을 도입할 수 있듯이, 사회주의에도 시장을 도입할 수 있다는 생각이죠. '흑묘백묘론'은 시장을 택하든 계획을 택하든 경제를 발전시키면 된다는 것을 강조하는 덩샤오핑의 생각을 담은 말입니다.

그 결과 1992년 공산당 14차 당 대회에서 '사회주의 시장경제론'이 공산당 노선으로 공식 결정됩니다. 1978년 개혁개방을 시작한 지 14년 만에 드디어 중국에서 시장 경제라는 명확한 방향을 제시한 것입니다. 이런 식으로 사회주의를 재해석한 게 바로 사상해방인 거예요.

차클   그렇군요. 그런데 아무리 위에서 시장 경제니 개혁개방이니 해도 문화대혁명으로 많은 고통을 받은 국민들의 마음을 얻는 게 쉽지 않았을 듯해요.

조   그것이 덩샤오핑이 직면한 첫 번째 과제였어요. 당시 중국 국민들의 마음은 우리가 국회의원들에게 주는 월급을 아까워하는 것과 비슷한 상태였어요. 특히 중국의 지식인들과 청년층의 이탈이 문제였습니다. 또한 엉망이 돼버린 정치 체제를 다시 세우는 것이 두 번째 과제였죠. 공산당은 사회주의 이념을 따르는 '선진분자(先進分子)'의 집합체입니다. 따라서 공산당에 속하지 않은 사람이라면 굳이 당의 노선을 따르지 않아도 되죠. 하지만 국가를 관리하는 정부의 뜻에 따르지 않을 수는 없어요. 사회주의 혁명을 통해 공산당이 국가의 모든 권력을 다 차지해버렸으니 중국 국민들은 좋든 싫든 마오쩌둥이 대약진운동을 추진할 때, 그것을 따를 수밖에 없었던 겁니다. 그런데 그 결과 4000만 명이나 굶어 죽는 것을 지켜봤으니 쉽게 마음을 돌리기 힘들었겠죠.

차클   문화대혁명 이후 중국 국민들의 생활상이 얼마나 비참해진 건가요?

조   당시 국민들은 계획 경제하에서 공동생산에 종사하고, 공동생활을 영위하고 있었습니다. 도시 지역은 기업을 중심으로 하는 단위(單位) 체제로, 농촌 지역은 협동농장 체제로 묶여 있었죠. 특히 대약진운동 기간에는 인민공사(人民公社)가 설립돼 식사도 공동식당에서 함께 해결했습니다. 공동식당 제도에서는 식량 낭비가 심해서, 1년 동안 먹어야 될 식량을 4개월 만에 다 먹어치우는 일들이 벌어지기도 했고요. 이후의 문화대혁명 기간에도 중국 국민들은 많은 정치적 고통을 당했습니다. 이런 상황을 겪은 이후 1978년에 덩샤오핑이 권력을 잡았던 것입니다. 덩샤오핑은 경제 문제를 해결하기 위해 개혁파 지도자를 지방에 파견하기도 했습니다. 대표적인 예가 완리(萬里)를 안후이성 당서기로 파견한 것입니다. 그 무렵 쓰촨성에는 자오쯔양(趙紫陽), 광둥성에는 시진핑의 아버지인 시중쉰(習仲勳)이 당서기로 있었습니다.

차클 그 사람들이 국민들의 참담한 생활상을 생생하게 목격했겠군요?

조 완리가 목격한 국민들의 생활은 정말 끔찍했어요. 아이들이 추위에 떨지 않도록 온기가 남아 있는 가마솥에 아이들을 넣는가 하면, 옷이 없어서 이불 밖으로 나오지 못하는 아이들도 있었죠. 그런 국민들의 참상을 본 완리는 통곡을 했다고 해요. 지금껏 자신들이 혁명을 이루어

젊은 시절의 시진핑(오른쪽)과 그의 아버지 시중쉰(왼쪽)

왔다고 생각했는데 도저히 혁명의 결과라 할 수 없는 현실을 마주하고 많은 것을 느낀 것이죠.

차클 그렇다면 중국 국민들의 생활을 바꾸기 위해 어떤 대책을 내놓게 되나요?

조 안후이성이 100년에 한 번 일어날까 말까 한 대가뭄이 들자 완리는 공산당 간부들을 소집해 비상회의를 열었습니다. 당시 중앙에서도 국민들을 위해 물자를 지원할 여력이 없는 상태였어요. 이런 상황에서 무엇을 어떻게 해야 할지 논의를 거듭했습니다. 최종적으로 농민들이 생존할 수 있으면 어떤 정책이라도 허용하자는 결정을 내렸습니다. 농민들이 어떤 방식으로 무엇을 심어도 좋으니 각자 경작해서 먹고만 살라고 말이죠. 세금도 면제해주기로 했어요. 이런 결정에 따라 농민들은 기존의 집단 영농(집단 농장에서의 농업)을 버리고 대신 호별 영농(가구별 농업)을 도입했습니다.

차클 호별 영농을 추진한 결과가 어땠나요?

조 대성공을 거두었습니다. 가구별로 토지를 나누어 경작하게 하니 대가뭄에도 불구하고 농업 생산량이 서너 배가 늘었습니다. 인간의 이기심을 적절하게 이용한 결과였습니다.

차클 꽉 막혀 있는 사회에서 어마어마한 융통성을 발휘한 거네요. 그런데 덩샤오핑의 정책에 모두가 만족했나요?

조 이때 논쟁이 붙기 시작했어요. 중앙의 일부 보수파들은 이를 '자본주의의 부활'이라고 비난했습니다. 하지만 덩샤오핑은 국민이 굶주리고 있는 상황에서는 이를 해결하는 것이 참된 사회주의라고 주장했습니다. 덧붙여서 논쟁만 하지 말고 실제 결과를 가지고 평가하자고 주장

중국의 조사단 파견

→ 21개 조사단을 세계 51개국에 파견

했습니다. 그러면서 농민들에게 5년의 시간을 주자고 제안했습니다. 5년 후에 그것이 자본주의로 판명나면 바꾸면 된다는 겁니다. 이것이 바로 실사구시(實事求是)의 철학입니다. 이 무렵에 공산당 지도부는 개혁개방의 정책을 학습하기 위해 51개 국가에 21개의 경제 조사단을 파견했습니다. 그 결과는 정책에 실제로 반영되었습니다.

차클　어떤 조사를 하기 위한 조사단이었나요?

조　예를 들어 아시아에서 일본과 싱가포르 같은 나라로 국무원 부총리급이나 장관급으로 구성된 조사단을 파견했어요. 주로 경제 정책과 사회 정책을 조사했습니다. 조사단이 시찰을 마치고 나면 정치국 회의나 관계자 회의를 개최했습니다. 이 자리에서 여러 정책을 논의했고요. 경제특구는 그렇게 해서 등장할 수 있었습니다. 또한 이런 노력이 있었기 때문에 1978년도 공산당 11기 중앙위원회 3차 전체회의(11기 3중전회)에서 개혁개방과 사회주의 현대화 건설 노선을 천명할 수 있었던 것입니다.

차클 지금까지 말씀을 듣고 보니 덩샤오핑이라는 리더가 없었다면 중국이 과감한 개혁을 추진하지 못했을 거라는 생각이 드네요. 덩샤오핑의 리더십을 한마디로 정리할 수 있을까요?

조 덩샤오핑의 리더십이 빛을 발한 몇 가지 대목이 있습니다. 첫째는 실천을 중시하는 실사구시의 정신입니다. 둘째는 인재를 발굴해 적재적소에 배치하는 것입니다. 셋째는 국민의 뜻을 존중하고 아래로부터 제기된 개혁 요구를 인정하고 지지하는 것입니다. 그 과정에서 덩샤오핑은 반대파나 보수파의 공격을 막는 방패 역할을 담당했습니다. 또한 덩샤오핑은 일부 지역에서 실시되었던 정책을 국가 정책으로 만들어서 전국에 확산시키는 역할을 담당했습니다. 이것이 바로 덩샤오핑이 공산당 리더로서 수행했던 역할입니다.

차클 국민들의 실상을 직접 확인하고 개혁의 대상을 정확히 짚어낸 역할이 덩샤오핑의 가장 큰 업적이란 말씀이죠?

조 정확한 지적입니다. 그리고 덩샤오핑은 결과를 지켜보자고 했어요. 말로만 이야기하지 말고 실제로 실행해보고 직접 경험해봐야 진정한 개혁을 이룰 수 있다고 생각한 것이죠. 바로 그런 점에서 위대한 리더라고 생각해요. 개혁을 추진하는 방향을 정확하게 진단하고, 그 방향의 정당성을 간단명료하게 설득한 뒤 조직을 이끌고 실천해나간 것이죠.

중국은 왜 민주화가 일어나지 않는가

"정치는 상식에 근거합니다. 덩샤오핑은 '빈곤은 사회주의가 아니다!'라고 역설했어요. 그리고 공산당이 더 이상 국민을 정치 운동에 동원하지 않겠다고 약속했어요. 그렇게 해야만 국민들이 안정적으로 생업에 종사해 먹고사는 문제를 해결할 수 있기 때문입니다."

● ● ●

차클 그런데 문화대혁명이 참담한 실패로 끝나고 개혁개방이 추진됐는데도 중국에서 민주화가 이뤄지지 않은 이유가 궁금합니다.

조 우리가 배운 근대화론(modernization theory)에 따르면 산업화가 진행되면 도시화가 일어나고, 훈련된 노동자가 필요하기 때문에 대중 교육과 매스미디어가 발전합니다. 또한 경제 발전의 결과로, 높은 교육 수준과 경제력을 갖춘 중산층이 생기면서 전에 없던 다양한 권리를 요구하게 됩니다. 민주화에 대한 요구도 증가해 결국에는 민주화가 일어난다는 것이 근대화론의 요지입니다. 그런데 중국에서는 그런 일이 일어나지 않았습니다. 국민들이 공산당의 논리를 받아들였기 때문입니다.

차클 공산당이 국민을 어떻게 설득한 건가요?

조　정치는 상식에 근거합니다. 덩샤오핑은 '빈곤은 사회주의가 아니다!'라고 역설했어요. 그리고 공산당이 더 이상 국민을 정치운동에 동원하지 않겠다고 약속했어요. 그렇게 해야만 국민들이 안정적으로 생업에 종사해 먹고사는 문제를 해결할 수 있기 때문입니다. 공산당은 이와 같은 약속을 지켰죠.

차클　국민의 지지를 얻기 위해 빈곤 탈출이 급선무였겠네요.

조　그렇죠. 그런데 경제가 발전하려면 여러 조건을 갖추어야 합니다. 예를 들어, 자본이 없으면 안 됩니다. 석유나 철강과 같은 원자재를 사와야 하니까요. 기술도 있어야 해요. 또 물건을 만든 뒤 팔 수 있는 시장도 있어야 합니다. 시장은 단순히 인구가 아니라 유효 구매력이 있는 소비자가 있어야 해요. 코카콜라를 예로 들어보죠. 콜라 한 캔의 가격은 한국이나 중국이나 아프리카나 비슷해요. 그래서 북한 같은 데서는 콜라를 많이 팔지 못하죠. 그것을 살 수 있는 소비자가 거의 없기 때문입니다. 즉, 일정 수준의 경제력을 갖추지 못하면 물건을 팔 수 없다는 말입니다. 이런 생산 조건을 갖추는 가장 좋은 방법은 해외로부터 직접 투자를 유치하는 것입니다.

차클　덩샤오핑은 해외 투자 유치를 위해 어떤 조치를 취했나요?

조　외국으로부터 투자를 유치하려면 사회적으로나 정치적으로 안정돼 있어야 합니다. 민주냐, 독재냐의 문제가 아니에요. 무조건 정치적으로 안정돼 있어야 해요. 따라서 덩샤오핑은 공산당을 한 번 더 믿어달라면서 3단계 발전 전략을 약속합니다.

차클　3단계 발전 전략은 어떤 내용인가요?

조　1단계로 온포(溫飽) 사회를 제시했습니다. 1980년부터 1990년까지 따

뜻하고 배부른 사회를 만들겠다는 약속이었어요. 인민들의 생존 문제를 해결해주겠다는 것이죠. 참고로 1978년도 중국의 1인당 국민소득이 150달러였습니다. 남아프리카 사하라 사막 이남 지역의 1인당 국민소득보다 낮았습니다.

차클 당시 중국은 정말 가난했었군요. 2단계와 3단계에서는 어떤 약속을 제시했나요?

조 2단계로 소강(小康) 사회를 제시했습니다. 1990년부터 2000년까지 인간답게 살 수 있는 사회를 만들겠다는 약속이에요. 1990년 1인당 국민소득이 400달러였는데 두 배로 만들어주겠다는 것이었죠. 3단계로는 부유(富裕) 사회를 제시했습니다. 국가 수립 100주년이 되는 해인 2049년까지 부유하게 만들어주겠다는 약속이에요. 그러면서 1인당 국민소득 4000달러를 달성할 것이라고 천명했죠.

차클 아직 2049년이 안 됐지만 중국의 1인당 국민소득만 보면 이미 목표를 달성한 것 아닌가요?

조 그렇죠. 제 기억으로 2006년 무렵에 1인당 국민소득 4000달러를 넘었습니다. 그러니까 국민들이 공산당에게 민주화를 요구하지 않는 거예요. 공산당이 약속한 것들을 다 지켰으니까요. 이미 중국은 1990년대에 1인당 국민소득이 500달러를 넘어섰고요. 2000년에 이미 1000달러가 될 정도로 성장했습니다. 국민들은 공정한 경쟁과 공정한 분배, 의식주 해결, 꾸준한 성장이 확보되면 누가 통치하더라도 기본적으로 지지합니다. 그래서 일반적으로 연평균 경제성장률 10퍼센트를 유지하면 정권이 무너지지 않는다고 합니다. 중국이 실제로 그런 케이스예요. 20년간 연평균 10퍼센트의 경제성장률을 유지했으니까요. 그리고 2010년에 일본을 제치고 세계 2위의 경제대국으로 우뚝 섰죠.

차클 그 정도로 고속 성장해왔으니 미국에서 중국의 성장에 위협을 느끼는 것도 이해가 갑니다. 실제로 중국이 미국을 얼마나 따라잡았나요?

조 2002년 세계 전체 GDP에서 미국이 차지하는 비중이 32.9퍼센트였고, 중국이 4.2퍼센트였어요. 2017년이 되자 미국의 비중이 24퍼센트로 다소 줄어들었고, 중국이 16퍼센트로 대폭 늘어났죠. 미국과 어깨를 나란히 할 만큼 중국이 성장해 실질적인 양강 구도를 형성하고 있어요.

차클 정말 놀라운 성장 속도네요.

조 〈포춘〉지가 선정한 세계 500대 기업의 수를 비교해보면 보다 확실하게 중국의 성장세를 알 수 있습니다. 2002년에 미국은 198개 기업이 속해 있었고 중국은 11개에 불과했죠. 그런데 2017년에 들어와 미국이 124개로 줄었고, 중국이 115개로 껑충 뛰었어요. 이제는 중국과 미국의 격차가 거의 없습니다. 반면 일본은 60개 정도 됩니다. 물론 단순

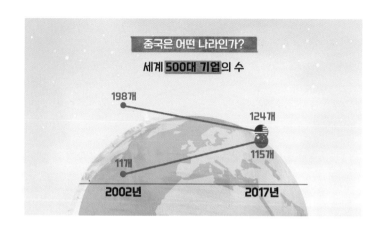

히 500대 기업의 숫자보다 증가 속도를 더 유심히 봐야 합니다. 이러한 배경을 알지 못하면 왜 미국이 중국을 경계하는지, 왜 트럼프가 중국에 압박을 가하는지 이해를 못 해요. 동시에 일본은 왜 저렇게 초조해하는지도 알지 못하죠.

차클 중국의 성장세가 미국을 추월할 만큼 더 이어질까요?

조 학자들은 현재 미국과 중국 간에 세력 전이(power transition) 현상이 일어나고 있다고 봅니다. 중국의 국력이 급성장하는 반면 미국의 국력이 상대적으로 하락하면서 두 국가 사이의 간격이 급격하게 좁아진 것이죠. 그 결과 미국 입장에서는 따라잡힐까 초조해하고, 중국의 입장에서는 자신만만해하죠. 바로 이때가 위험한 순간입니다.

차클 중국 사례를 보며 국가란 무엇인지 많은 생각이 드는 것 같아요.

조 아까 중국에서 왜 민주화가 일어나지 않는지에 대해 얘기했었죠. 경제 발전과 달리 정치 발전에는 두 가지 종류가 있어요. 첫째는 정치 민주화입니다. 민주주의의 기본은 국민들이 통치자를 스스로 뽑는 것입니다. 이것을 정치 민주화라고 해요. 둘째는 국가 건설 혹은 정치 제도화입니다. 이것은 정치 체제가 공화정이든 민주정이든 왕정이든 일당제든 상관없이 국가라면 반드시 모든 국민들에게 국가로서의 역할을 할수 있도록 만드는 것을 말합니다. 예를 들어, 국방이 튼튼한 국가가 돼야 합니다. 외부의 적으로부터 국민을 지켜주지 못하는 국가는 존재의이유가 없어요. 또한 치안과 사유재산을 보호해주는, 법과 질서가 튼튼한 나라가 돼야죠. 셋째, 국가라면 기본적인 사회복지를 갖춰야 합니다. 교육이든 의료든 인프라든 국민들의 생활을 책임져줄 수 있어야해요. 국민들이 잠시 취업을 하지 못하더라도 생계를 책임져줘야죠. 이런 것들을 정치재(political goods)라고 하고, 정치재를 공급할 수 있도록 국가 체제를 갖추는 과정이 곧 국가 건설입니다.

차클 중국이 정치 발전의 모델로 삼은 국가가 있나요?

조 동아시아 지역에는 두 가지의 정치 발전 모델에 성공한 국가들이 모두 존재합니다. 하나는 자유민주주의 확립을 통한 '정치 민주화'에 성공한 국가입니다. 한국과 대만이 대표적이죠. 다른 하나는 정치재를 잘 공급하는 '정치 제도화'에 성공한 국가입니다. 싱가포르와 홍콩이 대표적이죠. 중국의 경우는 싱가포르의 정치 제도화 성공 모델을 염두에 두고 개혁개방을 추진했죠. 제 생각으로, 시진핑을 포함한 역대 중국의 지도자들이 생각하고 있는 '중국의 꿈'을 한마디로 말하면, 중국 대륙에 싱가포르와 같은 국가를 수립하는 것이라고 할 수 있습니다.

차클 정치 민주화와 정치 제도화의 차이는 무엇인가요?

조 정치 민주화 모델은 정치 엘리트나 시민들의 주도로 다당제와 직선제를 도입해 권위주의를 민주주의로 바꾸는 것입니다. 많은 경우 정치

정치 발전의 두 가지 길

정치 민주화 (민주 건설)
자유 민주주의의 확립[한국, 대만]

정치 제도화 (국가 건설)
정치재의 공급을 위한
정치체제의 수립 [싱가포르, 홍콩]

민주화 과정에는 시민들이 시위에 참여합니다. 그래서 정치 발전이 눈에 잘 보입니다. 우리에게도 굉장히 익숙한 모델이죠. 반면 정치 제도화 모델은 국가가 주도하는 장기 프로젝트입니다. 장기간으로 시행하는 만큼 사람들의 눈에 잘 보이질 않아요. 대부분 중국의 정치를 평가할 때 정치 후진국이라고 하죠. 그런데 꼭 그렇게만 볼 순 없다고 생각합니다. 중국은 정치 민주화 면에서는 후진국이지만 정치 제도화 면에서는 결코 그렇지 않기 때문입니다. 중국은 정치 발전에서 다른 길을 걷고 있는 거예요. 중국이 어떻게 경제 성장을 이루었고, 정치 제도화의 성공을 향해 어떻게 나아가고 있는지를 봐야 합니다.

사회주의 국가의 개혁개방이란 무엇인가

"자본주의는 사적 소유제를 기반으로 하고, 시장을 통해 생산물
을 유통합니다. 반면 사회주의는 국유화 같은 사회적 소유제
를 실행하고, 명령 내지 계획을 통해 생산물을 유통하죠. 따라
서 사회주의 국가가 개혁개방을 한다는 것은 사유화를 인정하
고 시장화를 꾀하는 것이에요."

• • •

차클 중국 외에도 개혁개방 정책을 추진한 국가가 있나요?

조 소련과 동유럽 국가에서도 개혁개방 정책을 추진했습니다. 당시 소련
에서는 충격요법(shock therapy), 즉 시장화와 사유화를 동시에 이행하는
급격한 개혁 정책을 추진했어요. 충격을 최소화하고, 고통을 길게 끌
면 안 된다는 생각이 깔려 있었죠. 1985년에 소련 공산당 서기장이 된
미하일 고르바초프(Mikhail Gorbachev)가 이런 생각을 갖고 있었습니다.
당시에 그는 경제 개혁을 의미하는 페레스트로이카(perestroika), 개방을
의미하는 글라스노스트(glasnost)를 추진했습니다.

차클 소련도 개혁개방에 성공했나요?

조 결과적으로 실패로 끝났어요. 국민들에게 호응을 얻지 못했죠. 그것이

중국과 가장 큰 차이예요. 소련은 1917년 볼셰비키 혁명 이후 산업화·도시화·공업화를 시작하면서 건실한 계획 경제 체제를 갖춘 상태였어요. 노동자나 농민들이 기존 체제에 익숙해 있었죠. 또 각계 각층에 기득권을 가진 관료들이 자리를 잡고 있었어요. 무엇보다 당시 소련의 문제는 '절대 빈곤'이 아니었습니다.

차클   '절대 빈곤'이 문제가 아니었다면 무엇이 문제였나요?

조   소련은 유럽과 늘 비교될 수밖에 없었지만 그렇다고 소련의 국민들이 못사는 것도 아니었어요. 은행에 돈을 많이 저축해두었는데 정작 그 돈으로 살 소비재가 없는 것이 문제였습니다. 국가에서 중화학공업을 우선적으로 키우는 전략을 추진하고 있었기 때문이죠. 그런 상태에서 계획 경제를 개혁개방 정책을 통해 시장 경제로 급격하게 바꾸게 되면 저항이 따를 수밖에 없잖아요. 혁명 원로였던 덩샤오핑은 이러한 저항을 잠재울 수 있는 카리스마가 있었어요. 반면 고르바초프는 혁명 4세대에 불과해 그런 리더십을 발휘할 수 없었다는 차이가 있죠.

차클   혁명 원로냐, 혁명 4세대냐에 따라 지도자가 가진 카리스마의 차이가 있었다는 말씀이군요.

조   고르바초프에겐 소련을 세운 레닌(Vladimir Il'ich Lenin)이나 스탈린처럼 혁명을 이끈 지도자로서의 카리스마가 없었어요. 기득권에 기대어 권력을 잡은 사람이라는 인상을 지울 수가 없으니 다른 기득권 세력의 저항을 막기가 쉽지 않았죠. 이런 상황에 직면한 고르바초프는 과감한 선택을 해야만 했습니다. 고르바초프는 결국 정부·당·군·기업에 똬리를 틀고 있는 기득권들을 깨뜨리기로 해요. 정치 민주화 노선을 선택한 겁니다. 다당제와 직선제 도입과 같은 정치 민주화를 통해 국민의

정치 참여를 허용하고, 이를 통해 공산당 내의 저항 세력을 꺾고 개혁
개방을 추진하자는 발상이었습니다.

차클   소련의 민주화는 어떤 결과로 이어졌나요?

조   민주화 과정에서 생각지도 못했던 민족 문제라는 복병이 나타났습니
다. 소련을 구성하고 있는 15개의 공화국 중에서 서유럽과 인접한 공
화국들이 독립을 선언하고 나가버렸어요. 과거에는 어쩔 수 없이 소비
에트 연방 체제의 일원으로 있었지만, 더 이상 자기들보다 못사는 다
른 공화국들을 먹여 살릴 수 없다고 선언한 거죠. 결국 소련의 붕괴로
이어졌어요. 국가가 해체되다 보니 경제 발전을 할 수 있는 정치가 실
종돼버렸습니다. 오늘날 러시아 국민들이 강한 지도자, 힘센 사람, 스
트롱 맨(strong man)을 원하는 이유예요. 개혁개방 국면에서 러시아는
실패하고 중국은 성공한 이유이기도 합니다.

차클   만약 중국 공산당의 경제적 업적이 줄어들면 민주화 요구가 등장하게
될까요?

조   저는 그렇게 예상하지 않아요. 민주화는 최악의 상황에 이르러서야 등
장합니다. 경제 문제를 예로 들어보죠. 학자들마다 견해가 다르지만,
대체로 경제성장률 3퍼센트면 집권세력이 비교적 안정적으로 권력을
유지할 수 있다고 합니다. 3퍼센트 정도면 작년이나 재작년보다 수입
이 조금씩 나아진 것이죠. 그러면 견딜 만해요. 사람들은 더 이상 못 견
딜 때까지 참다가 최악을 경험하게 되면 비로소 현 체제를 바꾸려고
합니다. 역사·문화적 요소도 굉장히 중요합니다. 중국 사람들은 혼란
상황에 대한 일종의 알레르기 반응 같은 것이 남아 있어요. 통합에 대
한 열망이 복합적으로 일어나기 때문에 경제성장률이 떨어진다고 해

서 당장 민주화 요구가 나타나진 않을 거라고 봐요.

차클 북한은 주변 사회주의 국가의 개혁개방 정책에 영향을 안 받았나요?

조 당연히 느낀 게 있겠죠. 문제는 어떻게 할 것인가, 그래서 성공 모델을 만들 수 있을 것인가예요. 잘 아시다시피 한 사회의 경제 체제는 크게 둘로 나뉩니다. 하나가 자본주의, 다른 하나가 사회주의죠. 자본주의와 사회주의를 나누는 기준은 생산 수단의 소유 형태예요. 자본주의는 개인의 소유를 인정합니다. 반면 사회주의는 사회적 소유를 실행해요.

차클 또 다른 차이도 있죠?

조 생산물의 유통 방식으로도 구분합니다. 자본주의는 시장을 통해 생산물을 유통하고 사회주의는 명령 내지 계획을 통해 유통을 하죠. 따라서 사회주의 국가가 개혁개방을 한다는 것은 사유화를 인정하고 시장화를 꾀하는 것이에요.

차클 중국은 어떻게 개혁개방을 성공으로 이끌었나요?

조 중국도 처음에는 자신이 없었습니다. 국가 주도하에 점진적으로 신중하게 개혁을 시작했어요. 먼저 농촌에서는 호별 영농을 통해 생산한 농산물들 중에서 잉여 생산물에 대해서는 사적 소유를 허용해주었어요. 그러니까 농촌에서 열심히 농사를 지어서 국가에 세금으로 납부할 생산물 외에 남은 농산물을 소유하거나 시장에 내다팔기 시작했어요. 자연스럽게 농촌에서부터 사유 재산과 시장이 생긴 것입니다. 다음으로 경제 특구를 지정해서 해외 자본과 기업을 유치해서 노동자들이 일할 수 있도록 만들어줬어요. 여기에서도 사적 소유가 폭발적으로 늘어났죠. 또 도시에 있는 실업자들에게는 자영업을 허용해줬어요. 그러자 도시의 자영업자들이 돈을 벌기 시작하면서 부를 형성하게 되었죠.

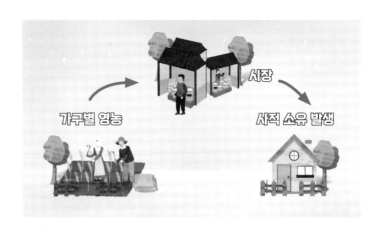

가구별 영농 → 시장 → 사적 소유 발생

차클 이후엔 개혁개방이 어떻게 진전됐나요?

조 1984년부터는 도시에 있는 국유 기업의 개혁을 시작했어요. 농촌에서처럼 기업에도 목표량을 제시하고, 목표를 달성한 이후부터는 인센티브제 방식을 도입했습니다. 예를 들어, 어떤 자동차 회사에 생산량 1000대라는 목표를 내려줘요. 과거에는 공장이나 노동자들이 목표량을 채우는 데 급급했지만, 인센티브제를 도입하자 3000대를 만들기 시작했어요. 목표량을 채우고도 남은 2000대는 시장에 내다팔아서 개인 재산을 만들 수 있으니까요.

차클 한마디로 중국에서는 정치적으로 밀어붙인 것이 아니라 잘살기 위해 노력하려는 유인을 만들어준 것이군요?

조 공산당은 기업이 비교적 자유롭게 생산할 수 있는 환경을 만들어주고, 목표를 달성하고 남은 제품을 시장에 내다팔 수 있도록 허용한 겁니다. 1990년대 초반이 되면 식량과 석유 등 중요한 제품을 제외한 나머지 생산물에 대한 시장 판매가 전면적으로 허용됩니다. 또한 국가가 소유한 토지·기간산업·철도·항만 등에 대해서도 경영권·점유권·개발권에 대한 소유도 가능해졌어요. 이렇게 약 15년에 걸쳐서 점진적으로 사유화와 시장화를 이룬 것입니다.

차클 정부 주도의 계획 경제가 시장의 성장을 감당할 수 있었을까요?

조 시장은 하나의 제도예요. 정해진 법과 질서 안에서 거래가 이루어지죠. 예를 들어서 A라는 사람이 은행에서 1억 원을 빌렸다고 생각해보죠. 금융 시장에서 금융 거래를 한 거예요. 그런데 빌린 돈을 갚지 않으면 월급에 대해 차압이 들어오고 그래도 끝까지 돈을 갚지 않으면 구속이 되겠죠. 여기에는 우리 눈에 보이지 않는 공권력이 개입돼 있어요. 시장도 어떤 식으로든 국가의 제도하에 존재하는 겁니다.

차클 그러니 중국의 공산당 일당제나 사회주의 체제 내에서도 경제가 폭발적으로 성장하지 못할 이유가 없다는 말씀이죠?

조 중국의 경우에는 제도가 안정돼 있는 게 주효했어요. 시장 경제가 계획 경제를 한 번에 대체한 게 아니라 계획 경제 속에서 성장해온 것이죠. 이렇기 때문에 시장 경제로 진입하는 이행비용이 적게 들었습니다. 사회·경제적 혼란이 매우 적었던 것이죠. 이와 같은 일관된 개혁개방 정책은 집단지도체제의 장점이 실현된 것이에요. 정책이 쉽게 바뀌지 않기 때문에 중국이 장기적으로 일관되게 정책을 추진할 수 있었죠. 물론 공산당 일당제가 집단지도체제가 아니라 1인 지배로 빠지면 문화대혁명처럼 국가 붕괴 직전의 상황까지 갈 수도 있습니다.

차클 북한 입장이라면, 소련보다는 중국 덩샤오핑의 경제 발전 전략을 따를 수밖에 없지 않을까요?

조 아마도 중국식을 따르겠죠. 그런데 앞에서 보았듯이, 소련 모델이 아니라 중국 모델을 따르려면 한 가지 전제 조건이 필요해요. 바로 정치 체제가 유지돼야 한다는 것입니다. 그래서 저는 북한 정치 체제가 붕괴되면 개혁개방을 제대로 할 수 없다고 생각합니다.

차클 북한도 중국처럼 점진적으로 개혁개방을 해야 한다는 말씀이신가요?

조 북한 정권이 국가 건설도 추진하면서 점진적으로 개혁개방을 해야 시장 경제 도입에 따른 이행 비용이 적게 들어요. 북한이 중국이나 베트남만큼 발전하게 되면 현재와 같은 갈등은 줄어들어 한반도 평화도 가능해질 것입니다.

차클 교수님은 북한이 개혁개방에 성공할 수 있다고 보시나요?

조 저는 김정은 위원장이 처음에 집권했을 때부터 가능성이 크다고 봤어요. 몇 가지 이유가 있습니다. 첫 번째는 김정은 위원장이 시장 경제를 안다는 점입니다. 어린 시절에 스위스에서 3년 동안 공부한 경험은 책으로 세상을 보는 것과는 완전히 달라요. 시장 경제가 나쁜 게 아니고 얼마나 효율적인 시스템이라는 것을 체험적으로 알고 있다는 겁니다. 이게 아주 중요해요.

차클 덩샤오핑과 마찬가지로 시장 경제를 직접 경험했다는 것이죠?

조 맞습니다. 북한이 개혁개방에 성공할 것이라고 보는 두 번째 이유는 바로 북한이 1인 지배 체제라는 것입니다. 김정은 위원장의 결정에 따라 일사불란하게 움직일 수 있어요. 또 세 번째 이유는 중국과 베트남의 성공 사례가 있다는 것입니다. 만약 중국과 베트남이라는 선례가 없다면 개혁개방을 추진하려는 이유를 북한 주민들에게 설득하는 데 어려움을 겪을 수 있어요. 하지만 이미 중국과 베트남의 성공 사례가 있으니 그럴 필요가 없죠.

차클   북한에도 개혁개방에 저항할 기득권층이 있지 않을까요?

조   그렇죠. 현재의 집권층은 기득권을 놓치는 것을 가장 두려워할 수 있습니다. 하지만 중국과 베트남의 성공 사례가 있으니 개혁개방을 추진해도 권력을 유지할 수 있다는 말이 설득력을 갖게 되죠. 중국과 베트남의 성공 사례가 없었다면 당·정 간부를 설득하기 위해 밤새도록 논쟁해야겠죠. 북한 주민들은 저항할 이유가 없습니다. 개혁개방을 추진하면 먹고사는 문제를 해결할 수 있을 테니까요. 덩샤오핑의 3단계 발전 전략 같은 특별한 논리도 필요 없어요. 그냥 중국과 베트남의 성공 사례를 보여주면 다 설명이 되니까요.

차클   김정은 위원장은 자신이 추진하는 개혁개방을 성공시켜야 오히려 권력을 지킬 수 있는 것 아닐까요?

조   바로 그것이 북한의 개혁개방이 가능할 것이라고 보는 네 번째 이유입니다. 김정일의 고민과 김정은의 고민은 달라요. 김정일 위원장은 연로했던 탓에 어떻게 권력을 순조롭게 대물림할 수 있을까를 걱정했어요. 반면 김정은 위원장은 상대적으로 나이가 어려요. 그러니 북한 주민들을 잘 이끌어가면서 잘 먹고 잘살 수 있게 해줘야 자신의 권력을 지킬 수 있다는 걸 깨닫고 있을 거예요. 이런 이유들을 생각해보면 저는 북한이 개혁개방을 추진하고, 추진하면 성공할 가능성이 있다고 봅니다.

덩샤오핑의 전략은 아직도 유효한가

"덩샤오핑의 꿈은 경제 발전이었습니다. 그가 1978년에 시작한 '제1의 개혁'을 통해서 중국을 부유하게 만들었듯이, 시진핑은 자신이 추진하는 '제2의 개혁'을 통해서 중국을 강하게 만들겠다고 했습니다. 시진핑이 제시한 새로운 키워드는 혁신이에요. 혁신을 통해 산업 구조를 더욱 고도화하고, 동시에 중국을 더 전면적으로 개방하자는 것이죠. 혁신과 개방의 목적은 국민 생활의 향상입니다. 결국 두 사람이 그린 중국은 하나로 이어지고 있어요."

● ● ●

차클 덩샤오핑이 개혁개방을 통해 경제 발전을 이루는 걸 목표로 뒀다면, 오늘날 시진핑이 이끌고 있는 중국은 어떤 목표를 향해 가고 있나요?

조 우선 현재의 중국 상태를 살펴볼 필요가 있습니다. 중국은 다른 나라에서 100년이나 200년에 걸려서 이루어낸 성장을 40년 만에 달성했죠. 하지만 급속한 경제 성장은 빈부 격차를 심화시켰어요. 상위 10퍼센트와 하위 10퍼센트의 소득 차이가 1988년에는 7.3배에 불과했는데, 2010년에는 23배로 증가하죠. 세계에서 계층 간 빈부 격차가 가장 심한 국가 중 하나가 됐어요. 지역 격차도 심해졌습니다. 가장 잘사는 상하이시와 가장 못사는 귀저우성의 1인당 GDP가 2002년에는 12.9배였습니다. 2011년에 5.1배로 줄었다고 발표는 했지만, 통계 외적인

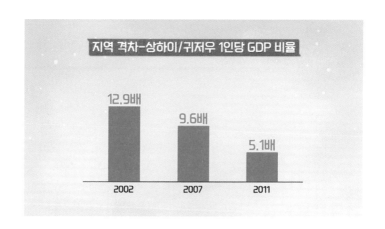

지역 격차-상하이/귀저우 1인당 GDP 비율

12.9배
9.6배
5.1배

2002   2007   2011

요소를 감안하면 저는 저렇게 줄어들지 않았다고 봐요.

차클 그만큼 중국 내에서 불만이나 갈등의 목소리가 커졌겠군요?

조 그렇습니다. 그래서 민주화에 대한 요구가 나오기도 해요. 한족과 소수 민족 간의 관계에서 한족들이 상대적으로 경제적인 우위를 차지하고 있다는 불만도 나와요. 지역별로도 연해 지역과 내륙 지역의 격차가 심해졌습니다. 대부분 한족은 연해 지역에서 경제 발전을 이룩했고, 소수 민족들은 주로 내륙 지역에서 저발전 상태에 있었습니다. 바로 이것이 덩샤오핑의 개혁개방이 후세에 남겨놓은 숙제입니다.

차클 오늘날 중국 공산당은 덩샤오핑이 중국 국민들을 설득했던 것처럼 14억 인구의 중국 국민들을 이끌 만한 리더십을 갖고 있나요?

조 공산당 일당제는 권력 집중 체제입니다. 과정보다 효율을 중시하고 결과를 중시하죠. 만약 권력을 가진 소수의 사람들이 개인적 이득을 취하려 들면 문제가 발생합니다. 그게 곧 부패예요. 국제투명성기구에서 발표한 2017년 부패인식 지수에서 중국은 180개국 중 77위를 기록했어요. 미국과 독일 등 선진국은 모두 10위권 이내에 들어요. 중국은 매관매직, 뇌물수수 등 사회 곳곳에 부패 문제가 심각한 상태입니다. 2012년 중국 청년보 여론조사에서 시진핑 정부에 기대하는 것을 조사했는데, 무려 77.8퍼센트가 반부패 활동을 꼽았다고 해요.

차클   권력이 너무 집중돼 있는 구조 때문에 부패 문제를 통제할 수 없다는 건 사회주의 체제의 숙명이 아닐까요?

조   그렇죠. 민주주의 체제에는 부패를 막는 다양한 제도가 있죠. 바로 선거 제도가 그런 역할을 해요. 좋은 사람을 뽑는 것보다 마음에 안 드는 사람을 4년이나 5년 후에 쫓아낼 수 있는 임기제한, 이것이 바로 선거 제도가 가진 최대의 장점이죠. 공산당 체제에는 이런 감독 기능이 없어요. 시민 사회도 없고, 언론의 감시도 없어요. 물론 중앙 정부가 지방 정부를 감독하긴 하지만 빈틈이 생길 수밖에 없어요. 이러한 과제를 시진핑의 정부가 해결해야 하는 것이죠.

차클   그렇다면 시진핑은 어떤 미래를 제시하고 있나요?

조   2017년 10월 베이징에서 중국 공산당 19차 전국대표대회(일명 당 대회)가 개최되었어요. 이때 시진핑 총서기가 중국의 미래를 위한 로드맵을 제시했습니다. 그러면서 그동안 중국이 발전해온 단계를 설명했어요. 먼저 '마오쩌둥은 중국을 우뚝 일어서게 만들었다(站起來)'고 했어요. 중국을 일본 제국주의로부터 독립시켰고, 국민당 통치에서 해방시켰다는 것이죠. 또 '덩샤오핑은 중국을 부유하게 만들었다(富起來)'고 했습니다. 개혁개방을 통해 국민들을 잘살게 해주고 현대의 중국을 만들었다는 것이죠. 시진핑 본인은 '중국을 강한 국가로 만들겠다(强起來)'고 했습니다. 정치학적 개념으로 표현하면 슈퍼 파워가 되겠다는 거예요.

위대한 혁명가들의 업적에 뒤이어 자기는 중국을 초강대국으로 만들 겠다고 천명한 거예요.

차클   덩샤오핑이 그랬듯 시진핑도 그 약속을 지키고 있지 않나요? 시진핑 이 어떤 사람인지에 대해서도 자세히 듣고 싶습니다.

조   시진핑의 아버지인 시중쉰에 대한 이야기부터 시작해보죠. 1962년 시중쉰이 정치적 사건에 휘말리는 바람에 숙청당해 시골로 추방당해 요. 1966년에 문화대혁명이 시작되면서 시진핑은 반동 집안의 자식 이라는 이유로 고초를 겪었죠. 중학교 2학년 때 16세의 나이로 아버지 시중쉰의 고향인 산시성(陝西省)으로 이른바 '하방(下放, 사상개조를 위해 농촌이나 공장에서 노동에 종사하게 한 운동)'을 갑니다. 당시 산시성의 토굴에서 7년을 살았습니다. 시진핑은 그곳에서 자기가 일생 동안 배워야 할 것 을 다 배웠다고 해요. 매일같이 짐을 지고 옮기는 등의 일을 열서너 시 간씩 하면서도 끊임없이 농민들과 소통하며 인내력도 배운 것이죠. 무 엇보다 가장 커다란 소득은 중국의 현실을 파악한 것이었다고 자서전을 통해 밝히고 있어요. 온실 속에서 자랐거나 화려한 배경 속에서 자란 사람이 아니란 것이죠.

차클 밑바닥에서 구르던 시진핑이 어떻게 공산당에 들어가게 되었나요?

조 1973년에 공산당에 입당하게 됩니다. 그런데 무려 열 번을 퇴짜를 당하고서 열한 번째에 입당을 한 거예요. 아버지가 반동분자라는 이유 때문이었죠. 이렇게 열 번이나 퇴짜를 맞은 조직에 들어가기 위해서 열한 번이나 시도를 했다고 하면 보통 두 가지 경우로 볼 수 있습니다. 공산당을 통해서 이득을 얻으려는 기회주의자이거나, 공산당에 대한 신뢰가 굉장히 강하거나 둘 중 하나로 나뉘죠. 시진핑의 경우에는 후자에 해당됩니다.

차클 공산당에 들어간 이후에는 어떤 경력을 쌓았나요?

조 중국의 명문 대학인 칭화대학을 졸업한 후, 1979년에 국방장관인 경뱌오의 부관이 됐어요. 국방장관의 곁에서 군 계통에 대해 배우게 됩니다. 혁명 원로였던 아버지도 복권이 되면서 인맥을 확장하게 되죠. 이때 이후로 시진핑은 군과 관련된 업무를 한 번도 놓은 적이 없습니다. 그래서 현 지도자 중에서 군을 가장 잘 알고 있고, 군에서 신뢰받는 지도자가 될 수 있었던 것입니다. 군에서 신뢰를 얻은 덕분에 덩샤오핑도 하지 못한 군사개혁에 손을 댈 수 있는 것이죠.

차클 중국 국민들을 위한 행보는 없었나요?

조 이후 시진핑은 군 업무를 그만두고 중국의 가난한 지역에서 3년간 일했어요. 우리로 따지면 농촌 지역의 군수를 지낸 것이죠. 그리고 개혁개방의 선두 격인 푸젠성과 저장성을 거쳐 상하이시 당서기를 역임합니다. 공산당 중앙으로 올라오기까지 20년 넘게 빈곤 지역부터 개혁개방의 선두 지역까지 경제 발전의 역사와 함께하면서 정치적 입지를 다진 것이죠. 이후 2007년 공산당 17차 당 대회 때 중앙정치국 상무위원회에 뽑혀서 총서기 후보가 되었고, 마침내 2012년 공산당 18차 당 대회에서 총서기에 선출되면서 시진핑 시대가 열리게 되죠.

차클 　덩샤오핑이 그린 중국과 시진핑이 그린 중국은 어떤 연결고리를 갖고 있나요?

조 　덩샤오핑의 꿈은 경제 발전이었습니다. 덩샤오핑이 1978년에 시작한 '제1의 개혁'을 통해서 중국을 부유하게 만들었듯이, 시진핑은 자신이 추진하는 '제2의 개혁'을 통해서 중국을 강하게 만들겠다고 했습니다. 시진핑이 제시한 새로운 키워드는 혁신이에요. 혁신을 통해서 중국의 산업을 더욱 고도화하고, 동시에 더욱 전면적으로 개방하는 것이죠. 혁신과 개방의 목적은 국민 생활의 향상입니다. 결국 두 사람이 그린 중국은 하나로 이어지고 있어요.

차클 　공산당 총서기가 된 이후에는 어떤 행보를 보였는지 설명해주세요.

조 　첫 번째 대외활동으로 정치국 상무위원 여섯 명과 함께 '중국의 꿈'을 제시했습니다.

"중화민족의 위대한 중흥(中興)을 실현하는 꿈은 모든 중국인의 숙원입니다. 중화민국의 부활은 결코 쉬운 목표가 아닙니다. 중국 공산당 창당 100주년(2021년)에 소강사회를 이루고, 건국 100주년이 되는 2049년에 부강중국을 건설하기 위해 힘찬 발걸음을 내디딜 것입니다."

차클 　중국인들은 이 같은 시진핑의 연설을 어떻게 받아들이나요?

조   이 연설에서 중흥(中興)이라는 말이 중요합니다. '거듭 중' '흥할 흥'을 써서, 다시 한번 일어선다는 의미를 담고 있어요. 다시 말해, 중국은 역사적으로 세계의 중심이었고, 이제 다시 그런 지위를 차지하겠다는 뜻입니다. '중화민족의 위대한 중흥을 이룩하자'는 말은 시진핑 개인의 꿈이 아니에요. 중국 역사상 가장 번성했던 때를 생각해보세요. 당나라는 지금의 중국을 넘어설 정도의 위세를 자랑했어요. 당시 중국은 전 세계의 인재들이 모여드는 기회의 땅이었죠. 수많은 민족을 받아들인 덕에 당시 군대에는 한족뿐만 아니라 여러 소수 민족과 아라비아인들까지 소속돼 있을 정도였으니까요. '당나라 군대'라는 말도 그래서 나온 겁니다.

차클   그러고 보니 교역의 상징인 실크로드(Silk Road)도 당나라 때 가장 활발하게 이용됐다죠?

조   맞습니다. 실크로드는 고대 중국과 서역 간에 정치·경제·문화를 이어준 교역로죠. 학자들은 당시 세계 GDP의 40퍼센트를 중국이 차지하고 있었다고 추산해요. 이후 청나라 건륭제 때는 영토가 현재 중국 영토의 1.5배 가까이까지 확장됐었죠. 당시 청나라가 전 세계 GDP의 30퍼센트 정도를 차지하고 있었고요. 앞서 2017년 중국의 GDP가 전 세계에서 16퍼센트 정도를 차지한다고 했죠? 불과 250년 전 중국의 GDP와 비교해보면 과거에 비해 절반에도 못 미치는 수준으로 떨어져버린 거예요. 그러니 중국인들 입장에서는 자신들이 다시 일어서야 한다고 생각할 만하죠. 시진핑이 말하는 중국의 꿈이 설득력을 얻을 수밖에 없어요.

차클   지금 한국의 젊은 세대들은 국가가 국제적으로 위세를 떨치는 것보다 개인이 잘사는 것에 더 큰 관심이 있는 것 같아요. 중국의 경우에는 아닌가 보죠?

조 민주화 이후에는 개인의 권리를 먼저 생각하는 게 맞아요. 문제는 균형점을 찾아야 되는 거죠. 중국은 집단주의적 성향이 강한 사회예요. 시진핑이 내세운 중국의 꿈이라는 비전은 중국의 지식인과 지도자와 국민이 충분히 공감할 수 있는 목표입니다.

차클 중국의 꿈을 실현하려면 중국이 시장 경제를 더 발전시켜야 한다고 보세요?

조 중국이 모든 분야에서 급속한 성장을 이루고 세계의 어떤 나라보다 앞서나가는 것을 보면 시장 경제에 완벽하게 적응했다고 생각할 수 있겠죠. 그런데 중국의 전체 역사를 한번 살펴보면 사실 중국은 오랜 역사를 지나오는 동안 시장을 받아들이지 않은 적이 없어요. 단지 1949년부터 1978년까지 30년간만 계획 경제를 실행한 거예요. 이미 당나라 때부터 전 세계를 상대로 비즈니스를 했던 나라였으니까요. 그런데 불과 30년 정도 시장을 받아들이지 않았다고 비즈니스 DNA가 그렇게 쉽게 없어지지 않았겠죠?

차클 그러네요. 반대로 30년 정도 시장 경제를 국가 운영 체제에 도입하지 않았을 뿐인데 국민들이 굶어 죽을 만큼 빈곤해졌던 건 왜일까요?

조 여기에서 짚고 넘어갈 부분이 있습니다. 당시에도 중국의 경제 성장은 멈추지 않았어요. 마오쩌둥 시대에도 5퍼센트 이상 성장했습니다. 중국의 국민들이 굶어 죽게 된 것은 중화학공업 우선 전략을 추진했기 때문입니다. 예를 들어 100억 원의 예산을 청년 실업자들이나 아이들을 위한 복지정책에 쓴다고 생각해보죠. 그럼 GDP에는 잡히지 않지만, 생활은 윤택해져요. 성장률이 0퍼센트일지라도 삶의 질을 개선하는 데는 도움이 되겠죠. 그런데 똑같은 100억 원이라는 예산을 도로 건설을 하고 건물을 세우는 데 쓰면 성장률에 그대로 잡힙니다. 그런데 도로 위를 달리는 자동차가 없다면 무슨 의미가 있을까요? 즉, 성장은 했는데 굶어 죽는 사람들이 발생할 수밖에 없겠죠. 바로 그래서 대약진운동은 잘못된 경제 정책이 낳은 비극인 것이에요.

차클　몰랐던 내용이에요. 그렇다면 시진핑은 중국의 꿈을 달성하기 위해 어떤 전략을 제시했나요?

조　우선 덩샤오핑이 1980~1990년의 온포 사회 건설, 1990~2000년의 소강 사회 건설, 2000~2049년까지 부유 사회 건설로 나누어 제시했던 기존의 3단계 전략을 약간 수정했어요. 세부적으로 두 단계를 추가해서 꿈을 이루겠다고 했습니다. 2020년까지 '전면적인 소강 사회'를 건설하는 것이 첫 번째입니다. 즉, 절대 빈곤층이 없는 사회를 만들겠다는 것이에요. 두 번째는 2049년에 달성하겠다던 '부유 사회'를 앞당

거서 2035년에 달성하겠다고 했어요. 자신감이 붙은 것이죠. 세 번째로 2050년에 세계 강대국이 되겠다고 선언했죠.

차클 시진핑이 덩샤오핑의 전략을 수정한 근거는 무엇인가요?

조 이전에 초강대국(superpower) 간에 세력 교체가 이루어진 전례가 있어요. 바로 영국에서 미국으로의 세력 이동이죠. 그 과정을 살펴보면, 먼저 GDP 면에서 추월합니다. 미국의 GDP가 영국의 GDP를 처음 추월한 것이 1872년 무렵이었어요. 그런데 실제로 미국이 영국을 대신해서 슈퍼 파워 자리를 차지하게 된 것은 제2차 세계대전 이후인 1945년 무렵이에요. 미국이 무역 자유화를 위해 달러를 기축통화로 설정한 브레튼우즈 체제(Bretton Woods system)가 등장하고 1년 후죠. 이를 보면, 미국이 영국을 GDP에서 추월한 지 70년 만에 슈퍼 파워가 된 거예요. 군사력·외교력·소프트 파워를 아우르는 모든 분야에서 세력 교체가 이루어졌죠. 중국이 그런 세력 교체의 역사를 토대로 계산을 해봤더니 지금 추세대로 GDP가 성장한다면 2025년에서 2030년 사이에 미국을 추월하게 된다는 거예요. 그러면 GDP로 미국을 추월한 지 대략 30년 만에 다른 분야도 추월할 수 있겠다고 판단한 거죠.

차클 시진핑이 말하는 '제2의 개혁'이란 무엇인가요?

조 전면적 개혁을 의미해요. 베이징·톈진·상하이 같은 대도시의 최대 과제가 무엇일까요? 바로 미세먼지를 포함한 환경 문제예요. 중국의 기본적인 정책 목표 중 하나가 바로 환경 문제입니다. 최근에 중국에서는 스모그를 35퍼센트나 줄일 만큼 대대적인 환경오염 완화 정책을 쓰고 있어요. 전기 오토바이를 보급하고 디젤이나 가솔린 오토바이를 거의 없애버렸어요. 중국은 이미 미국을 앞질러 세계 최대 자동차 소

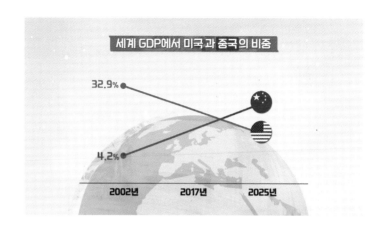

세계 GDP에서 미국과 중국의 비중

32.9%

4.2%

2002년   2017년   2025년

비국이자 생산국이 됐습니다. 하지만 베이징·톈진·선전 같은 도시에서는 싱가포르 방식을 도입해서 번호판을 쉽게 따지 못하도록 제한하고 있어요. 추첨을 하는 데다 번호판을 받아도 한화 500만 원 정도를 내야 합니다. 대신에 하이브리드카나 전기차를 사게 되면 번호판을 쉽게 받을 수 있어요. 차량 구입비의 3분의 1을 국가가 보조금으로 주기도 합니다.

차클   중국은 세계의 공장이라고 불리기도 하잖아요. 공장에서 배출하는 오염에 대한 개선책도 마련했나요?

조   물론입니다. 매년 공해를 유발하는 굴뚝들을 2000개씩 없애고 있어요. 석탄 발전소에는 분진 시스템을 반드시 갖추도록 했고요. 영세 탄광을 1년에 500개씩 없애고 있어요. 이처럼 환경 정책을 실행하는 데 1년에 200조 원씩 쓰고 있어요. 우리나라 1년 예산이 450조 원인 것과 비교하면 어마어마한 예산이죠. 그렇게 약 3년 정도 환경 정책을 실시한 결과 지금 베이징이나 상하이 같은 곳을 가보면 이전과는 완전히 달라졌어요. 숨 쉬기가 한결 편해졌고요. 이제 한국도 중국 탓을 하는 것과 별개로 미세먼지를 자체적으로 해결하려는 노력을 더 강화해야 한다고 생각합니다.

차클 시진핑의 중국의 꿈은 이른바 '일대일로(一帶一路, One belt, One road)'와도 깊은 관련이 있다고 들었어요.

조 맞아요. 현대판 실크로드로 불리는 일대일로는 중국의 꿈을 실현하는 대외 정책의 핵심이라고 할 수 있습니다. 여기서 일대란 육상 실크로드를, 일로는 해상 실크로드를 의미합니다. 유라시아부터 아프리카까지 이어지는 여섯 개의 경제 회랑을 건설하겠다는 계획이에요. 고속철도나 도로를 깔고 인프라를 구축하는 것이죠.

차클 어마어마한 계획인데 자금은 어떻게 확보하나요?

조 이를 위해 중국은 1000억 달러 규모의 아시아 인프라투자은행(Asia Infrastructure Investment Bank)을 설립했습니다. 한국도 여기에 참여하고

있습니다. 또한 브릭스(브라질, 러시아, 인도, 중국, 남아프리카공화국)가 1000억 달러 규모로 설립한 신개발은행(New Development Bank)도 있고, 중국이 독자적으로 만든 400억 달러의 실크로드 펀드(Silk-road Fund)도 있습니다. 그 밖에도 중국의 국책은행인 건설은행(建設銀行)은 9000억 달러의 투자금을 갖고 있습니다. 참고로 중국은 철강 산업이나 시멘트 산업에서 과잉 생산을 하고 있어요. 그런데 각국에 여러 인프라를 구축해야 하는 일대일로는 중국의 과잉 생산 해소책이 됩니다. 이와 함께 중국은 2014년에 러시아로부터 천연가스를 공급받는 4000억 달러 규모의 계약을 맺기도 했어요.

차클　중국이 일대일로를 통해 세계로 세력을 확장하려는 의도가 읽힙니다.

조　맞아요. 이는 단순히 경제 정책이 아니라 일종의 외교 전략입니다. 덩샤오핑은 유언으로 중국 공산당이 하지 말아야 할 두 가지를 당부했습니다. 하나는 소련처럼 민주화 개혁을 하면 안 된다는 것입니다. 그랬다가는 중국도 민족 분열을 겪어 망한다고 생각했기 때문이에요. 다른 하나는 미국과 군비 경쟁을 하지 말라는 것입니다. 소련도 결국 미국과 군비 경쟁을 하다가 망했으니까요. 대신에 중국의 장점인 경제력을 이용해 세력을 확장하려는 거죠. 한국을 비롯한 주변 아시아 국가들에게 앞으로 누구와 함께 먹고살 것인지를 묻고 있는 것이나 마찬가지예요. 반면 미국은 아시아 국가들에게 중국의 위협으로부터 지켜주겠다고 말하고 있는 것이죠.

차클　한국의 경우는 중국의 일대일로 전략에 어떻게 대응하고 있나요?

조　문재인 정부 들어서 신 북방정책과 신 남방정책을 추진하고 있습니다. 신 남방정책은 아세안(동남아국가연합) 국가와의 협력을 강화하려는 정

책입니다. 실제로 베트남을 중심으로 하는 동남아시아 지역으로 투자
를 다각화하고 있습니다. 신 북방정책은 유라시아 국가들과 물류 및
에너지 인프라를 연결해 새로운 성장 동력을 얻으려는 정책이에요. 이
런 정책은 지난 정부에서도 추진했었습니다. 문제는 북한과의 관계를
풀지 않으면 한국은 섬과 같은 위치에 놓이게 된다는 겁니다. 신 북방
정책을 제대로 추진할 수도 없어요. 단적인 예로 우리가 러시아의 값

싼 천연가스를 들여오려고 해도 북한에서 막기 때문에 불가능해요. 만약 북한을 통해 가스관을 연결하면 일본까지도 연결할 수 있어요. 또 남북한의 철도를 잇게 되면 시베리아 횡단열차와 중국 횡단열차를 통해 훨씬 싼 가격에 빠르게 물류를 이동시킬 수 있죠.

차클 정치나 안보는 차치하더라도 경제적 이유 때문에라도 북한이나 중국과의 공조가 필요한 상황이군요?

조 그렇습니다. 남북한의 문제가 중국이 추진하고 있는 일대일로 정책과 긴밀하게 연결돼 있어요. 우리가 어떻게 참여하느냐에 따라 엄청난 시너지 효과를 기대할 수 있죠. 그렇게 중국·러시아와 함께 톱니바퀴처럼 맞물리게 되면 북한의 경제 문제를 우리만 떠안을 필요가 없어요. 갈등과 분열이 쉽게 일어나지도 않을 겁니다.

차클 미국의 입장에서는 한국이 중국·러시아와 협력하려는 것을 보고 경계하지 않을까요?

조 지금 단계에서 그렇게 이분법적으로 편 가르기를 하는 얘기들을 신경 쓸 필요가 없어요. 중국 편을 들 것인지, 미국 편을 들 것인지가 중요한 문제가 아니에요. 중국의 성장은 기정사실입니다. 우리가 막을 수 있거나 피할 수 있는 것도 아니에요. 또 미국이 하루아침에 무너질 나라도 아니죠. 이럴 때 중요한 문제는 우리가 어떻게 균형을 잡느냐에 달려 있습니다.

차클 이 문제로 국론이 분열되는 듯한 양상이잖아요. 해법이 있을까요?

조 지금 단계에서 가장 필요한 건 우리의 중심을 잡는 것입니다. 원칙을 세워야 해요. 하지만 한국 정치는 정권이 바뀌면 모든 정책이 바뀌어버리죠. 서로 어떻게 합의를 만들어내고 이끌어낼 것인지가 중요한 문제예요. 정치적으로 굉장히 불안정해 보이고 중심을 잃은 것처럼 보이는 것도 그런 이유 때문입니다. 또한 우리의 독자적인 활동을 위해서는 우리 스스로 매력적인 나라임을 전 세계에 증명해야 해요. 예를 들어 스위스나 네덜란드 같은 나라들은 굉장히 매력적인 나라라고 여겨지죠. 덩치는 작아도 삶의 질이 현격히 높은 나라들이에요. 인간적인 삶을 누릴 수 있는 나라, 민주주의를 꽃피우고 사회적 정의가 살아 있는 나라로 인식되고 있어요. 우리도 그런 나라가 될 수 있습니다. 한국은 정치적으로 굉장히 모범적인 국가입니다. 민주화의 의지가 한 번도 꺾여본 적이 없었어요. 1987년 이후 경제 성장도 계속 이어져왔어요. 1997년과 2008년 두 번의 경제위기도 잘 견뎌냈습니다. 이런 장점들을 전파할 수만 있다면 누구도 우리를 무시할 수 없을 거예요. 저는 '한류'에서 희망을 봤습니다. 단순히 우리의 문화가 전 세계로 퍼져나가서 경제적으로 이득이 된다는 관점에서만 보지 않았으면 좋겠습니다. 우리의 문화를 세계에 전파했듯이 우리가 가진 경제적·정치적·사회적 장점들을 전파해나가야 합니다.

시진핑의 경제 정책은 무엇인가

"중국의 14억 명이나 되는 인구는 가난하고 돈이 없는 시기에
는 먹여 살려야 하는 부담일 뿐입니다. 그런데 만약 일정한 수
준의 경제력을 가지게 된다면 유효 구매력을 가진 엄청난 시
장이 되는 것이죠. 기업들의 입장에서도 확실한 판로가 생기는
거예요."

• • •

차클   시진핑이 추진하는 경제 개혁에 대해 좀 더 알려주세요.

조   먼저 부채가 빠르게 증가하고 있는 국유 기업을 살펴볼게요. 국유 기
업은 세 가지 형태가 있습니다. 중앙 정부에 속한 국유 기업, 지방의
성(省)에 속한 국유 기업, 시(市)에 속한 국유 기업으로 나눌 수 있어요.
만약 중국의 한 도시에서 5만 명 정도의 직원을 가진 국유 기업이 적
자에 시달리고 있다고 생각해보세요. 그렇다고 그 지방 정부에서 적
자 기업을 쉽게 도산시킬 수는 없는 일이겠죠. 고육지책으로 국유 은
행의 돈을 가져다가 틀어막아서 간신히 파산을 면하게 해줘요. 이렇
게 적자 상태인 데다 회생 가능성이 없는 기업들을 중국에서는 '좀비
기업'이라고 해요. 이런 좀비 기업들이 늘어나면서 국가 부채가 계속

늘어나고, 그 결과 정작 예산을 써야 할 곳에 쓰지 못하게 됩니다. 게다가 국유 기업에서 과잉생산을 계속하는 것도 문제예요. 앞서 얘기했듯 철강이나 시멘트가 모두 과잉생산 상태거든요. 그래서 국유 기업에 대한 전면적인 개혁을 하고 있어요.

차클 시진핑이 내세운 개혁 이념의 방향은 무엇인가요?

조 기본적으로 혁신·균형·녹색·개방·공동향유를 5대 발전 이념으로 삼고 있습니다. 2018년 헌법 개정 때도 중국이 추구하는 경제 발전 이념을 포함시켰어요.

차클 5대 발전 이념 중에서 가장 강조하는 것이 있나요?

조 혁신이에요. 2000년대 이후 중국 경제를 규정하는 키워드를 하나만 뽑으라면 혁신입니다. 다음으로 중고속 성장이고요. 더 이상 고속 성장을 고집하지 않겠다는 것입니다. 그러면서 제시한 성장률이 6~7퍼센트 성장이에요. 물론 여전히 높은 수치죠.

차클 중국만큼 발전한 국가에서 6~7퍼센트의 성장률을 유지하는 것은 쉽지 않은 일 아닌가요?

조 지금 우리가 잠재성장률 3퍼센트도 채우지 못하는 상황에서 중국이 6~7퍼센트의 경제성장률을 설정한 배경을 생각해봐야 해요. 정당은 권력 장악이 목적이고, 기업은 이윤 추구가 목적이죠. 공산당은 국민의 신뢰를 잃으면 권력을 잃게 되죠. 따라서 공산당은 대외적으로는 외세에 굴복하는 모습을 보여선 안 돼요. 그랬다간 국민의 신뢰를 잃을 테니까요. 그래서 중국의 경우, 특히 시진핑 정부는 일본이나 미국에 굴복하는 모습을 보이지 않으려고 강경한 자세를 취하는 겁니다. 또한 국민에게 일자리를 제공하지 못하면 신뢰를 잃게 돼요. 이 때문에 일정한 성장률 목표를 고수하는 거예요.

차클 성장률 자체보다 국민들 먹고사는 문제가 제일 중요한 것 아닌가요?

조 그렇죠. 국내적으로 국민들이 가장 원하는 것이 무엇일까요? 결국 경제적 어려움, 특히 일자리 문제를 해결해줘야 해요. 일자리를 창출하지 못하면 공산당은 권력을 지속할 수가 없어요. 중국에서는 매년 대략 2000만 개의 일자리가 필요합니다. 매년 1500만 명 정도의 아이들이 새로 태어나고, 농촌에서 도시로 오는 사람에게도 일자리를 제공해야 하기 때문입니다. 물론 정확한 숫자가 아니고 추산일 뿐입니다.

차클 일자리를 해마다 2000만 개씩 만들 수가 있나요?

조 없죠. 2000만 개의 일자리를 다 만들어주면 완전 고용이에요. 그런 것은 불가능합니다. 중국은 대략 50퍼센트인 1000만 개의 일자리를 목표로 삼습니다. 그런데 2015년 이후 매년 무려 1300만 개의 일자리를 만들어냈어요. 초과 달성한 것이죠.

차클 어떻게 그리 많은 일자리를 만들어낸 것인가요?

조 일자리를 만드는 방식이 바뀐 것입니다. 전에는 제조업이 일자리 창출의 일등공신이었습니다. 지금은 창업이 일자리 창출의 중심입니다. 하루에 창업이 1만 8000개씩 이뤄지고, 그중 벤처 기업 또는 스타트업 창업이 1만 5000개나 됩니다. 결국 1년에 대략 650만 개의 새로운 기업이 만들어지고 있는 것이지요.

차클 우리나라와 비교하니 부러운 얘기네요. 벤처 기업 육성을 위해 어떤 제도가 있는지 궁금합니다.

조 원래 벤처 기업의 성공률은 5퍼센트 정도예요. 그래서 중요한 게 엔젤 펀드의 조성입니다. 자본이 부족한 벤처 기업에 자금을 지원해주는 펀드를 말해요. 중국에서는 벤처 기업이 실패를 하더라도 다시 창업을 할 수 있도록 인큐베이팅 시스템을 잘 마련해두었어요. 또한 창업 단지도 만들어서 다양한 지원을 해주고 있죠. 제조업의 경우 벤처 기업이 만들어낸 결과물을 상품화시킬 수 있도록 법적으로, 제도적으로 뒷받침을 하고 있어요.

차클 창업을 했다가 실패해도 다시 도전할 수 있는 시스템이 마련돼 있다는 거죠?

조 실패한 95퍼센트의 벤처 기업도 다시 일어날 수 있도록 지도하는 것이 중국의 성장 비결이에요. 서비스업의 경우에도 창업이 활성화돼 있어요. 2016년에 사회에 진출한 대졸자 765만 명에게 서비스업이나 사무전문직으로 창업을 유도했죠. 이렇게 일자리를 만들어내는 것이 중국의 힘이에요.

차클 중국이 언제부터 창업을 통한 일자리 창출에 적극적으로 나섰나요?

조 1990년대 중반부터 창업을 적극적으로 권장했습니다. 2017년에 한국 무역협회에서 중국의 대학생과 한국의 대학생 간의 창업률을 조사한 자료가 있습니다. 이 자료를 보면 한국은 0.8퍼센트에 불과하고, 중국은 8퍼센트에 달해요. 하지만 더 중요한 것은 창업한 사람들의 수예요. 중국에서는 매년 65만 명이 창업을 했어요. 반면 우리나라에서는 4500명에 불과하죠.

차클 어떻게 저 많은 대학생들이 창업에 나설 수 있었던 것일까요?

조 단순히 창업자가 많다는 것을 넘어서는 차이가 있어요. 중국의 학생들에게 창업을 하지 않는 이유를 물으면 대부분 아이템이 없어서라고 답해요. 그런데 한국 학생들에게 같은 질문을 하면 실패하면 끝이기

2017 한중 대학생 창업률

자료 출처 : 한국무역협회

VS

0.8%　　　8%

때문에 쉽게 시작하지 못한다고 답해요. 또한 좋은 아이디어로 창업을 해봐야 대기업에 빼앗기거나 실제로는 돈이 안 된다고 답하죠. 암담한 현실입니다. 게다가 창업에 성공해 일정한 궤도에 오르면 큰돈을 받고 기업을 팔아버리는 경우가 많죠. 그만큼 한국의 창업자들은 끝까지 하겠다는 생각이 없어요. 이런 상황에서는 미래에 대한 전망이 밝을 수가 없죠.

차클　중국에서 벤처 기업이 실패했을 때 어떤 식으로도 도와주는지 좀 더 알려주세요.

조　예를 들어 알리바바 같은 기업은 1420억 원 규모의 창업기금을 조성했어요. 다른 많은 기업들도 마찬가지예요. 이처럼 엄청나게 많은 엔젤 펀드가 조성돼 벤처 창업을 지원해요. 또 창업 단지가 한두 군데가 아니에요. 중국의 대도시에는 대부분 '과학기술구'라는 이름의 벤처 단지가 마련돼 있습니다. 창업을 적극적으로 권장하는 정부의 일관된 정책을 기반으로 꾸준히 성장하고 있죠.

차클   벤처 기업이 많이 몰려 있는 미국의 실리콘 밸리와 비교하면 어떤 게 다른가요?

조   실리콘 밸리의 창업 모델과는 근본적으로 달라요. 미국에서 애플과 같은 기업이 창업을 하려면 가장 먼저 새로운 아이디어 또는 특별한 기술이 필요합니다. 창업의 첫 출발점은 최고의 아이디어죠. 그 다음에 아이디어를 제품화하는 단계가 필요해요. 마지막 단계로 제품을 싸고 효율적으로 만들어서 시장에 판매해야겠죠. 그렇게 돈을 벌어서 다시 새로운 아이디어를 찾아요. 이처럼 '아이디어→제조→마케팅→아이디어' 식으로 움직이는 것이 바로 실리콘 밸리 창업의 모델이에요.

차클   중국의 창업 방식은 어떻게 다른가요?

조   중국에서는 실리콘 밸리의 방식을 바꿔버렸어요. 아이디어보다 제조와 시장을 통해서 벤처 기업을 살리는 방식이죠. 예를 들어볼게요. 전기 자동차나 수소 자동차가 좋다는 것을 모르는 사람은 없어요. 그런데 이런 자동차들을 만들려면 천문학적인 돈을 쏟아부어야 합니다. 단기간에 수익을 내야 하는 기업의 입장에서 보면 부담이 아닐 수 없습니다. 값이 워낙 비싼 데다 충전하기도 불편하고 디자인도 별로라 많은 사람들이 사려고 하질 않아요. 그런데 만약 국가 정책을 통해 이런 자동차를 생산해도 수익을 낼 수 있도록 보장한다면 어떨까요? 예를 들어, 관공서 차량의 10~20퍼센트 정도를 수소차나 전기차로 구매하는 것입니다.

차클   일단 만들어야죠.

조   중국은 그게 가능합니다. 14억 명이나 되는 인구는 가난하고 돈이 없을 때에는 먹여 살려야 하는 부담일 뿐입니다. 그런데 만약 일정한 수준의 경제력을 가지게 된다면 유효 구매력을 가진 엄청난 시장이 되는 것이죠. 기업들의 입장에서도 확실한 판로가 생기는 거예요.

차클 큰 시장이 장점이군요.

조 그렇습니다. 또 한 가지 생각해보죠. 아이디어가 좋은데 제품화시킬 기반이 없다면 소용이 없겠죠. 지금 선진국이 그런 상황입니다. 그런데 중국은 세계 최고의 제조 기반을 갖고 있어요. 광둥성 선전시 같은 세계 최고의 벤처 타운에서는 아이디어만 있으면 하루 이틀 만에 제품화시킬 정도예요. 그러니까 모든 아이디어를 제품으로 구현할 수 있는 벤처 환경이 조성돼 있는 게 정말 중요하죠. 반면 우리나라 같은 경우에는 창업을 하는 것 자체가 너무 힘들고 심지어 성공하더라도 제대로 보상을 받지 못해요. 지금부터라도 학생들, 젊은이들에게 투자해야 됩니다. 그러지 않으면 미래가 없어요.

차클 벤처도 그렇지만, 제조업의 경우에는 정말 이제 '대륙의 실수'라는 식으로 조롱할 수 없을 만큼 중국이 앞서나가고 있는 것 같아요. 그렇지 않은 분야가 있을까요?

조 도시화율을 한번 볼까요? 도시화율이란 전체 인구 중에서 비농업 인구가 차지하는 비율입니다. 2017년 중국의 도시화율이 57.5퍼센트라고 해요. 우리나라의 도시화율은 95퍼센트예요. OECD 국가는 대부분 85퍼센트를 넘죠. 중국의 도시화율이 낮은 데는 두 가지 의미가 있어요. 하나는 농업과 농민의 착취 속에서 경제 발전을 이뤘다는 것이고, 다른 하나는 성장 가능성이 높다는 거예요. 도시화율을 1퍼센트만 올려도 국가 전체적으로 1퍼센트 성장할 수 있다는 의미입니다.

시진핑은 어떤 중국을 꿈꾸는가

"중국의 외교는 부드러움과 강함을 함께 갖고 있습니다. 중국 스스로 자신들의 장점을 활용해 일대일로와 같은 전략을 가지고 주변 국가들이 품는 중국 위험론을 없애고 협력을 유도하려는 면이 있죠. 반면 강대국으로 부상하고 있는 중국의 '핵심이익(核心利益)'을 건드리는 행위에 대해서는 용납하지 않겠다는 의지를 굽히지 않아요. 영토나 주권, 경제 발전에 대해서는 절대로 양보하지 않겠다는 것입니다."

• • •

차클   시진핑을 '시황제(習皇帝)'라고 부르던데 그 이유가 무엇인가요?

조   시진핑의 권력 집중 문제를 살펴보려면 중국 엘리트 정치의 구조를 알아야 합니다. 중국의 공산당 당원이 약 8900만 명입니다. 그중에서 약 2000여 명을 뽑아서 5년에 한 번씩 공산당 전국대표대회(일명 당 대회)를 엽니다. 당 대회에서는 다시 200여 명의 정위원과 160여 명의 후보위원으로 구성되는 중앙위원회를 선출하고요. 중앙위원회는 보통 1년에 한두 번씩 열립니다. 가장 중요한 중앙정치국에는 25명의 위원이 속해 있고, 한 달에 한 번씩 회의를 엽니다. 실제로 정치국 위원들이 중국을 통치하는 최고의 정치 엘리트라고 보면 됩니다. 그중에서 다시 일상적으로 공산당을 통치하는 게 중앙정치국 상무위원회 7명입니다.

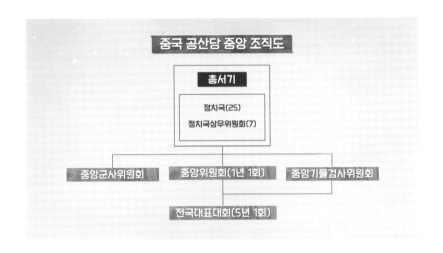

차클 시진핑은 공산당 총서기 외에도 직책을 갖고 있지 않나요?

조 그렇습니다. 중앙정치국 상무위원회 자체가 당·정·군 기관의 대표들을 다 모아놓은 거예요. 중국에서 가장 강력한 기관은 군입니다. 마오쩌둥이 '권력은 총구에서 나온다'고 한 것도 그런 이유 때문입니다. 중국에서는 대개 공산당 총서기가 중앙군사위원회(중앙군사위) 주석을 겸직하는데, 만약 각기 다른 사람이 총서기와 중앙군사위 주석을 맡으면, 총서기가 아니라 중앙군사위 주석이 실권자입니다. 과거에 약 2년 동안 후진타오가 총서기, 장쩌민이 중앙군사위 주석을 맡은 적이 있습니다. 이때 실권자는 장쩌민이었습니다. 현재는 시진핑이 공산당 총서기, 중앙군사위 주석, 국가주석을 겸하고 있습니다.

차클 총서기와 국가주석은 어떤 역할을 하나요?

조 국가주석은 명예직에 가까워요. 다른 국가를 방문할 때 공산당 총서기의 직함으로 방문할 수는 없으니까요. 그래서 국가주석이라는 직함을 써요. 공산당을 총괄해서 대표하는 총서기의 권력 중에서 가장 중요한 것은 인사권입니다. 그리고 개혁의 총 지휘자 역할을 합니다.

차클 공산당 내에서 정치, 외교 문제는 어떤 과정을 통해 결정하나요?

조 중국의 엘리트 정치에서는 집단 지도제가 자리 잡고 있어요. 먼저 중요한 정책은 정치국 상무위원들이 집단적으로 논의해 결정합니다. 또한 정치국 상무위원들은 각자 고유한 역할이 있습니다. 예를 들어, 총서기이자 중앙군사위 주석인 시진핑은 전체 개혁과 함께 군사 외교 문제를 책임집니다. 이를 합해 '집단 결정과 개인 분담의 결합 원칙'이라 부릅니다. 예를 들어, 북한이 미국이나 한국과 정상회담을 열어 개혁개방을 하려고 하는 상황이라면 중국은 북한을 지원할 것인지 말 것인지 결정을 해야겠죠. 그때 군사 외교를 담당하는 시진핑이 의제를 제안할 수 있어요. 만약 의제 제안권을 가진 사람이 의제를 내지 않으면 과거의 정책이 그대로 유지된다는 것을 의미해요. 경제 정책은 이를 담당하는 총리가 주로 제안합니다.

차클 정치국 위원과 상무위원들은 어떻게 뽑나요?

조 공산당의 중앙위원급 지도자와 전직 정치국 상무위원, 예를 들어 장쩌민·후진타오·주룽지 같은 사람들에게 의견을 구해서 뽑습니다. 후진타오 시기에는 약 400명이 모여서 후보로 추천된 200명 중에서 정치국원과 정치국 상무위원을 가리는 투표를 실시했어요. 시진핑 시기에는 투표 대신에 약 360명의 중앙위원급 지도자들에게 후보로 추천된 200명 중에서 누가 정치국과 정치국 상무위원회의 적임자인지를 물어봤어요. 이런 식으로 투표 혹은 추천을 통해 선발합니다.

차클 정말 엘리트 중의 엘리트들이 뽑히는 자리겠군요?

조 최소한 정치국원과 정치국 상무위원이 되려면 중앙위원들 다수의 동의를 얻어야 해요. 엘리트들이 합의를 통해서 선출하기 때문에 인사에 실패가 적고, 권력 교체가 평화롭게 이루어지죠.

차클 반대로 부정부패가 늘어날 소지도 높지 않나요?

조 지난 5년 동안 시진핑 총서기의 권한이 강화된 데에는 몇 가지 배경이 있습니다. 먼저 후진타오 집권 2기에 총서기의 권한이 너무 약화돼서 부정부패가 심해졌어요. 군에서도 부패 문제가 드러났고요. 개혁도 제대로 이루어지지 않았습니다. 게다가 2008년 세계 금융 위기가 일어나면서 공산당의 집권이 위태로울 수 있다는 위기의식도 커졌죠.

차클 문제가 된 대표적인 사건들이 무엇인가요?

조 권력 승계 과정에서 일부 사람들이 공산당 중앙의 결정에 승복을 하지 않는 문제가 발생했습니다. 충칭시 당서기였던 보시라이나 정치국 상무위원이면서 중앙 정법위원회 서기였던 저우융캉 같은 사람들이 대표적이죠. 이들은 시진핑과 리커창에게 권력이 승계되는 것에 동의하지 않았죠. 결국 중국의 최고지도자들은 후진타오 시기에 집단지도체제가 너무 방만하게 운영된 결과라고 판단했습니다. 이 문제를 해결하기 위해 공산당 총서기의 권한을 강화한 것입니다.

차클 시진핑이 총 몇 개의 직책을 가진 건가요?

조 공산당 총서기, 국가주석, 중앙군사위 주석 말고도 10여 개나 더 있죠. 그래서 일부 외국 언론에서는 시진핑에게 '직위 수집가(title collector)'라는 별명을 지어주었습니다. 반면 덩샤오핑은 1992년 초에 남쪽 지방을 순회하면서 꺼져가는 개혁개방의 불씨를 다시 살린 적이 있었습니다. '남순강화(南巡講話)'가 그것입니다. 당시 덩샤오핑은 아무런 직위도 없는 평당원에 불과했어요. 그게 바로 권위라는 것입니다. 말로 설명할 수 없는 권위죠. 시진핑은 마오쩌둥이나 덩샤오핑처럼 권위가 없기 때문에 공식 직위를 통해 이를 보완하려고 하는 것입니다.

차클 그렇다면 시진핑에겐 덩샤오핑만큼의 지도력은 없다고 봐야 하나요?

조 장쩌민·후진타오·시진핑과 같은 지도자들은 공식 직위를 차지함으로써만 권력을 획득할 수 있습니다. 반면 마오쩌둥이나 덩샤오핑은 혁명 원로로서 개인적 권위를 통해 권력을 행사할 수 있습니다. 시진핑이 여러 직위를 갖는다는 의미는 자기 권력이 약하다는 반증으로 볼 수 있어요. 그리고 중국에서는 새로운 총서기가 선출되는 5~10년 전에 후계자를 지정하는 관례가 있습니다. 2017년에 개최된 공산당 19차 당 대회에서는 그러지 않았어요. 그래서 시진핑이 2022년에 개최될 예정인 공산당 20차 당 대회에서 총서기를 한 번 더 하려는 것 아니냐고 의심을 하는 것이죠. 동시에 2018년 3월에는 국가주석은 2회밖에 연임할 수 없다는 규정을 헌법에서 없애버렸습니다.

차클 국가주석은 명예직이라고 했으니 의미가 없는 것 아닌가요?

조 공산당 총서기와 중앙군사위 주석은 당헌에 임기 제한이 없어요. 얼마든지 총서기 임기를 연장하고 중앙군사위 주석도 연장할 수 있다는 말이죠. 헌법에 명시된 국가주석 임기 문제만 풀고 나면 시진핑이 계속 집권해나갈 수 있다고도 볼 수 있죠.

차클 그렇군요. 시진핑이 강한 권력을 바탕으로 부정부패에 강력 대처하고 있다는 뉴스를 봤습니다.

조 중국의 부정부패 문제는 앞서 얘기한 것처럼 매우 심각해요. 이와 관련해 시진핑은 집권 1기에 "파리와 함께 호랑이도 때려잡는다"는 말을 했어요. 부정부패를 공산당과 국가의 생사존망이 걸린 문제로 보고, 최고위직 간부들의 부패 문제를 정조준한 것입니다. 전임 정치국 상무위원인 저우융캉이 구속된 것은 전에 없던 일입니다. 또한 공산당 중앙은 매년 두세 차례씩 지방 당·정 간부의 부정부패를 조사하기 위해 '중앙 순시조'를 파견했어요. 보통 중앙 순시조는 100여 명의 전문가를 대동하고 한 지역이나 국유 기업에 두 달 동안 머물면서 세부 내용을 상세히 검사합니다. 중국에서 장·차관급 이상의 부패 사범 중에서 70~80퍼센트는 이렇게 해서 적발되었습니다.

차클 그 결과 실제로 부정부패가 굉장히 많이 줄었나요?

조 중국 공산당은 우리나라의 자유한국당이나 더불어민주당 같은 정당의 개념과는 다른 집단이에요. 중국 전체 인구 중에서 각 분야의 엘리트 6퍼센트가 모인 조직이에요. 공산당의 기본적인 생각은 당이 부패 문제를 잘 알고 있으니 당이 주도해서 해결하겠다는 겁니다. 실제로 2018년에는 국가감찰위원회라는 별도의 기구를 만들었어요. 그리고 2013년부터 2017년까지 5년간 440명의 장·차관급 고위 지도자가 부패 혐의로 처벌되었습니다. 이는 매우 많은 숫자입니다. 그런데 저는 공산당이 자신의 힘만으로 부패 문제를 해결하려는 움직임에 대해 회의적이에요. 부패는 상급 기관에서 강하게 압박한다고 해서 해결될 문제는 아니에요. 제도적으로도 쉽지 않아요.

차클 권력이 집중돼 있다면 부정부패를 쉽게 적발할 수 있지 않나요?

조 예를 들어, 최고 권력 기구인 정치국 상무위원회는 구성원 상호 간에 내부적으로 견제하는 것 이외에는 달리 감독할 방법이 없습니다. 그런데 서로 감독한다는 걸 어떻게 믿어요. 결국 민주적 제도로 해결해야 해요. 선거가 바로 감독 기능을 하는 것 아니겠어요? 언론 자유도 보장해야겠죠. 이런 것들이 민주적 제도로 감독하는 것이에요. 다음으로 행정적 요소도 중요해요. 싱가포르 같은 곳에서는 모든 정보를 투명하게 공개해버리죠. 하지만 중국에서는 선거나 언론의 자유 없이 내부 감독으로 부패 문제를 해결하겠다는 겁니다. 중국엔 민주적 감독도 없고, 행정적 감독도 약하니 한계가 있을 수밖에 없어요.

차클 중국이 사회주의 국가라는 것을 실감하는 대목이네요.

조 시진핑은 사회를 엄격히 통제하고 있어요. '보편 가치, 헌정 민주주의, 역사 허무주의, 신자유주의, 개혁개방에 따른 회의론'에 대해서는 가르치지도 말고, 보도하지도 말라고 할 정도예요.

차클 보편 가치라는 것이 무엇인가요?

조 이른바 미국적 가치, '아메리칸 밸류(American values)'를 말합니다. 미국적 가치는 '시장, 민주, 자유, 법치'를 말하는데, 지난 수십 년 동안 이런 가치들이 전 세계로 확산되면서 보편 가치가 된 거예요. 중국에서는 사회주의 체제를 비판하거나 자유민주주의 체제를 긍정적으로 평가하는 영어 교재가 대학교에서 사용 금지되었습니다.

차클 캐나다 같은 곳에 가보면 중국 사람들이 많이 살고 있는데, 해외에 진출한 동포들이 보고 듣고 느끼는 것까지 차단할 수 있을까요?

조 지금 전 세계에 중국의 유학생이 70만 명 정도 나가 있죠. 하지만, 유학을 갔다 온 학생들은 애국자가 되는 경우가 더 많아요. 실제로 해외로 나가봐도 그 나라들이 그리 대단하지 않다는 것을 느끼게 되는 경우가 많죠. 특히 2000년대 이후에는 중국 내에서 비즈니스의 기회가 더 많기 때문에 이런 생각을 하게 되죠. 그래서 최근에는 해외 유학한 사람들이 그곳에 머물기보다는 중국에 돌아와서 사업을 하거나 다른 역할을 하려고 해요.

차클 　그런 중국과의 외교적 문제를 어떻게 풀어나가야 할지가 궁금해요. 앞으로 시진핑의 중국과 미국, 북한, 한국과의 관계는 어떻게 될까요?

조 　중국의 외교는 유연한 요소와 강경한 요소를 함께 갖고 있습니다. 중국 스스로 자신들의 장점을 활용해 일대일로와 같은 전략을 취함과 동시에 주변 국가들이 갖고 있는 '중국 위험론'을 없애고 그들의 협력을 유도하려는 면이 있죠. 반면 강대국으로 부상하고 있는 중국의 '핵심 이익'을 건드리는 행위에 대해서는 결코 용납하지 않겠다는 태도를 보입니다. 영토나 주권, 발전에 대해서는 절대로 양보하지 않겠다는 것입니다. 바로 사드(THAAD) 문제가 대표적이에요. 미중 사이에서 한국이 부당하게 미국 편에 섰다는 겁니다. 한국 입장에서는 북한을 막기 위한 목적이라고 설명해도 중국은 듣지를 않죠. 중국의 입장에서는 공산당이 다른 국가의 힘에 굴복하면 붕괴된다고 했잖아요.

차클 　중국도 미국도 무시할 수 없는 한국은 어떤 선택을 해야 할까요?

조 　중국이 차라리 무력으로만 밀어붙이면 대응하기가 쉽습니다. 다른 국가들과 연대해 맞서면 되니까요. 그런데 앞에서 말했듯이 중국 외교가 강한 측면과 유연한 측면을 같이 갖고 있으니 힘든 거예요. 기본적으로 중국은 자신들이 평화롭고 안정적인 국제환경을 통해 경제적으로 부상해 강대국이 되는 것을 원해요.

차클 　한반도 문제와 관련해 중국이 가장 경계하는 상황은 무엇인가요?

조 　중국은 미국이 자신을 견제하고 포위한다고 생각해요. 이에 맞서기 위해 중국은 북한과 남한 모두에 영향력을 유지하려고 합니다. 또한 중국은 경제 발전에 전념해 세계 강대국으로 부상하기 위해 안정적인 주변 환경을 필요로 해요. 그렇게 봤을 때, 지금 단계에서 중국에게 가장 심각한 문제를 일으킬 수 있는 상황은 북한의 붕괴예요. 중국은 육지에서는 14개 국가, 해상에서는 5개 국가와 국경을 맞대고 있습니다. 그중에서도 주한미군과 주일미군은 중국이 상대하기 힘든 대상입니다. 만약 북한이 붕괴된다면 중국은 이를 직접 대응해야 합니다. 중국으로서는 매우 피하고 싶은 일이겠죠. 그래서 북한의 붕괴를 우려하는 것입니다. 다시 말해 북한은 중국에게 미국과의 직접 대면을 막아주는 '전략적 완충 지대' 역할을 하고 있는 것입니다.

차클   중국과 북한의 이해관계 속에서 우리는 어떻게 대응해야 할까요?

조   중국의 입장에서 볼 때 가장 바람직한 한반도 상황은, 북한이 개혁개방을 추진해 안정적으로 분단 상태가 유지되는 것입니다. 또한 중국은 한국과 북한 모두에 영향력을 유지하려고 합니다. 바꿔 말하면 한국이 반(反) 중국 국가로 바뀌면 안 됩니다. 이처럼 중국·미국·남북한 관계는 복잡하게 얽혀서 서로 영향을 주고 있어요. 이런 상황일수록 우리가 가깝고도 먼 나라 중국에 대해 알고 배우는 일을 게을리하지 않아야 합니다. 그래야 우리가 갈 길을 좀 더 분명히 볼 수 있죠.

ksk1302   미국과의 정상회담을 통해 북한이 원하는 것은 무엇인가요? 북미 정상회담을 추진하면서도 중국과의 유대를 과시하는 이유가 있나요?

조	북한이 가장 원하는 것은 체제 보장입니다. 모든 국가의 권력자들이 그렇듯이 자신의 권력을 유지하는 것이 최우선 과제죠. 두 번째로는 엄청난 돈과 시간을 들여 개발한 핵무기를 포기하는 대가로 경제적 보상을 원하는 겁니다. 그리고 이 두 가지 목표를 달성하기 위한 전제로 북한은 미국의 북한 제재, UN의 북한 제재를 풀라고 미국에게 요구하고 있습니다. 또 정전협정에서 평화협정으로 간다고 한다면 정전협상에 나서야 하는 당사국 중 하나가 중국입니다. 그리고 평화체제를 선언할 때 6자(남북한·미·중·일·러)로 할 것인지, 아니면 4자(남북한·미·중)로 할 것인지 아직 알 수 없지만, 4자이든 6자이든 중국의 역할은 필수불가결합니다. 그래서 김정은은 중국과의 동맹 관계를 강화하려고 합니다. 중국과의 유대는 경제 지원 문제와도 관련이 있어요. 유엔의 제재가 풀리더라도 경제 상황이 나아지려면 시간이 걸릴 수 있어요. 그때 중국의 지원을 받을 수 있는지가 굉장히 중요합니다. 그래서 북한에서는 중국의 의중을 파악하기 위해 시찰단을 중국에 보내고 있어요. 중국이 개혁개방 국면에서 각국에 21개 조사단을 보낸 것과 마찬가지죠.
ksk1302	중국이 북한을 지원했을 때 얻는 이득은 무엇인가요?
조	중국에 가장 중요한 것은 경제 발전을 위해서 안정적이고 평화로운 주변 환경의 유지입니다. 북한이 붕괴해서 남한 주도의 통일이 이뤄진다면 주한미군이 압록강과 두만강 밑까지 치고 올라오는 것이나 마찬가지입니다. 따라서 중국의 입장에서는 한반도의 통일보다 안정적인 분단 상황을 원하는 거예요. 그러자면 북한이 개혁개방을 추진해서 안정적으로 잘 유지돼죠. 그런 상황에서 중국은 한국과 북한에 동시에 영향력을 행사하면서 외교 협상력을 키울 수 있기를 원해요. 단순히 경제적인 이유 때문에 지원하는 게 아닙니다. 국가 전략상 필요하기 때문입니다.

미중 무역전쟁의 승자는 누구인가

•

최병일

미국과 중국, 세계 양대 경제 대국 사이에서 벌어지고 있는 무역전쟁의 현재와 미래를 짚어줄 국제무역 분야의 권위자. 1992년 한미 통신협상, 1993년 우루과이라운드 서비스 협상, WTO 기본통신협상의 한국 대표(1994~1997)로 활약했다. 이화여대 국제대학원 교수로 재직 중이다.

첫 번째
질문

무역전쟁이란 무엇인가

"미중 무역전쟁이라고 하지만, 사실은 두 나라가 기술 패권을 놓고 다투는 것입니다. 미국은 2012년에 미국 하원 정보위원회에서 화웨이가 중국 공산당의 지시를 받아 움직이고 있다는 심증을 밝혔어요. 이후 미국에서 제재를 가하고 있는 이란에 물건을 팔았다는 이유로 멍완저우 화웨이 부회장에게 체포영장을 발부했습니다."

• • •

차클   WTO(World Trade Organization, 세계무역기구)에서 한국 협상 대표로 활동하셨다고 들었습니다. 국가 간 협상에 대해 늘 궁금한 게 있었는데 실제 협상장에서 협상안을 논의하나요? 아니면 사전에 조율을 마치고 협상장에선 협상하는 척만 하는 건가요?

최   많은 경우, 사전에 협상을 합니다. 사전 협상을 통해서 의견 차를 좁히고 미진한 부분들을 실제 협상장에서 논의하죠. 서로 이해가 충돌하는 사안을 놓고 정말 치열한 협상을 합니다.

차클   그렇군요. 요즘은 미중 무역전쟁이 핫이슈잖아요. 정확히 어떤 상태인 건가요?

최   무역이란 서로 윈윈 효과를 얻는 것이 목적이에요. 인류가 등장한 이래 국제 무역을 통한 교류 덕분에 각 나라가 성장할 수 있는 길이 열리고 인류가 번성할 수 있었죠. 그렇게 정상적으로 흘러가던 관계가 최근 비정상적인 상황을 맞게 된 거죠.

차클 미중 무역전쟁이 정상적 상황이 아니라는 건가요?

최 그렇습니다. 미중 무역전쟁 속에 양국의 숨은 의도가 있다고 볼 수 있습니다.

차클 대체 어떤 의도들을 숨기고 있다는 것인가요. 그들의 무역전쟁이 우리에겐 강 건너 남의 일이 아니잖아요.

최 맞아요. 미중 무역전쟁은 강 건너 불구경하듯 볼 수 있는 사안이 아닙니다. 우리의 미래와 연결된 중요한 사건이에요. 어찌 보면 우리에게는 생존을 결정하는 문제라는 점을 강조하고 싶습니다.

차클 유럽 등 다른 지역에서는 미중 무역전쟁을 어떻게 바라보고 있나요?

최 사실 무역전쟁의 당사자가 아니면 자신들의 싸움이 아니라고 생각하는 경향이 있어요. 그런데 그런 생각은 위험한 착각입니다. 앞으로 닥칠 일을 전혀 생각하지 못하는 거죠. 미중 무역전쟁이 오랫동안 지속되면 중국의 경제 성장률이 반토막날지도 몰라요. 그럼 어떤 일이 벌어질까요? 일례로 해외로 여행을 나가는 중국인 관광객이 줄어들겠죠. 우리나라만 해도 중국 관광객이 줄어들면 관광업계가 큰 타격을 입습니다. 그런 식으로 전 세계가 영향을 받을 수 있습니다.

차클 미국과 중국이 계속 만남을 이어가고 협상이 일부 타결됐다는 뉴스도 나오고 있는데, 긍정적인 것 아닌가요?

최 글쎄요. 부분적인 협상만을 하는 거라고 봐요. 제 생각엔 협상을 이어가더라도 2020년 11월 미국 대통령 선거에서 트럼프는 중국 측이 약속을 깼다면서 또다시 전쟁을 시작할 겁니다. 미중 무역전쟁은 단순한 전쟁이 아니에요. 21세기 글로벌 패권을 놓고 다투는 전쟁입니다. 어떻게 보면 무역전쟁은 작은 싸움에 지나지 않아요.

차클 단순한 무역전쟁이 아니라 패권전쟁이란 말씀에 공감이 갑니다. 구체적인 사례를 통해 좀 더 자세히 알려주시죠.

최 여러분도 관련 기사를 보신 적 있을 텐데요. 중국을 넘어 세계 최고의 통신회사인 화웨이의 부회장이자 최고재무책임자(CFO) 멍완저우(孟晩舟)가 2018년 12월 1일에 캐나다 밴쿠버 공항에서 체포됐다는 기사였어요. 그녀는 창립자 런정페이(任正非)의 딸이기도 하죠. 과연 무슨 잘못을 저질렀을까요?

차클 혹시 화웨이가 어떤 범죄에 연루된 건 아닐까요?

최 화웨이는 오늘날 5G 기술의 최첨단에 있는 기업입니다. 디지털 혁명의 후발 주자로 등장한 중국을 대표하는 통신기업이죠. 동시에 미국과 한국을 따라잡는 것을 넘어 기술 시장을 압도하고자 하는 중국의 미래를 상징하는 기업이에요. 이런 화웨이를 미국은 강력히 견제하고 있습니다.

차클 단지 중국의 잘나가는 기업을 견제하기 위해 부회장을 볼모로 삼는다는 게 가능한 일인가요?

최 분명히 그런 측면이 있습니다. 지금 미중 무역전쟁이라고 하지만, 사실은 두 나라가 기술 패권을 놓고 다투는 것입니다. 미국은 2012년에 미국 하원 정보위원회에서 화웨이가 중국 공산당의 지시를 받아 움직이고 있다는 심증을 밝혔어요. 이후 미국에서 제재를 가하고 있는 이란에 물건을 팔았다는 이유로 당시 미국 현지 법인의 최고 책임자였던 멍완저우 화웨이 부회장에게 체포영장을 발부했습니다. 캐나다 당국이 체포했지만 미국의 요청이 있었던 것이죠.

차클 그럼 화웨이 부회장은 미중 협상 과정에 일종의 볼모로 붙잡힌 셈인가요?

최 그렇게 볼 수 있죠. 현재는 한화 84억 5000만 원 정도의 보석금을 내고 석방된 상태입니다. 하지만 전자발찌를 찬 상태로 생활해야 해요. 24시간 감시하는 사람들에게 둘러싸여서 밴쿠버 시내에서만 제한적으로 돌아다닐 수 있다고 해요.

차클 어찌 됐든 국가 간 무역전쟁의 여파로 민간인이 체포되기까지 했다는 게 놀랍네요.

최 공교롭게도 화웨이의 2인자가 체포된 시점이 미중 무역전쟁을 잠시 멈추고 휴전을 모색하는 회담이 열린 시기와 맞물려요. 2018년 12월 1일이죠. 당시 아르헨티나 부에노스아이레스에서 G20 정상회의가 열렸거든요. 중국과 미국의 정상회담이 열린 날, 멍완저우가 체포됐어요.

차클 정상회담 날짜에 딱 맞춰 체포하다니 우연이라고 보긴 어렵겠네요.

최 마치 성동격서(聲東擊西, 동쪽에서 소리를 내고 서쪽을 공격함) 작전을 쓰는 것 같은 상황이었습니다.

차클 G20에 맞춰 열린 미중 정상회담에서는 두 나라가 어떤 얘기를 나눴나요?

최 일단 90일 동안 관세 인상을 유예하기로 합의했습니다. 이후 양국의 실무진들이 워싱턴과 베이징을 오가며 타협점을 찾기 위해 노력했어요. 2019년 5월 9~10일까지도 워싱턴에서 협상을 진행했었습니다. 그게 마지막 협상이 될 거라고 여겨졌죠.

차클 그런데 협상이 제대로 마무리되지 않았나요?

최 노딜입니다. 노딜! 2019년 5월 9일 협상은 결렬됐습니다. 그리고 중국은 2019년 6월 1일 중국에 도착하는 미국 측 화물에 3000억 달러 관세를 부과하죠. 이에 대해 트럼프 대통령은 "중국이 수년간 미국을 너무나 많이 이용해왔다. 그러니까 중국은 보복해서는 안 된다. 더 나빠지기만 할 뿐"이라는 트윗을 남겼어요.

차클 협상이 결렬된 이유가 무엇인가요?

최 당시 협상이 이루어진 회담장의 풍경을 보면 이상한 장면이 눈에 띕니다. 실무자들이 기념촬영을 하는 거예요. 저는 지금껏 무역협상에 많이 임해봤지만 협상단이 기념촬영을 하는 것을 본 적이 없어요. 거기다 이상한 게 한 가지 더 있습니다. 중국 협상단이 미국을 방문하면 협상을 마치고 트럼프 대통령과 면담을 하고, 반대로 미국 대표단도 중국을 방문하면 시진핑 주석과 면담을 했어요. 이 또한 한 번도 본 적이 없는 협상 풍경입니다.

차클 그게 왜 그리 이상한 건가요?

최 두 나라 사이에 벌어지고 있는 일들이 무역협상인 동시에 서로 정치적인 힘겨루기를 한다는 것을 보여주는 장면인 겁니다. 모든 무역협상은 대부분 실무자가 총괄하고, 결정적인 순간에 대통령이 관여합니다. 그런데 미중 무역전쟁은 처음부터 끝까지 중국의 시진핑이 원인을 제공하고 트럼프가 관세폭탄을 던짐으로써 두 지도자의 자존심 싸움으로 번졌어요. 그러니 이들은 언론에 적절하게 노출돼 자신이 모든 상황을 통제하고 있다는 것을 보여줘야 했던 겁니다. 한마디로 기존의 협상 방식으로는 풀 수 없는 다른 차원의 문제가 돼버린 거죠. 단순히 실무자들이 모여서 미국 물건을 많이 사게 하고, 중국 시장을 개방하는 식의 상식적인 협상이 아니었던 거예요.

차클 미국과 중국이 벌이고 있는 무역전쟁 외에도 대부분의 협상이 그렇게 첨예하게 대립을 하나요?

최 협상 테이블에서 자신들의 마음에 들지 않으면 상대를 향해 펜을 집어던지는 일도 벌어지죠. 실제로 미국 무역대표부 대표였던 로버트 라이트하이저라는 사람은 일본과 협상을 하다가 마음에 들지 않는다면서 협상문서를 종이비행기로 접어서 날리기도 했어요. 하지만 그런 것에 동요해서 맞붙어 싸우면 지는 것입니다. 협상장에서는 무조건 냉정을 유지해야 해요.

미국과 중국의 싸움은 계속될까

> "트럼프가 전쟁을 벌인 것이 아니라 미중이 무역전쟁을 할 수밖
> 에 없는 상황이 조성돼 있었다고 봐야 합니다. 누구라도 전쟁
> 을 할 수밖에 없는 입장이라는 것이죠. 2020년 대선 이후 트
> 럼프가 재선에 성공하든, 다른 지도자가 등장하든 미국의 중국
> 견제는 계속될 것이라고 봅니다."

● ● ●

차클　미중 무역전쟁이 갑자기 벌어진 건 아닐 테고 역사적인 배경이 있을
듯합니다.

최　맞습니다. 중국은 문화대혁명을 거치면서 경제 상황이 거의 파탄 위기
에 놓입니다. 1978년 덩샤오핑은 중국의 경제를 살리기 위해 개혁개
방 정책을 도입하죠. 이때부터 전 세계를 향해 중국 시장을 열고, 외국
인 투자를 적극 수용하면서 제조업을 키우기 시작합니다. 넓은 영토와
값싼 노동력을 제공해 외국 기업들이 중국으로 들어와 공장을 짓고,
기계도 들어놓고, 부품도 가져오게 만들었어요.

차클　그러면서 미국과도 경제적인 교류를 하게 됐겠군요.

최　지난 40년 정도 교류를 했죠. 그사이 중국은 '세계의 공장'이 됐고, 미

국은 중국의 가장 중요한 시장으로 자리매김했습니다. 미국 입장에서는 중국의 저렴한 제품을 많이 수입할수록 소비자 물가가 내려가겠죠. 그래서 미국은 제조업에서 벗어나 다른 분야로 성장 동력을 이동시켰습니다. 부가가치가 높은 서비스업이나 금융 같은 분야를 키우게 된 것입니다. 그 사이 중국 입장에서도 발전의 기회를 갖게 됐고요.

차클 그렇게 서로에게 필요한 것을 잘 보완하면서 윈윈하던 미국과 중국이 어쩌다가 무역전쟁을 벌이게 된 것인가요?

최 미중 양국은 서로 톱니바퀴처럼 맞물려 있는 관계, 즉 경제 공동체라고 이해하면 됩니다. 그런 관계가 해체되려 한다는 것이 미중 무역전쟁의 본질이에요. 미국의 대중국 무역수지 적자 규모가 연간 5000억 달러 수준으로 어마어마하다는 게 직접적인 이유로 제기됐고요. 설상가상 트럼프 대통령은 중국이 3000억 달러 정도의 지식재산권을 훔쳐갔다면서 더 이상 치욕적인 상황을 견딜 수 없다고 했어요.

차클 트럼프 대통령 이전에도 무역 적자나 지식재산권 침해 문제는 존재하지 않았나요?

최 트럼프는 미국이 중국과의 전쟁에서 패배했다고 인식하고 있습니다. 그리고 그 원인을 전임 대통령과 이전 정부에게 돌리고 있어요. 오바마 대통령 임기 8년, 부시 대통령 임기 8년을 거치면서 미국이 중국에게 지고 말았다고 주장합니다. 그리고 자신만이 이 상황을 바꿀 수 있다고 강조하죠.

차클 그래서 취임하자마자 중국에 칼을 빼든 건가요?

최 우선 취임 첫해인 2017년 4월 6일, 트럼프는 시진핑과 함께 자신의 별장에서 미중 정상회담을 열었습니다. 당시에 시진핑 주석은 100일 동안 중국의 대미 무역수지 흑자를 줄이겠다는 약속을 했는데 별로 효과가 없었어요. 그래서 트럼프 대통령이 칼을 꺼내든 것입니다. 그 무기가 바로 중국이 미국의 지식재산권을 침해했다는 주장입니다.

차클 이후 어떤 조치가 내려졌나요?

최 2017년 8월, 트럼프가 중국의 지식재산권 침해에 대한 전수 조사를 지시하는 행정 명령에 서명했습니다. 지식재산권이란 특허나 상표권·저작권 등을 일컫죠. 미국의 지식재산권을 중국에서 마음대로 도용한다는 점을 문제 삼은 것입니다. 전수 조사를 마치고서는 2018년 3월에 중국의 수출품 중 일부에 25퍼센트 관세를 물리겠다고 밝혔어요.

차클 그런데 자유무역 체제에서 그렇게 중국에만 높은 관세를 적용하는 게 문제가 되지 않을까요?

최 전 세계적으로 무역협상을 통해 관세를 낮추는 방향으로 모든 협상이 진행돼왔습니다. 미국과 중국 사이의 무역에서도 대부분 관세가 굉장히 낮아요. 그런데 트럼프가 관세를 무기화하기로 마음먹은 겁니다. 중국의 최대 교역 대상국인 미국에서 관세를 올릴수록 중국이 겁을 먹을 거라고 판단한 거죠. 관세를 빌미로 중국을 압박하면 미국의 의도대로 중국이 따라올 것이라고 생각한 거예요.

차클 관세를 무기화한 분야는 어떤 분야들인가요?

최 2018년 3월에 첫 번째로 선전 포고를 합니다. 중국을 필두로 여러 나라들에서 수입되는 철강에 대해서 25퍼센트, 알루미늄에 대해 10퍼센트 관세를 부과한 것입니다.

차클 철강과 알루미늄에 대해 관세를 높인 근거가 뭔가요?

최 국가 안보에 위협을 준다는 것을 이유로 내세웠습니다. 그런데 그건

말이 안 돼요. 지금은 전시가 아닌 평시잖아요. 미국에서 근거로 든 것은 1962년 동서 냉전 시대에 만든 무역 확장법이었어요. 232조에 "대통령 직권으로 국가 안보에 위협이 될 수 있다고 판단한 수입 제품에 대해 관세를 부과하거나 수입을 제한"한다는 내용이 있거든요. 이걸 근거로 삼았어요. 어떤 국가로부터 어떤 물건을 수입하는데 해당 수입품이 미국의 안보를 위협하면 수입을 제지할 수 있다는 것이죠. 전 세계로부터 수입되는 철강품이 미국의 안보를 위협하고 있다고 주장한 거예요. 중국뿐 아니라 일본·한국 등 전 세계 많은 나라들이 피해를 보게 됐죠.

차클 중국이 가만히 있었나요?

최 이 대목에서 중국의 진면목이 드러납니다. 미국이 자신들에게 한 만큼 중국도 되돌려주는 정책을 택한 것이죠. 미국이 자신들에게 펀치를 날리면 똑같이 되받아치기 시작했습니다. 정말 딱 미국이 자신들에게 한 만큼만 돌려줬어요.

차클 그렇게 치고받으면 미중 양국 중 어느 쪽이 더 불리한 건가요?

최 중국 측은 미국과 똑같이 대응하긴 했지만 본격적인 전쟁으로 치닫게 되면 불리하다고 생각할 거예요. 중국이 연간 미국에 수출하는 금액이 거의 5000억 달러에 달합니다. 그런데 미국이 중국에 수출하는 액수는 절반도 안 돼요. 1500억 달러로 3분의 1 수준이죠. 이런 상황에서 서로 관세를 높여서 벽을 쌓는다면 누가 더 유리할까요?

차클 미국이 유리하겠죠?

최 당연히 미국이 유리합니다. 그래서 협상을 하자고 했던 것입니다. 시진핑은 미국의 대중 무역수지 적자를 줄일 수 있도록 미국산 제품을 더 수입하겠다고 제안했어요. 하지만 중국이 1000억 달러어치를 더 사겠다고 했는데 미국이 2000억 달러를 제시하는 바람에 협상은 결렬됐죠. 그리고 나서 전쟁은 계속 이어졌습니다.

차클 현재까지도 양국 간 무역전쟁 양상은 이어지고 있나요?

최 그렇습니다. 미국과 중국이라는 세계 최대 강대국이 서로를 향해 관세 폭탄을 날리고 있는 상황이죠. 결국 미중 양국은 2020년 1월 15일 1단계 무역 합의에 서명해 18개월간의 무역전쟁을 잠정적으로 봉합했으며, 미국이 중국에 대한 제재를 일부 완화하는 대신 중국이 미국의 농산물과 상품 구매를 늘릴 예정입니다. 하지만 중국 국유기업에 대한 불공정 보조금 축소 등 미국의 당초 요구는 반영되지 않아 앞으로 수년간 갈등이 지속될 것으로 보여요. 그런데 무역이란 본래 서로 윈윈이 돼야 합니다. 왜 양국이 이런 상황까지 맞게 된 건지 보다 근본적인 이유를 알아볼 필요가 있습니다.

차클 무역 외적인 부분에 근본적인 이유가 있단 말씀이시죠? 혹시 트럼프

대통령이 정치적 이득 계산을 하고 있는 건가요?

최 트럼프 대통령은 사실 적당히 합의를 해서 전쟁을 끝내고 싶었을 겁니다. 누구도 쓰지 않았던 관세 카드를 이용해서 중국이라는 까다로운 상대를 협상 테이블로 끌어냈기 때문에 어서 빨리 자신의 성과를 트위터로 홍보하고 싶었겠죠. 또 중국 입장에서는 미국이 원하는 만큼 물건을 사줌으로써 미국의 대(對)중국 무역수지 적자를 해결해주는 대신에 기술 침해 문제나 중국시장 개방 문제를 양보 받는 선에서 끝내길 원했을 테고요. 문제는 트럼프 주변의 기성 정치인들, 즉 미국의 여론을 주도하고 있는 주류 오피니언 리더들이 지금이야말로 중국을 길들일 기회라고 생각한다는 거예요. 다시 안 올 기회로 여기는 거죠.

차클 왜 지금이 다시 안 올 기회인 건가요?

최 중국이 막강한 힘을 가진 강대국이 됐기 때문이죠. 경제 면에서도 막강해졌고 군사나 과학기술 면에서도 미국을 위협할 만큼 엄청나게 발전하고 있기 때문에 미국 입장에서는 이번 기회가 중국을 길들일 마지막 기회라고 여기게 된 것입니다.

차클 그렇다고 중국이 호락호락 당하고 있을 것 같진 않은데요?

최 그렇죠. 시진핑도 물러나기 어려운 싸움입니다. 5년간의 시진핑 집권 1기를 지나고 다시 집권 2기가 시작된 2018년 3월에 중국 공산당은 주석의 임기 제한을 철폐하기로 했어요. 이론적으로는 시진핑이 원하면 두 번뿐만 아니라 세 번, 네 번, 다섯 번도 연임을 할 수 있게 된 겁니다. 소위 '시황제'가 될 수도 있는 상황이에요. 그런데 연임을 확정지으려면 자신이 제대로 정치를 하고 있다는 평가를 받아야겠죠. 가장 중요한 실험대가 미국과의 무역전쟁 협상입니다. 만약 중국이 모든 것을 양보하고 너무 허망하게 무역전쟁을 끝내버리면 아무리 강한 시황제라 할지라도 입지가 마구 흔들릴 겁니다.

차클 그렇겠네요. 2020년 미국 대선의 결과도 변수가 될 수 있을까요?

최 간혹 정치의 이단아인 트럼프가 아니라 힐러리 클린턴 전 국무장관이 대통령이 됐어도 미국이 중국을 이만큼 견제했을지 묻는 사람들이 있습니다. 저는 힐러리가 대통령이 됐으면 지금보다 더 하면 더 했지, 덜 하진 않았을 거라고 생각합니다.

차클 어떤 이유 때문인가요?

최 여러 근거가 있습니다. 우선 힐러리는 대선 후보로 나서기 전에 여성으로서는 세 번째로 미국 국무장관이 됐습니다. 오바마 대통령 재임 시절에 힐러리가 국무장관으로서 함께 호흡을 맞추며 만들었던 작품이 바로 중국에 대한 견제예요. 피벗 투 아시아(Pivot to Asia), 즉 아시아 회귀 정책입니다. 외교, 군사 정책의 중심을 아시아로 이동시킨다는 건데 이는 중국 견제 전략이라고 볼 수 있습니다. 당시 오바마 정부는 중국이 너무 세졌다고 생각했어요. 중국이 경제적으로만 부강해지려는 것이 아니고 동아시아 지역에서 패권을 장악해 미국을 밀어내려 한다고 본 것이죠. 중국이 이처럼 노골적으로 야욕을 드러내는 것을 견제해야 한다면서 관련 정책을 주도한 사람이 바로 힐러리예요. 만약 힐러리가 대통령이 됐다면 자신의 정책 연장선상에서 중국 견제를 했겠죠. 또한 2016년 미국 대선 때 민주당과 공화당에서 내놓은 정강을 봐도 중국을 손봐야 한다는 내용이 등장해요. 힐러리 측도 중국이 미국의 기술과 지식재산권을 침해하고 환율을 조작한다고 언급하면서 미중 관계가 기울어진 운동장에서 축구를 하는 것처럼 불공정하다고 비유했어요. 트럼프나 힐러리를 비롯해 미국 다수의 사람들은 이 '기울어진 운동장' 이론에 공감하는 상황입니다.

차클   미국의 중국 견제는 피할 수 없는 수순이었던 거군요?

최   그렇죠. 트럼프가 전쟁을 벌인 것이 아니라 미중이 무역전쟁을 할 수밖에 없는 상황이 이미 조성돼 있었다고 봐야 합니다. 누구라도 전쟁을 할 수밖에 없는 입장이라는 것이죠. 2020년 대선 이후 트럼프가 재선에 성공하든, 다른 지도자가 등장하든 미국의 중국 견제는 계속될 것이라고 봅니다.

차클   누구라도 전쟁을 벌일 수밖에 없는 상황이라니 의미심장합니다. 좀 더 자세히 설명해주시죠.

최   《힐빌리의 노래(Hillbilly Elegy)》라는 책이 있습니다. 미국 공업지대 출신으로 예일대 로스쿨을 졸업한 사업가 J. D. 밴스가 쓴 자서전이에요. 2016년 미국 대선에서 트럼프라는 이단아가 당선된 이유를 잘 설명해주는 책으로 알려져 있습니다.

차클 힐빌리라니 낯선 말입니다. 무슨 뜻인가요?

최 미국 동부 지역에 애팔래치아 산맥이 있습니다. 미국 제1의 탄전지대 죠. 예전부터 탄광·석탄·철강 산업과 제조업이 발달한 공업지대이기 도 해요. 힐빌리는 그 지역에서 살아가는 일꾼들을 의미하는 말입니 다. 1900년대 미국이 세계 최고의 경제 대국으로 부상할 수 있는 바탕 이 됐던 제조업이 번성했던 지역이지만 현재는 쇠락하고 말았습니다. 이제 철강·석탄·자동차 같은 제품을 다른 나라에서 더 싸게 잘 만들기 때문이죠. 그렇게 싸고 질 좋은 수입품이 들어오기 시작하면서 미국의 자체적인 제품 생산은 줄기 시작했습니다.

차클 힐빌리란 제조업 분야에서 일을 빼앗긴 사람들을 의미하는 거군요.

최 네. 이 지역 사람들은 이민 1세대인 자신들이 미국을 일으킨 주인이라 는 생각을 갖고 있다고 해요. 그런데 자신들의 입지가 점차 밀려나고 사는 것이 어려워지자 원인이 무엇인지에 대해 생각해보게 됐죠. 그 내용을 담은 게 바로《힐빌리의 노래》라는 책입니다. 저자는 자전적인 경험담을 통해서 쇠락한 공업지대의 사회적 문제를 그려냈어요.

차클 그 책이 트럼프 대통령과 무슨 관련이 있나요?

최 사실 2016년 미국 대선 때 트럼프의 승리를 예측한 주류 언론은 한 군 데도 없었습니다. 〈뉴욕타임스〉도 〈워싱턴 포스트〉도 〈CNN〉도 트럼 프가 이긴다고 예측하지 않았어요. 심지어 친(親)트럼프 성향이라고 알려진 〈폭스뉴스〉도 이기면 좋겠다고 할 뿐, 감히 트럼프가 이긴다는 예측을 못 했죠.

차클 대선에서 이변을 일으키는 데 도움을 줬다는 건가요?

최 네. 미국은 전통적으로 선거 전략이 딱 정해져 있습니다. 미국 동북부는 공화당에서 선거유세를 할 필요도 없이 무조건 민주당을 지지합니다. 또한 최근 수십 년간 서부의 캘리포니아·오리건·워싱턴까지도 완전히 민주당으로 돌아섰습니다. 반면, 텍사스를 비롯한 남부는 온전히 공화당 지지 지역이에요. 민주당이 가서 유세를 해봤자 소용없습니다. 이런 구도에서 선거의 당락을 결정하는 곳이 있어요. 바로 러스트 벨트(rust belt)라고 불리는 북동부 지역입니다. 그곳을 누가 잡느냐에 따라 선거의 결과가 판가름나는 거예요. 투표 성향이 뚜렷하지 않은 경합주, 이른바 스윙 스테이트(Swing States)를 잡아야 하는 거죠.《힐빌리의 노래》의 무대가 된 애팔래치아 산맥 서쪽에 있는 미국의 공업지대가 바로 그 같은 지역입니다.

차클 이 지역에서 트럼프가 이긴 거군요?

최 네. 전통적으로 북동부 지역에서 이기지 못하면 대통령이 될 수 있는 길이 하나도 없습니다. 여기에서 이기면 대체로 당선이라고 생각합니다. 힐러리는 자기가 이긴다고 생각했어요. 그런데 놀랍게도 트럼프가 북동부 지역을 석권한 거예요. 트럼프가 정치적 업적을 세운 것도 아니고, 연설을 잘하는 것도 아닌데 말이죠.

차클 이유가 무엇인가요?

최 단순 명료한 메시지를 전달한 게 주효했습니다. 사양화된 공업지대인 북동부 지역에 가서 '불공정 무역협정 전면 재협상' '대대적 감세와 규제 완화를 통해 일자리 1200만 개 확보' '나의 원칙은 미국 우선주의' '중국은 우리의 피를 빨아 먹어왔다' 같은 말을 외쳤어요. 그러면서 미국인들의 일상이 불공정해진 데 대한 모든 책임은 나라를 잘못 이끈 전임 대통령에게 있다고 했죠. 그들이 세계화를 부르짖고 중국과 자유

무역을 시작하면서 일자리를 빼앗긴 것이라고요. 그러니 북동부 사람들에겐 트럼프가 메시아처럼 보였을 겁니다. 그렇게 트럼프가 당선된 것이죠.

차클   그랬군요. 하지만 미국의 모든 계층이 트럼프를 지지한 것은 아니지 않나요?

최   특정 계층에서 트럼프에 열광한 이유를 알려주는 유명한 연구 결과가 있습니다. 이른바 '코끼리 곡선'이라는 것입니다. 세계화가 급진전된 1988년부터 20년 동안의 세계 소득 증가율을 그린 그래프예요. 그 모양이 코끼리를 닮았다고 해서 붙은 이름입니다. 가로축은 1988년, 즉 동서 간 냉전이 거의 끝날 무렵부터 지난 20년 동안 전 세계에 있는 모든 사람을 가장 잘사는 사람부터 가장 못사는 사람까지 줄을 세운 것입니다. 가장 왼쪽에 있는 5라고 쓴 숫자. 이게 지구에서 가장 가난한 계층에 속하는 5퍼센트의 사람들이에요. 가장 오른쪽은 가장 부유한 계층에 속하는 5퍼센트의 사람들이고요. 지난 20년 동안 물가를 감안해서 실질적으로 이 사람들의 소득이 얼마나 늘었는지를 추적한 것입니다.

차클   그럼 각 계층이 어떤 특성을 갖고 있나요?

최   지구상에서 15퍼센트의 소득 하위층은 20년 동안 실질 소득이 60퍼센트 증가했어요. 만약 세계화가 모든 사람한테 기회로 작용했다면 모든 계층의 소득이 동일하게 늘었겠죠. 그런데 미국의 북동북 지역에 있는 사람들을 포함한 선진국의 서민층은 오히려 지난 20년 동안 실질 소득이 거의 늘지 않았어요. '트럼프 지지자'로 표시된 부분이죠.

차클   세계화로 인해 선진국의 서민층이 상대적인 소득 불평등에 시달리게

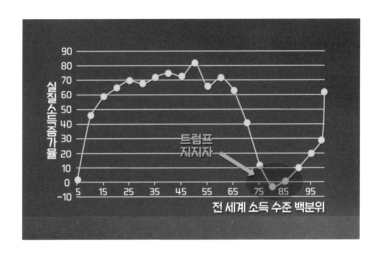

됐고 트럼프가 이들의 표심을 공략해 성공했다는 것이군요?

최 그렇습니다. 미국에서 잘사는 사람들의 경우 그래프의 맨 오른쪽에 해당돼요. 코끼리가 코를 들어올리는 것처럼 삐쭉 솟아 있죠? 이들의 소득은 세계화를 통해 엄청나게 증가했지만, 나머지 서민들은 그렇지 않았던 거예요. 중국이나 인도 등 개도국 국민들의 소득이 오히려 미국의 서민층을 추월한 상황이죠. 트럼프가 그들의 분노를 노린 공약을 내놓은 겁니다. 트럼프가 내세운 슬로건을 보면 왜 트럼프가 지지를 받고 있는지가 더 분명해집니다. "Buy American, Hire American" 즉, 미국산을 구매하고, 미국인을 고용하자는 것이죠. 그런데 이 메시지는 미국 국민들을 향한 메시지이기도 하지만, 세계를 향한 선전포고이기도 해요. 이것이 바로 트럼프의 미국 우선주의예요. 트럼프 대통령의 승리를 이끈 정책이자, 가장 중요한 무기인 것이죠.

차클 전 세계 모든 제품들을 중국에서 만드는 상황이니 미국산을 강조할

만도 하다 싶어요.

최 바로 그겁니다. 미국 학자들은 오래전부터 '차이나 쇼크'라는 단어를 쓰고 있어요. 불과 얼마 전인 1980년대에는 일본의 기세가 엄청나서 전 세계가 모두 일본 세상이 되는 줄 알았어요. 그래서 자유의 여신상이 기모노를 입고 있는 사진이 등장하고, 켄터키 프라이드 치킨 박스가 엔화로 도배된 사진들이 떠돌았었죠. 실제로 일본 자본이 미국의 대표적인 빌딩들을 대거 사들이기도 했죠. 그런데 지금 중국의 기세는 일본의 수준을 뛰어넘었습니다.

차클 중국이 미국 경제에 미치는 악영향이 얼마나 되는 건가요?

최 미국 제조업 일자리 변화를 나타내는 그래프를 한번 보시죠. 21세기가 시작되던 당시까지는 1500만 개에서 1700만 개 정도의 일자리가 있었어요. 그런데 21세기 들어오면서 급격하게 감소해요. 현재는 1200만 개 수준입니다. 그러니까 500만 개의 일자리가 사라진 거예요. 이에 대한 해답을 보여주는 것이 미중 양국 간 상품 무역 추이를 나타내는 그래프입니다. 미국과 중국 사이의 무역 거래를 나타내는 선을 보면 미국이 느릿느릿하게 수출을 증가시키는 반면, 중국은 용이 승천하는 것처럼 엄청나게 수출을 증가시키고 있죠. 빨간 선과 파란 선의 차이가 점점 벌어지는 것이 보이죠? 바로 이러한 상황을 근거로 들어 미국 내 제조업 일자리가 500만 개 사라진 원인을 중국으로 의심하는 것입니다.

차클 학술적으로도 증명이 된 사실인가요?

최 MIT의 데이비드 오터(David Autor) 교수에 따르면, 1990~2007년 사이에 미국 내에서 사라진 제조업 일자리 500만 개 중 4분의 1은 중국의

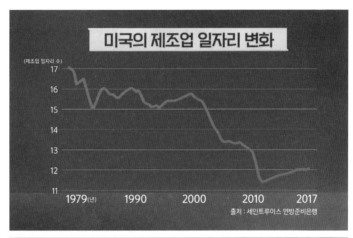

미국의 제조업 일자리 변화

(제조업 일자리 수)

출처 : 세인트루이스 연방준비은행

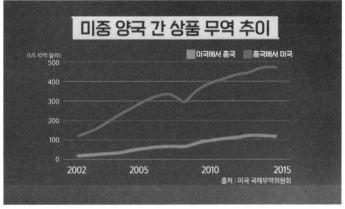

미중 양국 간 상품 무역 추이

(US 10억 달러)

■ 미국에서 중국 ■ 중국에서 미국

출처 : 미국 국제무역위원회

책임이라고 주장합니다.

차클 그럼 나머지 4분의 3은 누구 탓인 건가요?

최 바로 기계 때문이라는 겁니다. 기계를 통한 자동화가 인력을 대체하는 거죠. 그러면 기계를 원망해야지, 중국을 원망해서는 안 되는 일이지 않겠어요? 하지만 기술의 발달로 인한 자동화의 추세는 거스를 수 없잖아요. 그러니 대신 중국을 견제하기로 한 것이죠. 트럼프의 입장에서는 중국을 견제하게 되면 자신이 정치적으로 이득을 얻을 수 있다고 본 거예요.

차클 아무리 그래도 기계화로 인한 일자리 감소가 분명한데 지나치게 중국의 책임으로만 몰아가는 건 무리가 있다고 보이네요. 기계화에 대한 반대의 목소리도 나오고는 있나요?

최 산업혁명 초기에 그런 시도들이 있었죠. 이른바 러다이트 운동(Luddite Movement)입니다. 1811~1817년에 영국의 직물 공업지대에서 일어났던 기계 파괴 운동이죠. 하지만, 결과적으로 실패한 운동이었어요. 최근엔 기계화 자체에 반대한다기보다는 그에 따른 부작용을 잘 살피고 보완책을 마련해야 한다는 목소리가 높습니다.

세계의 무역 질서는 어떻게 유지되는가

> "야구공을 미국에 수출하려면 관세를 내야 합니다. 한국에서 만든 야구공도 미국에 수출할 때 관세를 내요. 야구공을 수입하는 미국은 WTO 가입국인 한국의 야구공에는 WTO에서 합의한 낮은 관세를 부과합니다. 대략 1퍼센트라고 봐요. 그런데 WTO에 가입하지 않은 중국의 야구공에는 관세를 마음대로 부과할 수 있어요."

● ● ●

차클 WTO라고 하면 자본주의 국가들이 주로 가입하는 것으로 알고 있는데요. 사회주의 국가인 중국도 가입을 했다고요?

최 중국이 경제 대국으로 급성장하게 된 배경과 관련된 좋은 질문입니다. 중국 현대사에서 가장 중요한 사건으로 꼽히는 두 가지가 있습니다. 하나는 노동자와 농민이 국가의 주인이 되는 중화인민공화국의 수립입니다. 그리고 두 번째가 바로 WTO에 가입한 거예요.

차클 WTO가 어떤 기구인지 좀 더 설명해주세요.

최 1995년에 만들어진 국제기구예요. 이전엔 GATT(General Agreement on Tariffs and Trade, 관세무역일반협정)라는 이름의 국제기구가 있었죠. 그 기구에 가입했던 나라들이 WTO가 생기며 자동적으로 가입이 됐어요. 이후 중국·러시아·베트남 같은 나라들은 별도로 가입 협상을 해야 했습니다. 협상 내용은 주로 시장을 개방하고 투명하게 만들겠다는 것, 그리고 국제적인 규칙을 따르겠다는 것이었죠.

차클 WTO에 가입할 경우 어떤 특전이 주어지나요? 왜 그렇게 다들 가입하려고 한 건가요?

최 WTO에 가입하는 것과 하지 않는 것의 차이를 쉽게 알려드리겠습니다. 예를 들어 중국에서 만든 야구공을 미국에 수출하려면 관세를 내야 합니다. 한국에서 만든 야구공도 미국에 수출할 때 관세를 내요. 야구공을 수입하는 미국은 WTO 가입국인 한국의 야구공에는 WTO에서 합의한 낮은 관세를 부과합니다. 대략 1퍼센트라고 봐요. 그런데 WTO에 가입하지 않는 중국의 야구공에는 관세를 마음대로 부과할 수 있어요. 1000퍼센트도 가능합니다. WTO 미가입국에 대해선 관세율 제한이 없기 때문이에요.

차클 정말 확실한 차이가 있군요. WTO에 가입을 하지 않을 수 없겠어요.

최 맞습니다. 중국 입장에서는 WTO에 반드시 가입해야 되는 거예요. 제조업 위주의 국가라서 저렴한 물건을 많이 만들어냈는데 관세 때문에 가격이 올라가면 피해를 볼 수밖에 없잖아요? 관세가 높으면 값싼 물건도 무용지물이 되는 겁니다.

차클 WTO에 가입하려면 협상을 해야 한다고 하셨는데 그 과정이 어렵지는 않나요?

최 WTO 회원국들이 합의를 통해 가입을 시켜주는 체제인데 정확히 1국가 1투표제인 건 아니에요. 결정적으로 키를 쥐고 있는 나라가 미국입니다. 일반적인 모임에서도 회원들 가운데 가장 힘센 사람이 싫다고 하면 전체의 합의를 이끌어낼 수 없겠죠? WTO의 가입에서도 마찬가지입니다.

차클 그렇다면 미국이 중국의 가입을 용인했다는 건데 그 당시 미국은 중국의 영향력이 오늘날처럼 커질 거라고 예측하지 못한 건가요?

최 그런 논란이 많았죠. 당시에도 미국 내에서 중국을 WTO에 가입시키는 것이 좋으냐 나쁘냐에 대한 찬반 논쟁이 치열했습니다. 중국은 이러한 논쟁을 자신들에게 유리하게 이끌기 위해서 전략을 세웠습니다. 그 무렵 중국의 개혁개방 정책의 상징인 주룽지 총리가 클린턴 전 미국 대통령을 몇 차례 찾아가서 설득하기도 했어요. 1986년부터 2001년까지 무려 15년에 걸친 협상을 통해서 중국의 WTO 가입이 성사된 거예요. 중국의 입장에서는 대장정이었죠.

차클 클린턴 대통령이 실수한 거라고 봐야 하나요?

최 글쎄요. 우리가 결과를 알고 있으니까 그런 생각을 할 수 있지만 당시에는 아마 그렇게 여기지 않았을 겁니다. 클린턴과 미국 정부 내에서 중국의 WTO 가입을 반긴 사람들은 세계에서 가장 큰 중국 시장이 앞으로 미국에 개방된다고 생각했어요. 중국의 13억 인구에게 물건을 팔 수 있는 기회가 열린다고요. 그런 기회를 놓치면 안 되겠다고 생각한 게 첫 번째 이유였습니다.

차클 다른 이유는 무엇인가요?

최 두 번째는 중국의 체제 변화 가능성에 대한 기대였습니다. 공산당 독재하의 사회주의 국가였던 중국이 서방 국가와 교류를 하다 보면 체제가 변화할 것이라고 생각했죠. 물건과 사람과 아이디어가 중국에 유입되면 그들도 언젠가는 서방의 선진 시스템을 쫓아올 거라고요.

차클 그러고 보니 사회주의 국가라도 자본주의가 들어가서 체제가 바뀌지 않은 나라가 아예 없었는데 중국은 예외였던 거네요. 하지만 체제는 그대로라도 WTO에 중국이 가입하고 나서 많은 변화가 있었겠죠?

최 중국은 2001년 WTO에 가입하고서 세계 최대의 제조 국가로 급부상했습니다. 그 속도가 실로 어마어마했습니다. 단순히 최대 제조업 국가로 거듭난 것뿐만 아니라 세계 최대 무역 국가로도 급성장했습니다. 중국은 WTO에 가입함으로써 고속도로에 진입한 거나 마찬가지였어요.

차클 WTO에 가입할 당시에 중국은 어떤 약속들을 했나요?

최 많은 약속을 했습니다. 시장 개방 이외에도 수입 관세 인하, 외국 기업과 중국 국내 기업 간의 차별 철폐, 지식재산권 보호, 수입할당제도 폐지, 자의적 기술표준 선정 금지 등입니다. 중국 측은 이들 약속을 당장 지키지는 못해도 시간과 기회를 주면 서서히 관세를 내리고 규제도 투명하게 하고 외국 기업들도 차별하지 않고 지식재산권을 보호하겠

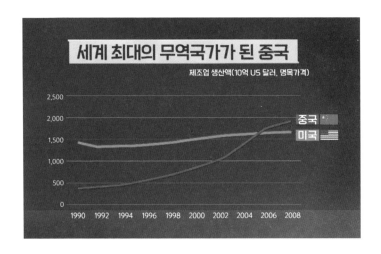

다고 했죠.

차클　그렇다면 그사이 많은 시간이 흘렀는데 현재 중국이 그 약속들을 지키고 있나요?

최　아니요. 대부분의 약속을 안 지키고 있습니다. 중국 정부도 시인했어요. 하지만 약속을 안 지키고 있는 건 중국이 여전히 개도국이라서 시간이 조금 필요하다고 평계를 대죠.

차클　가입하기 전의 말과 가입하고 난 뒤의 말이 너무 다르네요. 중국처럼 지식재산권을 침해하거나 관세 분쟁을 일으켰을 때 제재할 수 있는 방법은 없나요? 중국을 WTO에서 탈퇴시킨다든지요.

최　좋은 질문인데 WTO에 회원국을 탈퇴시키는 규정은 없어요. 하지만 가령 회원국인 중국이 무역 거래에서 여러 가지 불공정 행위를 하고 약속을 지키지 않는다면 WTO에 제소할 수는 있습니다. 대표적인 예가 최근 우리나라에서　일본산 후쿠시마 수산물을 수입 금지시킨 문제 같은 경우죠. 한국이 부당한 무역 거래를 한다는 이유로 일본이 한국을 제소했습니다.

차클　그 문제는 우리가 승소하지 않았나요?

최　네. WTO가 한국의 손을 들어줬죠. 그런 식으로 WTO가 분쟁국 사이에서 중재를 합니다. 하지만 상대국이 마음에 안 든다고 강제로 퇴출시킬 수는 없습니다.

차클　그렇다면 중국의 약속 불이행도 WTO가 중재해야 하는 것 아닌가요? 그것도 못 한다면 WTO의 존재 이유가 무엇인지 궁금합니다.

최　WTO가 가입 약속 불이행을 이유로 중국에 경고를 하고 시시비비를 가려서 페널티를 부과한다고 해도 중국 입장에서 응하지 않을 경우 강제할 수 있는 방법이 실질적으로 없습니다. 그게 국제기구의 한계입니다.

차클 답답하네요. 그렇게 제약이 많다면 WTO에 가입을 할 유인이 별로 없을 것 같아요.

최 중국과 관련된 문제들은 최근에 벌어지고 있는 상황이고, WTO가 처음 만들어졌던 초창기에는 그렇지 않았죠. 최근 몇 년 사이 미중 무역 분쟁을 통해 WTO의 한계가 드러난 것입니다.

네 번째 질문 기술 패권은 누가 잡을 것인가

> "중국은 자신들이 지식재산권을 침해한다고 생각하지 않습니다. 왜냐하면 지구상에서 최초의 지식재산권을 침해한 것은 중국이 아니고 서방 세계라고 생각하기 때문이죠. 자기들이 종이를 만들고 화약도 만들었는데, 서양 각국이 거저 갖다 썼다고 여겨요."

• • •

차클 미국과 중국이 격돌하는 분야가 비단 제조업뿐인 건 아니죠?

최 가장 핵심으로 떠오른 분야가 기술 패권입니다. 잘 어울리지 않는 듯한 기술과 패권을 연결시키는 이유가 뭘까요? 막대한 기술력을 보유한 나라가, 원천 기술을 통제하는 국가가 21세기에 군사적으로도 막강한 국가가 된다는 게 기술 패권의 골자입니다.

차클 기술력과 군사력이 밀접하게 연관된다니 흥미진진한 얘기네요.

최 우리가 알고 있듯이 중국은 한때 짝퉁을 만드는 나라, 싸구려 제품이나 만드는 나라, 그리고 지식재산권을 일상적으로 침해하는 나라였죠. 하지만 이제 그런 중국은 없습니다. 중국의 기술력은 우리가 생각하는 것 이상으로 성장했어요. 특정 분야에 있어서는 굉장히 앞서가고 있습니다. 대표적인 예가 드론이에요. 중국의 DJI 드론은 세계 드론 시장에서 점유을 1위를 차지하고 있어요. 무려 75퍼센트의 점유율을 보이고 있죠.

차클 맞아요. 언제부터인가 중국 제품들의 품질이나 성능이 급격히 좋아진 것 같아요. '대륙의 실수'라는 말이 나올 정도로 가격은 싸고, 품질은 좋은 제품들이 많아졌어요.

최 그렇죠. 중국 정부 차원에서 기술을 발전시키려고 많은 노력을 했습니다. 대표적인 예가 선전(深圳)시입니다. 선전은 덩샤오핑이 40년 전에 개혁개방 정책을 펼치기 전까지는 평범한 어촌지역이었어요. 그곳에 경제 특구를 조성하고 외국인의 투자를 유치하도록 개방했습니다. 최근 10년 사이에는 인근 지역인 홍콩·마카오의 영향으로 발전을 가속화하면서 아시아의 실리콘 밸리라고 불릴 만큼 성장했습니다. 이제는 선전에서 모든 IT 제품을 한두 시간 내에 만들어낼 만큼 뛰어난 기술력을 갖추게 됐습니다.

차클 깜짝 놀랄 만한 변화네요. 미국이 위협을 느낄 만하겠어요.

최 뭐든 아이디어만 있으면 선전에서는 만들지 못할 물건이 없다고들 해요. 이제 선전이라는 지역은 중국 IT의 메카가 됐어요. 생활수준도 엄청나게 높아져서 1인당 소득 수준이 5만 달러라고 해요. 한마디로 기술 발전으로 중국의 부흥을 이끄는 도시입니다. 여기서 일하는 사람들의 목표는 오로지 훌륭한 제품으로 세계 시장을 공략하는 거예요. 오늘날 중국의 새로운 도약을 이끌고 있는 현장이라고 할 수 있어요. 하지만 미국의 입장에서는 군사적으로 위협할 수 있는 여러 가지 기술들이 포함돼 있기 때문에 견제를 하고 있는 것이죠.

차클 중국 정부 차원에서 지원하는 것도 문제라면서요?

최 중국 정부가 아예 체계적인 청사진을 대내외에 공표했어요. 영어로 '메이드 인 차이나 2025', 즉 '중국 제조 2025'라는 제조업 혁신 발전 전략입니다.

차클 미국은 미국산을 강조하는데 중국은 메이드인 차이나를 내세웠네요.

최 시진핑 정부는 더 이상 싸구려 짝퉁 제품을 만들어서 제조업만 성장 시키는 것을 원치 않습니다. 제조강국이 되길 원합니다. 그러한 변화 의 핵심이 곧 기술력이라고 판단한 것이고요. 그런데 서방 각국은 물 론 한국·일본과도 기술 격차가 너무 벌어졌으니 먼저 기술 자생력을 길러야 한다고 생각한 겁니다.

차클 구체적으로 어떤 계획을 세웠던 것인가요?

최 2025년까지 중국산 제품의 시장 점유율을 파격적으로 높이겠다는 것입니다. 예를 들어 반도체 분야의 경우 2015년에 중국산 반도체 점 유율이 10퍼센트도 되지 않았어요. 2015년부터 2025년까지 중국 내 반도체 자급률을 13.5퍼센트에서 70퍼센트 이상으로 올리는 것이 목 표입니다.

차클 70퍼센트까지 점유율을 올리는 것은 너무 엄청난 목표 아닌가요? 어 떻게 그걸 가능하게 할 건지 계획이 세워져 있었나요?

최 10년이라는 기간이 짧은 기간은 아니지만 그렇게 긴 기간도 아니죠. 게다가 반도체 산업의 환경도 제대로 갖춰지지 않은 중국이 걸음마부 터 시작해서 10년 사이에 강대국을 제치고 70퍼센트의 시장점유율을 기록한다는 것은 정말 말도 안 되는 목표입니다. 그래서 중국은 R&D 분야에 엄청난 투자를 하고, '천인(千人)계획'이나 '만인(萬人)계획' 같은 인재 발굴 프로그램을 발표했어요. 그러자 전 세계 모든 국가들이 긴장을 했죠.

차클 기술력을 하루빨리 높이기 위해 외국 기업 인수에도 적극적으로 뛰어들었다고 들었어요.

최 그렇죠. 기술력 높은 기업의 경영권을 사들여 인수를 하는 방식으로도 시장 점유율을 높일 수 있겠죠. 그래서 중국의 자본이 미국으로 몰려들었습니다. 그때부터 미국에서는 적색 경보령이 울리기 시작했죠. 특히 반도체 분야처럼 군사적으로 이용할 수 있는 분야에 대해서 오바마 정부 때부터 중국 자본의 투입을 하나씩 하나씩 차단했어요.

차클 그런데 민간기업이 돈을 받고 팔겠다는 것을 어떻게 막을 수 있나요?

최 국가 안보에 위해가 된다는 논리로 정부가 긴급 개입을 했습니다. 1990년부터 최근까지 지난 20여 년간 미국과 중국 양국 간에 오갔던 투자 규모를 살펴보면, 중국의 대미 투자는 최근까지 뜸했어요. 그러다 어느 순간 수직으로 상승합니다. 바로 미국 내 첨단기업을 인수하기 위해 중국 자본이 몰려들었기 때문입니다.

차클 이런 움직임의 배후에도 중국 정부가 있다고 볼 수 있나요?

최 그렇습니다. 작전 계획의 지휘자는 공산당이에요. 그리고 중앙 정부가 갖고 있는 막강한 국영기업을 통해서 돈을 빌려주고 그 돈으로 중국 투자자라는 사람들이 사냥감을 사들이는 거예요.

차클 결국 중국 공산당이 국가의 돈으로 미국의 첨단기업을 사들였다는 말이군요?

최 그렇죠. 기업을 사고파는 행위는 주주들의 자유의지이므로 막을 수 없습니다. 그런데 단순히 개인의 이득을 위한 것이 아니라면 다릅니다.

국가의 안보를 위협할 목적이라는 것이 밝혀진다면 국가가 규제의 칼을 꺼내들어야 하는 법이죠. 정상적인 국가의 정부라면 이러한 때에 규제하고 차단할 수가 있어야 하는 겁니다.

차클 이 밖에도 중국이 여러 우회적인 방식으로 기술을 획득했다면서요?

최 네. 중국으로 들어오는 외국인 투자기업을 통한 경우가 있습니다. 중국은 외국 기업들에게 중국 땅에 공장을 짓고 물건을 팔게 해주는 대가로 기술을 이전하라고 했어요. 서방의 기업 입장에서는 중국이 기술을 강탈해가는 것이라고 억울해했지만, 중국 입장에서는 공정한 거래라고 봤어요. 시장을 주고 기술을 얻는 식의 교환으로 생각한 것이죠.

차클 중국이 그렇게 당당할 수 있는 이유는 뭔가요?

최 중국은 자신들이 지식재산권을 침해한다고 생각하지 않습니다. 왜냐하면 지구상에서 최초의 지식재산권을 침해한 것은 중국이 아니고 서방 세계라고 생각하기 때문이죠. 자기들이 종이를 만들고 화약도 만들었는데, 서양 각국이 거저 갖다 썼다고 여겨요.

차클 중국의 주장이 맞는 것 같기도 하고, 너무 과장된 것 같기도 하네요.

최 그런 말로 넘어가기엔 최근 중국의 지식재산권 침해 양상이 매우 심각해요. 확증은 없지만 화웨이 제품에 이른바 '백도어'가 있다는 소문이 무성합니다. 백도어란 감청 및 해킹을 위해 전자기기에 몰래 설치한 칩을 말해요. 이러한 스파이칩을 심어서 특정 사용자들을 감청하고 도청한다는 것이에요.

차클 그건 범죄잖아요. 정말로 중국에서 그런 첩보활동을 했다는 증거가 발견됐나요?

최 그렇습니다. 범죄 행위죠. 예를 들어 중국 기업이 미국 기업의 전산망에 침투해서 정보를 빼가기도 한다고 해요. 2012년부터 미국에서 이러한 범죄 행위를 문제 삼았어요. 그리고 미국 하원 정보위원회에서 중국 제품인 화웨이와 2등 기업인 ZTE를 조사했습니다. 그 결과 화웨이와 ZTE가 민간기업인 것처럼 보이지만 실제로는 공산당의 지령을 받아 움직이는 기업이라고 결론을 내렸습니다. 따라서 이들의 제품을 쓰는 것은 미국의 안보를 심각하게 위협할 수 있다고 판단했어요.

차클 그런 범죄 행위가 발견돼도 중국 정부는 민간의 책임으로 돌릴 것 같아요. 아직 정확한 연결고리를 찾지 못한 상태인가요?

최 당시에 확실한 스모킹건이 없고 심증만 있었죠. 그런데 2015년 중국 해커가 미국의 의료보험사를 해킹했고 우주항공국 NASA를 해킹하기도 했습니다. 2019년 1월에는 화웨이가 고용한 직원이 특정 기밀을 내다 팔다가 폴란드에서 체포되는 일도 벌어집니다.

차클 오늘날 중국은 우주정거장도 만들 수 있는 정도의 기술 수준을 갖췄잖아요. 그 같은 비약적인 발전에 대해 광범위한 기술 유출 의혹이 제기되고 있겠네요.

최 그렇죠. 그래서 서방 세계가 바짝 긴장하고 있는 거예요. 통신기술 분야에 대해서도 의혹이 제기됩니다. 4G 단계에선 중국이 이렇다 할 성과가 없었어요. 그런데 4G에서 5G로 넘어가는 과정에서 화웨이의 기술 수준이 초고속 점프를 한 거예요. 그러니까 많은 사람들이 정상적인 흐름이 아니라고 생각한 것이죠. 원천기술도 없는 중국이 서구 경쟁국들로부터 기밀을 빼내간 것 같다는 식의 의혹이 쌓이고 있는 상황입니다.

차클 이와 관련해 미국 정부 차원에서 공식 제재를 가했나요?

최 최근에 트럼프가 국가 비상사태를 선포했어요. 행정명령을 발동해서 의혹을 받고 있는 화웨이와 ZTE 제품을 정부 기관에서 쓰지 못하게 만들었고요. 더 나아가 화웨이와 ZTE의 제품을 민간에서 쓰는 것도 실질적으로 막고 있습니다. 그뿐만 아니라 영국·프랑스 같은 유럽의 동맹 국가들한테 화웨이 제품을 쓰면 정보 교류를 할 수 없다고 경고 하고 나섰죠. 이른바 '반(反)화웨이 동맹'을 결성하려고 하는 거예요.

한국은 어떤 전략을 취해야 하는가

"우리의 생존과 번영을 좌우하는 질문입니다. 지금까지는 이런 질문을 할 필요가 없었어요. 미국과 중국의 사이가 좋았기 때문이죠. 우리도 중국하고 사이가 최근까지 나쁘지 않았어요. 2016년에 사드 관련 보복이 있기 전까지 우호 관계를 유지해 왔죠. 그런데 이제는 과거에 필요 없던 질문을 우리가 던져야 합니다. 그리고 가보지 않은 길을 가야 해요."

• • •

차클 한편 남중국해에서 미국 군함과 중국 군함이 충돌할 뻔한 사고가 있었잖아요. 왜 그런 일이 벌어진 건가요?

최 2018년 9월 양국 군함 두 척이 거의 충돌 직전까지 갔던 일이 있었습니다. 남중국해는 중국과 대만·베트남·필리핀·말레이시아·브루나이 6개국이 엮여 있는 복잡한 공간이죠. 이 일대의 파라셀 군도와 스프래틀리 군도에 중국이 인공 섬을 건설해 군사기지화하며 영유권 분쟁을 일으키고 있기도 해요.

차클 여기서도 중국이 분쟁을 촉발했군요.

최 그렇습니다. 중국이 남중국해에 대한 영유권을 주장하고 있기 때문이죠. 2013년에 필리핀 정부는 이해 당사자로서 헤이그 국제중재재판

소에 중국을 공식 제소했습니다.

차클 재판 결과는 어떻게 나왔나요?

최 국제중재재판소에서는 중국이 역사적인 이유로 남중국해의 영유권을 주장하는 것은 근거가 없다면서 패소 판결을 내렸어요. 그럼에도 불구하고 중국은 시진핑 주석이 취임한 뒤 남중국해를 실질적으로 소유하기 위해 적극적으로 인공 섬을 만들기 시작한 겁니다.

차클 일본이 영유권을 주장하기 위해 오키노토리 암초에 인공 섬을 만든 것과 비슷한 전략이군요?

최 그렇죠. 그런데 중국은 파라셀 군도와 스프래틀리 군도에 인공 섬을 여러 개 만들었어요. 그곳에 활주로도 만들고 군함을 접안할 수 있는 시설도 지었습니다. 시간이 지나면 군대도 주둔시켜 군사기지화를 꾀할 겁니다. 만약 중국의 움직임을 막지 못한다면 바다의 길목을 막아서고는 그곳을 통과하는 배들에게 통행료를 내라고 할지도 모를 일입니다.

차클 그렇게 목적이 뻔히 보이는 도발을 다른 나라들은 알고서도 당할 수밖에 없는 건가요?

최 그만큼 지금 중국의 기세가 무서운 겁니다. 그런데 트럼프도 사실 이같은 상황을 이용하는 면이 없지 않습니다. 남중국해에서 중국이 활개를 치고 있는 게 오바마 전 대통령과 힐러리 클린턴 전 국무장관이 제대로 대처하지 못했기 때문이라고 주장하고 있거든요. 전임자들에게 책임을 돌리는 전략이 일정 부분 여론의 지지를 얻고 있다고 판단하는 듯합니다.

차클 트럼프뿐만 아니라 중국의 시진핑도 남중국해를 통해서 정치적 이득을 꾀하고 있겠죠?

최 그렇습니다. 시진핑 주석이 국제 사회에서 맹비난을 받으면서도 남중국해에서의 도발을 밀어붙이고 있는 건 왜일까요. 중국의 14억 인민들이 자신을 열광적으로 지지할 것이라고 믿기 때문입니다. 굴욕의 역사를 청산하고 21세기에 패권국, 군사강국으로 거듭나겠다는 집념이 없으면 할 수 없는 일입니다.

차클 남들이 뭐라 해도 국력만 키우면 된다는 식이군요?

최 그런 셈이죠. 사실 남중국해 분쟁이 고조될 당시에 오바마 대통령이 선택할 수 있는 여러 방법이 있었어요. 첫 번째는 중국이 지은 인공 섬에 폭격을 하는 것이었습니다. 중국이 불법적인 시설을 짓고 있으니까요. 그런데 오바마는 폭격을 하지 않았죠. 그러면 두 번째 방법은 뭘까요. 군대를 보내 인공 섬을 강제로 점거하는 겁니다. 그런데 그것도 못했어요. 그래서 지금 가장 약한 대응책으로 군함을 보내고 있는 겁니다. 중국이 자기 영해라고 주장하는 남중국해 일대에 미국 군함을 파견한 거죠. 이 작전명이 바로 '항해의 자유'입니다.

차클 중국 측이 손 놓고 있진 않았을 것 같은데요.

최 처음엔 중국이 적극적으로 대응하지 않았어요. 그냥 알고도 모른 척했어요. 그러다가 한동안 방송을 하기 시작했습니다. 중국의 영해라고 주장하는 지역에 미국 군함이 들어오면 빨리 떠나라고 경고 방송을 한 겁니다. 하지만 최근에는 방송 대신 육탄전에 나서고 있습니다. 빠른 속도로 자국 군함을 접근시켜 상대측 배가 떠나지 않으면 물리적으로 밀어냈습니다. 앞서 소개한 미중 군함이 충돌할 뻔한 사건도 이러다 벌어진 것이에요.

차클 배를 해상에서 부딪치게 만든다는 건 전쟁도 불사하겠다는 뜻이 아닌가요?

최 만약 마지막 순간에 미국 배가 방향을 틀지 않았다면 충돌하고 말았을 겁니다. 그러면 그다음은 전쟁이죠. 지금 이렇게 남중국해 분쟁이 미중 무역전쟁과 동시에 벌어지고 있는 상황입니다. 순식간에 분쟁이 전쟁으로 번질 수 있는 상황이에요. 무역전쟁이 길어질수록 이런 위험 시나리오가 점점 더 많아질 겁니다. 미국과 중국의 패권전쟁이 본격화하는 국면이죠.

차클 그럼 현재의 미중 간 전쟁에서 어떤 나라가 승리할 거라고 예측하시나요?

최 그것은 곧 21세기의 판도를 가늠해보라는 질문과 다르지 않네요. 먼저 이렇게 접근해보죠. 무역전쟁이 시작됐을 때 높은 관세를 물리자 누가 가장 먼저 피해를 봤을까요? 바로 미국의 소비자들입니다. 그리고 기업 입장에서도 많은 기회가 막혔겠죠. 그러니 상식적으로는 미국의 대다수 기업인들이 무역전쟁을 반대할 거라고 봐야 하잖아요. 그런데 아니었어요. 오히려 중국을 견제해야 한다, 당장 손해를 봐도 좋으니까 중국에 유리하도록 기울어진 운동장을 바로잡아야 한다는 의견이 많았다고 해요. 지금 당장의 고통을 감수하겠다는 뜻이죠.

차클　그만큼 중국에 대한 위기감을 느끼고 있다는 얘기일 듯해요. 그렇다면 이 무역전쟁은 언제쯤 끝이 날까요?

최　미국의 초강수에 중국이 순순하게 물러날 것인지는 미지수입니다. 어쨌든 중국이 무역전쟁을 통해서 확실히 깨달은 게 있습니다. 중국이 대국이긴 하지만 강국은 아직 아니라는 점입니다. 가령 화웨이를 통제하면 중국의 상황은 상당히 어려워질 수 있어요. 화웨이가 세계 최고의 통신 장비를 만들어내기 위해서 핵심 부품 기술을 어디서 들여오나요. 미국에서 가져오는 거예요. 만약 미국이 핵심 기술이나 부품 공급을 차단해버리면 화웨이는 자력으로 생산하거나 다른 나라에게 기술을 넘겨 받아야 하는 기로에 서게 됩니다. 그게 불가능해지면 중국은 고꾸라질 수밖에 없어요. 그래서 중국은 스스로 부족한 점을 깨달았으니 잠시 시간을 벌겠다는 전략을 쓰고 있는 겁니다. 마오쩌둥 스타일의 지구전을 다시 벌이고 있어요. 깊게 참호를 파고 견딜 수 없는 것을 견디고 끝까지 가보자는 거죠.

차클　미국이 계속 압박을 하더라도 중국은 버티기에 들어간다는 것인가요?

최　2020년 대선 결과에 따라 트럼프의 임기가 4년으로 끝나든, 재선에 성공해 4년 더 연장되든 미중 무역전쟁은 패권전쟁이기 때문에 어느 한쪽이 완전히 쓰러지기 전까지 이어질 겁니다. 21세기를 관통하는 전쟁이 될 거라는 겁니다. 양국 간 협상에서 서로 악수하고 무역전쟁을 잠정적으로 봉합하기로 합의할지라도 중국에 대한 미국의 압박은 다양한 영역에서 지속될 것입니다.

차클 이런 상황에서 한국은 어떻게 해야 할까요?

최 어떻게 보면 우리의 생존과 번영을 좌우하는 질문입니다. 지금까지는 이런 질문을 할 필요가 없었어요. 미국과 중국의 사이가 좋았기 때문이죠. 우리도 중국하고 사이가 최근까지 나쁘지 않았어요. 2016년에 사드 관련 보복이 있기 전까지 우호관계를 유지해왔죠. 그런데 이제는 과거에 필요 없던 질문을 우리가 던져야 합니다. 그리고 가보지 않은 길을 가야 해요.

차클 한국이 미국과 중국 사이에서 줄타기를 잘해야 한다는 말씀인가요?

최 우스갯소리로 미중 사이의 전쟁이 끝나기를 기다리다 글로벌 1등을 꺾차는 국가에게 우리가 가장 먼저 접근하면 된다는 말을 합니다. 하지만 양쪽을 모두 만족시키면서 관계를 유지하기는 정말 어려운 일입니다. 그러니 중국은 우리한테 무엇이며, 미국은 우리한테 무엇인지에 대해 근본적인 질문을 던져볼 필요가 있습니다. 미국은 우리에게 군사동맹이죠. 우리에게 안보상 이익을 제공하고 있어요. 그 덕분에 그동안 우리가 경제성장에 매진할 수 있었던 게 사실입니다. 반면 중국은 우리에게 시장입니다. 우리의 물건을 팔 수 있고 중국을 통해서 세계로 나아갈 수 있죠. 그렇다면 둘 다 잘 활용하는 게 정답이겠죠. 만약 둘 중 하나만 골라도 된다면 우리가 이렇게 고민을 하고 선택을 질질 끌지 않아도 됐을 거예요.

차클 그래도 둘 중 하나를 선택해야 하는 순간이 오지 않을까요?

최 일방적으로 미국만 선택하고 중국을 포기한다는 것은 너무나 바보 같은 짓이죠. 우리가 미국을 선택할 수 있는 이유는 딱 두 가지예요. 지구상에 유례가 없는 군사 최강국이자 우리의 동맹이라는 점이죠. 동맹을 우리가 먼저 포기할 이유가 전혀 없잖아요. 미국의 경제적인 중요도가 약해진 것 같지만 여전히 세계에서 가장 큰 시장임은 분명하죠. 그래서 지금 트럼프처럼 모든 것을 장삿속으로 상대하는 대통령하고는 딜을 제대로 해야 됩니다. 치밀하게 밀고 당기는 협상이 필요해요.

차클 중국과는 어떤 관계를 유지해야 할까요?

최 중국은 우리와 경제 관계가 아주 긴밀하게 엮여 있어요. 하지만 그들이 우리의 친구라고 착각하면 안 됩니다. 사드 보복이 적나라하게 보여줬잖아요. 그리고 중국인들에게도 한국이라는 나라가 중국의 위세에 억눌려서 아무것도 못하는 나라라는 이미지를 주어서는 안 됩니다. 우리도 원칙대로 중국에 쓴소리도 하고 두드려 맞더라도 더 목소리를 내야 해요. 그래야 제2, 제3의 사드 사태를 막을 수 있어요.

미중 무역전쟁에서 한국은 두 가지를 조심해야 합니다. 첫째, 중국에 만만하게 보이지 말고 원칙대로 대응하자. 둘째, 미국은 여전히 강국이기 때문에 섣불리 등 돌리지 말자. 21세기 글로벌 패권 다툼은 우리의 생존과 번영을 좌우할 중요한 외교 및 통상 문제입니다. 우리가 원하는 방향으로 갈 수 있도록, 지혜를 같이 모을 수 있도록 여러분 각자가 할 수 있는 역할을 해주시기를 바랍니다.

kjohy 대한민국 국민의 한 사람으로서 궁금합니다. 미중 무역전쟁의 승패를 떠나 우리
나라 국민들이 어떤 자세로 세계를 바라보아야 살아남을 수 있고 더 발전할 수
있을까요?

최 첫째, 한국은 그렇게 힘없는 나라가 아니라는 자각이 먼저 필요합니다. 우리는
세계 10위권의 경제 대국이고, 제조업 강국입니다. 제조업의 핵심 소재인 반도
체·디스플레이·전기차 배터리 분야에서 한국은 세계적인 강국입니다. 세계 어
떤 나라도 이 분야에서 한국 기업의 기술력 없이는 경쟁력 있는 제품을 생산해
내지 못합니다.

둘째, 중국은 이 분야에서 한국과의 격차를 줄이기 위해 국가적 차원에서 노력을
하고 있습니다. 앞서 말씀드린 '중국 제조 2025'가 대표적인 예입니다. 한국이
정신을 바짝 차리지 않으면 중국은 특유의 방식으로 한국과의 격차를 줄이고, 한
국을 추월해갈 것입니다. 한국의 위기는 바로 여기에서 시작됩니다. 한국이 중국
과의 격차를 계속 유지하는지의 여부가 한국의 생존을 결정짓게 됩니다.

셋째, 체제가 다른 미국과 중국이 경제를 연결고리로 밀월관계를 유지해온 것
이 한국 경제의 성장과 발전을 가능하게 한 지정학적 요인이었지요. 그런데 미
중 무역전쟁은 미국과 중국이 체제 차이에 따른 위협을 더 크게 생각하면서 무
역·기술·인력 교류 등 전방위에 걸쳐 충돌과 대립을 불사하는 상황으로 이어지
고 있습니다. 이제 시작입니다. 앞으로는 '안보'가 국제관계에서 최상위 개념이
되고, 무역·기술·인력 교류 등은 하위 개념으로 조정될 것입니다. '안보는 미국
에, 경제는 중국에' 의존해온 지금까지의 한국의 생존과 번영의 패러다임은 지
속될 수 없습니다. 새로운 패러다임이 요구되는 시대인 겁니다. 그럼에도 한국

은 이런 세상의 변화에 놀랄 만큼 무심한 듯합니다.

넷째, 언제부터인지 한국 사회 곳곳에서는, 세계가 어떤 방향으로 변하고 있는지, 그래서 한국이 지금까지 이룬 성공이 앞으로도 계속 가능한지에 대한 고심과 성찰이 사라지고 있습니다. 대신 국민소득 3만 달러의 선진국이 됐으니 이만하면 됐다는 식의 안일한 분위기가 느껴지기도 합니다. 하지만 핵심 분야에서 한국을 추격해오는 중국과의 격차를 지속적으로 유지하지 못하면, 한국의 성공 신화는 더 이상 이어지지 않을 겁니다.

호르무즈 파병 논란, 우리에게 이란이란 무엇인가

•

박현도

국제 사회 초미의 관심사로 부상한 이란과 중동의 현안을 연구하는 중동사 전문가. 한국종교인평화회의 출판위원장, 종교평화국제사업단 발간 영문계간지 〈Religion & Peace〉 편집장, 대외경제정책연구원 중동연구회 전문위원, 법무부 국가정황정보 자문위원을 맡고 있다. 명지대학교 중동문제연구소 인문한국 연구교수로 재직 중이다.

이란은 어떤 나라인가

"우리는 이슬람이라고 하면 중동, 그리고 중동이라고 하면 아랍
이라고 당연하게 생각합니다. 그런데 그건 오해입니다. 중동은
지리적인 개념이고, 아랍은 문화적이고 언어적인 개념입니다.
아랍어를 쓰는 나라를 아랍 국가라고 하는 겁니다. 하지만 이
란은 아랍어가 아닌 페르시아어(이란어)를 모국어로 씁니다."

• • •

차클 이란을 페르시아로도 부른다고 들었어요. 이란과 페르시아는 같은 나
라를 가리키는 것 맞나요?

박 공교롭게도 이란 사람들은 스스로 페르시아라고 부르지 않습니다. 페
르시아라는 말의 역사적 연원을 살펴볼 필요가 있어요. 오늘날 이란의
남부 지역인 시라즈라는 지역에 고대 이란 제국을 형성한 파르스(Pars/
Fars)라는 가문이 있었습니다. 파르스 가문이 세운 제국을 그리스인들
이 페르시스라고 불렀죠. 페르시스를 라틴어로 페르시아(Persia)라 읽
게 되면서 전 세계 사람들이 페르시아라는 이름에 익숙해진 것입니다.

차클 그럼 이란이라는 말은 어떻게 유래된 건가요?

박 이란이라는 단어의 어원은 아르야(Arya)예요. '고귀하다, 순결하다'라

는 뜻이죠. 아리아인이라는 말의 어원과 같습니다.

차클 이란 사람들 입장에서는 가문의 이름에서 유래한 페르시아보다는 고귀하다는 뜻의 '이란'을 좋아할 수밖에 없을 것 같아요.

박 네. 1935년에 파흘레비(팔레비) 왕조의 국왕도 이란으로 불러달라고 국제 사회에 요청했습니다. 하지만 지난 2000여 년 동안 외부 세계에 페르시아라는 이름으로 알려져왔는데 갑자기 이란으로 바꾸면 혼란이 올 수밖에 없겠죠. 이란백과사전 편집자이자 세계적으로 권위를 인정받는 에르샤테르 박사의 제안에 따라 이란은 스스로를 이란으로 부르되, 외국에서 이란을 페르시아로 부르는 것을 막지 않기로 했습니다.

차클 그런데 역사적으로 봐도 페르시아라는 이름이 오히려 더 강인하고 좋은 이미지가 아닌가요? 이란이란 이름은 각종 중동 분쟁에 연루돼 있어서 그런지 이미지가 썩 좋지는 않은 듯해요.

박 맞습니다. 현대에 들어와서는 이란이라는 국가명이 좋은 의미로 쓰인 적이 별로 없어요. 특히 1979년 이후 서구 언론이 바라보는 이란에 대한 시각은 대부분 부정적이죠.

차클 하지만 우리나라와 이란은 사이가 그리 나쁘지 않은가 봐요. 서울 강남 한복판에 있는 테헤란로도 양국 교류의 상징이라면서요?

박 1977년 대한민국의 수도 서울과 이란의 수도 테헤란이 자매 결연을 맺은 기념으로 서울과 테헤란에 상대방 도시의 이름을 딴 도로를 만들었습니다. 주변 국가에서도 매우 부러워하는 교류의 상징이죠. 이란 사람들도 한국에 오면 테헤란로 시작점에 있는 표지석 앞에서 사진을 꼭 찍는다고 해요.

차클 그런데 최근 미국과 이란의 관계가 악화되면서 우리나라도 고민이 크다고 들었어요.

박 맞습니다. 이란과 첨예하게 대립 중인 미국이 한국에도 호르무즈 해협에 파병을 요청하면서 고민거리를 안겨줬습니다. 이 문제는 잠시 후에 더 자세히 얘기해보기로 하고 일단 호르무즈 해협이라는 지역에 대해 알아보도록 하죠.

차클 호르무즈 해협이 이란과 가까운 곳인가요?

박 네. 이란의 남쪽 바다인 오만만과 페르시아만을 잇는 좁은 해협입니다. 가장 짧은 폭이 39킬로미터(21해리) 정도, 최대 너비는 96킬로미터(52해리) 정도 됩니다. 배가 다니기에 굉장히 아슬아슬한 거리죠. 길이로는 167킬로미터(90해리) 정도예요.

차클 그리 넓지 않은 바닷길이 전 세계 이슈의 중심으로 떠오른 이유는 뭔가요?

박 간단합니다. 페르시아만 일대의 나라들이 전부 산유국이기 때문이죠. 우리나라에서 하루에 쓰는 기름의 양이 장충체육관을 채우는 정도로,

대략 280만 배럴 정도 됩니다. 그중 약 80퍼센트를 중동에서 들여오고 있어요.

차클 한마디로 석유가 지나다니는 핵심 통로이군요?

박 네. 하루에 대략 1850만~2300만 배럴 정도가 이 길을 따라 움직입니다. 전 세계로 수출되는 원유 해상 수송량의 30퍼센트 규모가 페르시아만에서 출발해 호르무즈 해협을 거쳐 세계 각국으로 운송됩니다. 우리나라로 오는 원유는 호르무즈 해협을 통과한 후 오만만을 거쳐 말라카 해협을 지납니다. 일본과 중국도 이 경로로 원유를 수입하지요.

차클 중동에서 생산되는 모든 에너지 수출품이 이 길을 통하나요?

박 맞습니다. 석유뿐만 아니라 가스도 있어요. 그렇기 때문에 호르무즈 해협의 수송로가 막힌다면 전 세계로 뻗어가는 석유 혈관이 막히는 것과 마찬가지입니다. 소위 검은 혈관인 셈이죠.

차클 여기가 막힌다면 오일쇼크가 벌어질 수도 있겠네요?

박 네. 혹시 2011년 리비아 혁명을 기억하시나요? 카다피 독재 정권의 퇴진을 요구하는 반정부 시위가 벌어졌죠. 당시에 카다피가 군대를 동원해서 자국민에게 해를 가하는 바람에 NATO와 미국이 리비아를 공습한 일이 있습니다. 그때 리비아에서 하루에 생산하는 기름의 양이 160만 배럴이었거든요. 그런데도 리비아에서 전쟁이 났다고 우리나라 기름값이 2000원까지 오르기도 했었죠. 지금 호르무즈 해협을 통해서 전 세계 국가에서 수입하는 기름의 양이 1850만 배럴입니다. 당시 리비아 산유량의 무려 10배 규모예요. 그런 호르무즈 해협이 봉쇄된다면 어떤 일이 벌어질지 길게 설명하지 않아도 아시겠지요?

차클 일단 기름값이 껑충 뛰겠죠.

박	상상을 초월하는 유가를 기록할지도 몰라요. 최악의 경우 전 세계 경기가 꽁꽁 얼어붙을 수도 있고요. 그래서 지금 전 세계가 주목을 하고 있고, 우리에게도 남의 문제가 아닌 겁니다.
차클	도대체 호르무즈 해협에서 지금 무슨 일이 벌어지고 있는 것인가요?
박	2019년 5월과 6월 사이에 호르무즈 해협 인근에서 대형 유조선들이 공격을 받은 일이 있습니다. 그런데 문제는 누가 공격했는지를 모른다는 것이에요. 이란을 싫어하는 사람들은 이란을 배후로 지목하고, 이란의 입장에서는 자신들이 그런 행위를 할 이유가 없다고 말하고 있습니다. 오리무중인 상황인 거죠.
차클	그래서 미국이 한국에 파병 요청을 한 건가요?
박	미국은 한국뿐만 아니라 호르무즈 해협 인근 지역에서 기름을 수입하는 동아시아와 유럽 주요 국가들에게도 파병 요청을 했습니다. 공동으로 이 지역의 안전을 책임지자고 목소리를 높이고 나선 거죠.
차클	이들 국가는 미국의 요청에 어떤 대답을 내놨나요?
박	많은 나라들이 주저하는 가운데 영국과 이스라엘이 파병 의사를 내비쳤죠. 우리나라도 고심 끝에 아덴만 일대에 나가 있는 청해부대의 작전 지역을 확대하겠다고 정부에서 발표했습니다. 이란은 미국의 호르무즈 호위 연합체에 강력히 반대하면서 페르시아만 연안 국가가 함께 안보를 책임지는 호르무즈 평화안을 제시했고요.
차클	파병이라는 군사적인 해결책 외에는 길이 전혀 없는 건가요?
박	우리 입장에서는 파병이 워낙 민감한 문제이긴 하죠. 이번 사태를 종합적으로 판단하기 위해 다양한 각도에서 생각해보도록 합시다. 미국과 이란이 왜 적이 된 건지, 호르무즈 해협을 둘러싼 현재의 분쟁 상황

이 왜 벌어지게 되었는지 등등 말이죠. 여러분은 이란이라고 하면 먼저 무엇부터 떠오르시나요?

차클 중동에 있다, 아랍권의 나라다 정도 아닐까요?

박 과연 이란이 아랍 국가일까요? 아닙니다. 이란은 아랍 국가가 아니에요. 우리는 이슬람이라고 하면 중동, 중동이라고 하면 아랍이라고 당연하게 생각합니다. 하지만 그것은 오해입니다.

차클 이란이 아랍 국가가 아니라고요?

박 중동은 지리적인 개념이고, 아랍은 문화적이고 언어적인 개념입니다. 아랍어를 쓰는 나라를 아랍 국가라고 하는 겁니다. 이란은 이란어를 쓰는데, 이란에서 쓰는 모든 언어를 총칭합니다. 또 다민족 국가라서 페르시아어뿐 아니라 아제르어, 쿠르드어 등 여러 언어가 쓰입니다.

차클 그렇군요. 우리가 아랍 국가라고 알고 있는 다른 나라 중에도 이란처럼 모국어가 따로 있는 경우가 또 있나요?

박 대표적인 예가 터키입니다. 터키에서는 아랍어를 쓰지 않고 터키어를

씁니다.

차클 그렇다면 아랍어를 쓰는 아랍 국가는 어떤 나라들을 일컫나요?

박 아랍연맹 소속 국가들이죠. 이란 바로 옆에 있는 이라크부터 북아프리카 끝에 위치한 모리타니까지 총 22개국이 아랍연맹을 형성하고 있어요. 아랍어를 국어로 쓰는 나라만 연맹에 들어갈 수 있습니다.

차클 그럼 이란에선 이란어(페르시아어)만 쓰나요?

박 이란어(페르시아어)가 공식 언어지만 아랍어를 쓰는 사람도 2퍼센트 정도는 될 겁니다. 하지만 공식 언어가 아랍어가 아니기 때문에 아랍연맹엔 들어갈 수 없어요.

차클 아랍 국가가 아니라 해도 이슬람 문화권인 건 맞죠? 흔히 이슬람 사회에선 여성들이 히잡으로 머리와 얼굴을 가려야 한다던데 이란은 어떤가요?

박 이란에서는 여성들 중에 얼굴을 가리는 사람들이 드물어요. 주로 사우디아라비아 같은 나라들의 여성들이 얼굴을 가리죠. 즉, 사회적으로 이슬람 율법을 보수적으로 해석하는 곳일수록 얼굴을 가리는 편입니다. 개방적인 나라에서는 얼굴을 드러내고 머리를 노출하는 경우도 많아요. 이란은 머리를 꼭 가립니다. 노출해서는 안 됩니다.

차클 같은 이슬람권이라고 해도 나라마다 문화마다 차이가 있다는 말씀이시군요?

박 무슬림 여성들의 복장은 크게 히잡(hijap)·차도르(chador)·니캅(niqap)·부르카(burka)로 나뉩니다. 히잡은 머리가리개를 말해요. 우리가 알고 있는 가장 일반적인 무슬림 여성의 복장이죠. 전 세계 대다수의 국가에서 여성 무슬림이 착용합니다. 차도르는 페르시아어로, 머리가리개가

장옷처럼 얼굴을 제외하고 가슴까지 몸을 가리는 방식이죠. 니캅은 눈을 제외한 얼굴과 몸의 대부분을 가리는 옷입니다. 부르카는 몸의 모든 부위를 가리고, 눈 부위만 망사로 만든 겉옷이에요. 주로 아프가니스탄에서 입습니다.

차클 굉장히 답답할 것 같아요. 무슬림 여성이라면 무조건 이런 복장들을 입어야 하는 것인가요?

박 한마디로 답하기엔 굉장히 민감한 이슈입니다. 전통 의상의 문제가 문화나 종교적인 분야를 떠나서 정치적인 문제가 돼버렸거든요.

차클 그러고 보니 다른 나라의 영부인이나 인사들이 이슬람권 나라를 방문했을 때 앞서 언급된 전통 복장을 착용하는 문제로 논란이 많았던 것 같아요. 언제부터 이렇게 민감해진 것인가요?

박 이란도 1979년 이슬람 혁명 이전까지는 굉장히 자유로웠습니다. 그러다가 혁명 이후에 이슬람 전통 의상을 의무화시켰어요. 이제는 무조건 써야 합니다. 그래서 이란에선 해외로 나갈 때 비행기가 이륙하는 순간 히잡을 벗는 분들이 많아요.

차클 자발적으로 이슬람 전통 의상을 착용하는 사람들도 있다면서요?

박 1979년 이후에 태어난 이란 사람들 중 일부는 서양으로 이민을 가서도 히잡을 계속 쓰기도 합니다. 개인 차가 굉장히 큰 거죠. 이슬람 문화를 개인이 어떻게 받아들이고 이해하느냐가 관건입니다. 단순히 자유와 억압의 문제로 구분하기 어려운 문제입니다. 몇 명이 쓰고 몇 명이 안 쓴다고 수치화하기도 어려워요.

이란은 어떻게 공화정이 되었나

"이란은 이슬람 체제와 공화국 체제로 나뉘어 있어요. 말하자면 이슬람법학자 통치에 기초한 공화정 체제인 것이죠. 이란의 국가원수는 성직자, 즉 이슬람법학자예요. 그가 이란의 군 통수권, 전쟁 선포권을 포함해 외교·사법 등에 영향력을 끼치는 막강한 권한을 가집니다. 동시에 공화국 체제라서 대통령도 존재합니다. 우리가 대통령을 뽑듯이 직선제를 통해 선출하죠. 마찬가지로 국회의원도 뽑아요."

• • •

차클   이란은 왕정 국가인가요?

박   1979년에 이란은 혁명을 통해 왕을 쫓아냈습니다. 지금은 유권자들이 투표를 통해 대통령을 뽑는 공화정 체제입니다.

차클   이란에서 1979년은 굉장히 중요한 해일 수밖에 없겠네요.

박   맞습니다. 1979년 이전까지 이란은 왕정 국가였습니다. 1979년 이후부터 공화정을 채택했죠. 그런데 굉장히 실험적인 형태를 띠고 있습니다. 이란의 공식 국호를 보면 알 수 있어요. 이란이슬람공화국, 즉 정치체제에 이슬람이라는 종교 요소가 들어가 있는 것이죠.

차클   신정 정치 같은 건가요?

박   비슷하지만 조금 다릅니다. 제가 개인적으로 가장 좋아하는 사진을 하

나 보여드릴게요. 현재 이란의 체제를 가장 잘 보여주는 사진입니다. 국가의 원수인 아야톨라 알리 하메네이가 예배를 인도하고 있죠. 바로 뒤에 당시 대통령 마흐무드 아흐마디네자드, 사법부 수장 사데그 라리자니, 국회의장 알리 라리자니가 나란히 서 있습니다.

차클 이 사진이 이란의 정치 체제를 어떻게 보여주고 있는 건가요?

박 이란은 이슬람 체제와 공화국 체제로 나뉘어 있어요. 말하자면 이슬람 법학자 통치에 기초한 공화정 체제인 것이죠. 이란의 국가원수는 성직자, 즉 이슬람법학자예요. 그가 이란의 군 통수권, 전쟁 선포권을 포함해 외교·사법 등에 영향력을 끼치는 막강한 권한을 가집니다. 동시에 공화국 체제라서 대통령도 존재합니다. 우리가 대통령을 뽑듯이 직선제를 통해 선출하죠. 마찬가지로 국회의원도 뽑아요.

차클 성직자에게 외교권이나 전쟁 선포권 같은 막강한 권한이 다 집중돼 있는데 대통령을 뽑는 게 무슨 의미가 있나요?

박 1979년 이전까지 이란에서는 왕이 모든 권리와 권한을 독점하고 있

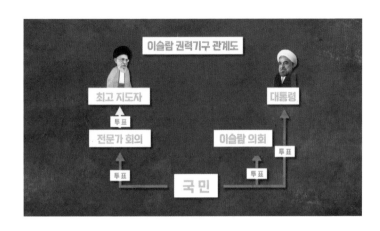

었습니다. 그런 모순을 타파하기 위해 지금과 같은 실험적인 체제를 채택하고 있는 것입니다. 한 사람에게 권력이 집중되는 것을 막기 위해 국민들이 직접 뽑는 대통령과 국회의원들을 두고, 삼권분립도 철저하게 보장하고 있어요.

차클 국가원수인 최고지도자는 어떻게 선출하나요?

박 국민이 직선으로 뽑은 88명의 전문가 의회를 통해서 선출합니다. 미국의 상원과 비슷해요. 전문가 의회에서 최고지도자를 선출하고 탄핵할 수도 있습니다.

차클 만약 국가원수인 성직자와 대통령이 국정 운영을 놓고 대립하면 어떻게 해결하나요?

박 최고지도자가 결정을 내립니다. 하지만 국가의 운명을 좌우하는 문제들은 당연히 협의를 거칩니다. 최고지도자와 대통령을 비롯해서 국가주요 인사들이 참여하는 최고국가안보위원회에서 함께 논의한 후에 결정해요.

차클	이렇게 실험적인 국가 운영 체제를 만들게 된 게 1979년이란 얘기죠?
박	1979년은 이란이라는 국가의 운명을 바꾼 해입니다. 바로 팔레비 왕조가 쫓겨난 해입니다. 이란은 페르시아 제국으로부터 이어지는 긴 역사를 가진 나라라고 말했었죠. 그런 나라에서 왕조가 쫓겨났으니 엄청난 사건일 수밖에 없어요.
차클	이란의 왕조가 사라진 뒤 대외적으론 어떤 변화가 있었나요?
박	1979년 이전까지 미국은 이란을 '페르시아만의 경찰' '중동의 헌병'이라고 불렀어요. 중동을 믿고 맡길 수 있는 친구 국가로 생각했죠. 하지만 팔레비 왕조가 끝나면서 이란과 미국은 친구에서 적으로 돌아서게 됩니다.
차클	단지 왕조가 끝났다고 미국과 이란의 사이가 틀어진 건 아니겠죠?
박	조금 더 시계를 돌려볼 필요가 있습니다. 1914년 제1차 세계대전을 기점으로 세계적으로 많은 변화가 일어나기 시작합니다. 당시에 중동의 맹주는 영국이었어요. 1908년에 이란의 마스제드 솔레이만(Masjed Soleyman)이라는 곳에서 영국의 자본가들이 석유 채굴 작업을 하던 중에 처음으로 석유를 발견하죠. 당시에 영국이 만든 회사가 영국-이란 석유회사(원래 이름은 Anglo-Persian Oil Company였다가 Anglo-Iranian Oil Company로 개명)예요.
차클	이란도 서방 국가들의 힘을 얻어 왕조를 유지했던 것이군요?
박	네. 강국들의 도움으로 왕위를 차지한 팔레비 왕조 초대 국왕 레자 샤(1925~1941 재위) 때 당연히 영국에 영합할 수밖에 없었어요. 자국에서 나오는 석유를 영국에 주고, 자신은 그 대가를 챙긴 겁니다. 왕실은 점점 부를 쌓아가는데 국민들에게 돌아가는 몫이 없었어요. 국민들의 반

대 목소리가 커지는 것이 당연했죠.

차클   이란 내부에서 왕에게 반대하는 사람은 없었나요?

박   지금도 이란에서 대단히 아까워하는 인물이 있습니다. 바로 모함마드
      모사데그(Mohammad Mossadegh) 전 총리예요. 레자 샤 때 독재를 비판했
      다는 이유로 낙향하고 감옥에 갇히기도 한 인물입니다. 레자 샤가 강
      제 퇴위당한 후에야 비로소 테헤란으로 돌아와 정치 활동을 하기 시
      작했어요. 민족주의자이자 사회주의자였던 그의 업적 중에서 가장 대
      표적인 것이 1951년에 영국-이란 석유회사를 국유화시킨 일입니다.
      영국이 이란의 석유를 빼앗아가는 걸 참지 못한 거죠.

차클   이란 국민들로부터는 당연히 많은 인기를 얻었겠네요. 당연히 영국에
      서는 좋아하지 않았겠지만요.

박   영국 입장에서는 자신들이 석유를 발견하고 개발했는데, 이란이 석유
      를 국유화해버리니 당연히 화가 났죠. 그래서 이란의 석유를 못 팔게
      막아버립니다. 그러다가 모사데그를 제거하기로 결정하고 미국을 개

입시켜요. 그게 1953년의 일입니다.

차클   남의 나라에서 그런 공작을 벌였다고요? 영국은 미국을 어떻게 설득한 건가요?

박   모사데그가 사회주의자라는 점을 부각시켰어요. 그리고 당시 한국의 상황을 예로 들며 미국을 설득합니다. 한국의 사회주의자와 공산주의자들 때문에 한국에서 6·25 전쟁이 일어났다고 강조하죠. 그러면서 이란이 소련과 엮이게 되면 굉장히 큰 힘을 형성하게 될 테니, 소련과 냉전 중인 미국에게 방어막을 구축하자고 제안해요. 미국의 입장에서는 그럴듯한 이유가 된 것이죠.

차클   미국은 어떻게 모사데그를 쫓아낸 건가요?

박   바로 1953년에 미국 CIA가 최초로 해외 공작을 합니다. 미국 CIA와 영국의 정보기관 MI6가 손을 잡고 모사데그를 몰아내는 친위 쿠데타를 일으켰습니다.

차클   당시 이란의 팔레비 왕(1941~1979 재위)도 미국과 영국의 공작에 순순히 동조했나요?

박   팔레비는 처음엔 주저했으나 설득당해 계획을 승인했습니다. 총리의 인기가 너무 커서 두려움도 없지 않았으니까요. 모사데그만 쫓아내면 다시 권력이 자신에게 돌아올 거라고 생각했죠.

차클   하지만 이란 국민들로선 정말 화가 나는 일이었겠네요?

박   네. 그래서 이란 사람들은 빈곤했던 자신들의 구원자로 떠올랐던 모사데그 총리의 실각에 대해서 아직도 미국에게 증오의 감정을 가지고 있다고 해요.

차클   모사데그 총리는 실각 후에 어떻게 되었나요?

박　쿠데타를 통해 체포된 이후에 죽기 전까지 가택 연금되었습니다. 이후 죽은 뒤에도 장례식조차 못 치르게 해서 자기 집 거실에 묻혔어요. 한 마디로 모사데그 총리는 이란의 민족적인 영웅이었습니다. 이란 사람들이 미국에 대해 부정적인 감정을 갖게 만든 중요한 원인이 됐죠.

차클　팔레비 왕은 다시 집권을 하게 되었고요?

박　미국과 영국의 비밀 공조로 모사데그가 축출된 직후 이란 사회는 팔레비가 이끄는 절대 왕정 시대를 맞이합니다. 이때부터 이란은 미국의 영향권에 들어갔고 미국이 원하는 대로 개혁을 시작합니다.

차클　미국이 원하는 개혁이란 어떤 내용이었나요?

박　대표적인 예로 1963년에 이란을 서구 사회처럼 만들겠다는 이른바 백색혁명을 벌입니다. 토지 개혁, 국영 기업 해체 등 이란이라는 국가 운영 체계를 자본주의 체제로 바꾸기 시작합니다.

차클　또 다른 사례도 있나요?

박　심지어 이슬람 문화에 대해서도 간섭을 하기 시작하죠. 예를 들면 여성들이 쓰던 이슬람교 전통 의상인 히잡을 못 쓰게 만들었습니다. 학교도 남녀공학으로 바꿔버렸어요. 급속도로 서구 문물을 유입시켜서 국민들의 혼란을 가중시켰습니다.

차클　낯선 문화가 급속도로 유입되니, 이란 내에서도 잡음이 많았을 것 같아요.

박　문화라는 것이 점차적으로 들어오면 부작용을 줄일 수 있는데, 갑자기 물밀듯이 밀어닥치면 사람들이 혼란을 느끼게 되죠. 물론 그런 변화를 좋아하는 사람도 있겠지만, 너무 급진적으로 바뀌기 시작하니 일부 사람들은 이란이 미국에 너무 굴종적인 자세를 취했다고 생각했어요. 지나치게 친미적인 체제 변화에 오히려 반감을 가졌죠.

차클 일방적인 친미에 반대하는 시위가 일어나지는 않았나요?

박 1963년에 백색혁명이 시작되고서 반대의 목소리도 본격적으로 나오기 시작했습니다. 과거 페르시아 제국의 영토였던 지역에서는 설날과 비슷하게 3월 21일에 신년 축제를 벌이는데 그때 신학교 학생들이 백색혁명 반대 시위를 한 거예요. 이때뿐 아니라 이후 크게 터지는 시위까지 무차별 진압하면서 학생들이 사망하는 일이 발생하죠. 시체를 지붕 위에 던지는 만행도 벌어집니다.

차클 너무 끔찍하네요.

박 백색혁명에 이란을 근대화시킨 긍정적인 측면이 있다고 해도 팔레비 왕이 그 과정에서 민의를 수렴하지 못하고 국민들을 탄압한 것은 분명 잘못이죠. 그런 사건에도 불구하고 그는 독재를 이어갔어요.

차클 영국에 석유를 내다 팔고, 미국을 등에 업은 채 왕권을 유지한 팔레비 왕은 국민들이 안중에 없었나 봐요.

박 당시 이란의 왕실이 쌓은 부를 비아냥거리는 말이 있었어요. 점심 한 끼를 먹기 위해 비행기를 타고 파리에 다녀온다고요. 그만큼 돈이 많았던 것입니다. 그런데 국민이 아니라 오로지 왕실만 돈이 많은 게 문제였죠. 심지어 세계 각국의 정상들을 불러 모아서 페르시아 제국 수립 2500년을 기념할 정도로 돈을 마구 썼습니다. 이처럼 왕실의 권위를 높이는 데에만 막대한 돈을 썼지, 국민들에게는 전혀 베풀지 않다 보니 결국 국민들의 분노가 터져나와 혁명으로 이어진 것입니다.

이슬람 혁명은 이란을 어떻게 바꿨나

> "왕정 국가를 이슬람 공화국 체제로 바꾸는 것에 대한 찬반 투
> 표를 실시했어요. 투표 결과 국민의 약 89퍼센트가 투표에 참
> 여했는데 무려 98퍼센트가 찬성표를 찍은 것입니다. 그리고 그
> 해 4월 1일 이슬람 공화정, 즉 신의 정부의 통치 첫날을 선포
> 하게 돼요."

• • •

차클 1979년에 일어난 이슬람 혁명에 대해 좀 더 자세히 알려주시죠.

박 혁명은 사실 1978년부터 시작됩니다. 그해 10월에 국민들, 특히 석유
노동자들이 파업을 시작해요. 그때 제2차 석유파동이 발생합니다. 팔
레비 왕은 더 이상 국민의 저항을 버티지 못하고 자신을 대신할 총리
를 세워두고 이란을 떠나버립니다. 그 과정에서 등장한 새로운 지도
자가 바로 이슬람 혁명의 지도자 아야톨라 루홀라 호메이니(Ayatollah
Ruhollah Khomeini)입니다.

차클 호메이니가 느닷없이 혁명의 지도자로 떠오른 건 아니겠죠?

박 그는 왕정의 서구화 정책과 독재에 반대하고 민중의 선두에 섰던 종
교인이었어요. 원래 명망 있는 이슬람 성직자 집안에서 태어나 종교인

의 길을 걸었지만, 다른 종교인과 달리 사회 문제에 관심이 많았습니다. 특히 이슬람 문화가 무너지는 것을 가만히 지켜볼 수 없다고 생각했어요. 고유의 문화가 쓰러져가는데 수동적으로 대처해선 안 된다고 주장하며 앞장서서 팔레비 왕의 잘못을 고발하기 시작했습니다.

차클 왕권에 정면 도전을 한 건데 박해를 받지는 않았나요?

박 앞서 1963년 3월에 시위가 있었다고 했죠? 그로부터 3개월 후에 호메이니가 이란의 이슬람교 성지인 곰(Qom)이라는 곳에서 팔레비 왕에 반대하는 연설을 합니다. 이슬람 학문의 중심지인 마드레세(신학교)에서 10만 명의 군중을 향해 왕정의 문제를 과감하게 고발한 겁니다. 그 사건으로 인해 팔레비 왕의 눈 밖에 나서 국외로 추방당하죠. 그런데 이란을 떠나서도 지속적으로 저술 활동을 하고 연설을 해서 반정부 시민을 결집시켜요.

차클 결국 외국으로 추방을 당했군요.

박 호메이니는 1964년 터키로 쫓겨났다가, 1965년 이라크 나자프로 거처를 옮겨 14년을 살았어요. 그러다 이란과 쿠웨이트·이라크의 외무장관이 만나서 그의 거취를 놓고 협의를 했어요. 그러고서 호메이니에게 반왕정 세력을 키우는 메시지를 계속 내보내면 더 이상 이라크에 머무를 수 없다고 협박을 했죠. 결국 호메이니는 이라크를 떠나게 됩니다. 그런데 아무도 받아주질 않았어요. 그러던 중에 지지자들의 도움을 받아 다시 프랑스로 거처를 옮깁니다.

차클 프랑스에 머물면서 이란에서 일어나는 혁명의 구심점이 될 수 있었다니 놀랍네요.

박 일각에선 호메이니를 프랑스로 쫓아 보낸 게 팔레비 왕의 실수라고

프랑스 망명 중 기자회견을 하는 호메이니.

말해요. 호메이니가 프랑스로 가게 되면서 전 세계 사람들이 이란의 속사정을 다 알게 되었거든요. 프랑스에 머물면서 전 세계 언론들을 상대로 인터뷰를 하기 전까지 세상 사람들은 이란이라는 나라에 어떤 문제가 있는지 몰랐어요. 그전까지 외부에는 이란의 좋은 면만 알려졌었던 것이죠. 하지만 호메이니가 등장하면서 이란의 실체가 벗겨진 것입니다. 팔레비 왕이 이란을 서구화시켜서 잘 이끌고 있다고 생각했던 세계인들이 안으로부터 많이 곪아 있는 이란의 현실을 깨닫게 된 겁니다.

차클   팔레비 왕이 자충수를 뒀네요.

박   그런 셈이죠. 민의를 잘 수렴하면서 국정을 운영했다면 문제가 없었을 텐데 독단적으로 자신의 말만 따르라고 하다가 이란을 망가뜨리고 자기도 쫓겨나는 신세가 된 겁니다.

차클   팔레비 왕을 지지했던 미국은 이후 어떤 행보를 보였나요?

박　　사실 미국은 팔레비 왕이 이란을 잘 통치해주길 바랐죠. 그런데 상황이 걷잡을 수 없이 악화되기 시작했습니다. 결국 1979년 1월 팔레비 왕은 이집트로 망명을 갔습니다. 그가 떠나고 얼마 후인 2월 1일, 호메이니가 망명 15년 만에 이란으로 돌아옵니다. 국민들의 어마어마한 환영을 받으면서 말이죠. 비록 팔레비 왕이 이란을 떠나긴 했지만, 이때까지만 해도 이란의 미래가 어떻게 될지 모르는 상황이었어요.

차클　　왕이 나라를 버리고 떠났고, 국민들이 바라는 지도자가 돌아왔지만 극심한 혼란이 불가피했을 듯해요.

박　　그렇습니다. 팔레비 왕을 싫어하는 사람이라고 해서 모두 호메이니를 따른 것은 아니니까요. 이슬람 혁명에 참여한 사람들도 다양한 계파로 나뉘어 있었습니다. 그저 왕을 몰아낸다는 하나의 공통 목표로 뭉쳤던 것이죠. 그때부터는 이란을 어떻게 운영할 것인지를 판가름하는, 굉장히 어지러운 상황이 펼쳐지기 시작합니다. 소위 왕좌를 차지하기 위한 혼란기가 시작된 것이죠.

차클　　결국 혼란 끝에 누가 힘을 얻게 되었나요?

박　　대부분 그런 상황에선 군대가 누구에게 충성을 하는지를 보면 됩니다. 1979년 2월 8일, 군대가 호메이니에게 충성을 맹세하면서 혁명이 완성됩니다. 이때 호메이니에게 충성을 맹세한 군인들은 공군 일부였지만, 대단히 상징적인 사건이었습니다. 그리고 그해 3월 30일과 31일 이틀 동안 왕정 국가를 이슬람 공화국 체제로 바꾸는 것에 대한 찬반 국민 투표가 실시됐습니다.

차클　　투표 결과가 어떻게 나왔나요?

박　　압도적인 결과가 나왔어요. 국민의 약 89퍼센트가 투표에 참여했는데

무려 98퍼센트가 찬성표를 찍은 것입니다. 그리고 1979년 4월 1일, 이슬람 공화정, 즉 신의 정부의 통치 첫날을 선포하게 돼요. 이렇게 많은 국민들의 환호 속에 이란이슬람공화국이 출범합니다. 그날이 바로 혁명으로 독재 왕정을 물리치고 국민들이 주권을 되찾은 날입니다.

차클 혁명 이후 이란엔 어떤 변화가 펼쳐졌나요?

박 이란이슬람공화국이 선포되고서 국기도 달라집니다. 1979년 이슬람 혁명 이전의 국기를 보면 왕실 문양이 중간에 자리하고 있었습니다. 혁명 이후의 국기에서는 왕실 문양이 삭제됩니다. 그 대신 "알라후 아크바르" 즉, "알라는 가장 위대하시다"라는 글씨를 국기에 새겨 넣어요. 국기 가운데엔 "알라 외에 신은 없다"는 글씨를 튤립 모양으로 형상화한 문양을 넣었어요. 또 혁명 때 군부가 미적거리는 것을 본 이란은 혁명 정신에 충실한 혁명수비대를 따로 만들었어요. 그래서 현재 이란군은 혁명수비대와 일반군으로 나뉘어 있습니다.

차클 그렇군요. 이란과 미국의 사이가 틀어진 건 호메이니가 집권한 게 계기인가요?

박 네. 결정적인 사건이 있습니다. 미국은 팔레비 왕조를 끝까지 비호했어요. 그것 때문에 이란 사람들은 완전히 미국에 등을 돌리죠. 심지어 이란 사람들은 팔레비를 이란으로 돌려보내라고 주장했어요. 자기들이 팔레비 왕정을 단죄하길 원한 거죠.

차클 자기들 문제는 스스로 해결하겠다는 것이었군요?

박 네. 나라를 망쳐놓은 사람을 미국에서 받아주는 것을 참을 수 없어했죠. 그때 결정적인 사건이 터집니다. 1979년 11월 4일에 일어난 테헤란 미국 대사관 점거 사태예요. 이란 대학생들이 미국 대사관 담을 넘어 들어가서 52명의 인질들을 붙잡고 무려 444일을 점거했어요. 미국이 암 치료를 이유로 팔레비 국왕의 미국 입국을 허용하자 격분한 것입니다.

차클 호메이니는 그들을 말리거나 중재하지 않았나요?

박 이미 학생들이 대사관에 들어가 점거를 했기 때문에 그럴 수도 없었어요. 그 대신 지금도 이란에서는 자신들이 인질을 굉장히 인도적으로 보호했다고 자신 있게 말해요. 하지만, 아무리 인질을 인도적으로 보호했어도 인질을 잡았다는 것 자체가 외교적으로 굉장히 큰 문제가 되는 것입니다.

차클 대사관을 점거당한 미국은 굉장히 자존심이 상했겠네요?

박 네. 하지만 그만큼 이란이 미국에 대해 갖는 적대감이 컸다는 방증이기도 합니다. 이란의 입장에서는 모사데그를 실각시키고, 팔레비를 비호한 미국을 용서할 수 없었죠. 미국의 입장에서도 미 대사관 점거는 대국의 자존심을 완전히 구겨버린 사건이었고요.

네 번째
질문

미국은 왜 이란을 압박하는가

"2002년에 이란의 핵 개발 프로그램이 처음으로 폭로되고 나서 국제 사회의 관심과 의심이 증폭되기 시작했습니다. 미국에서도 이란의 핵 시설을 예의 주시하기 시작했죠. 2009년에는 오바마 정부가 더 이상 이란의 핵 문제를 그냥 두고 볼 수 없다고 판단해 강력한 조치를 취하기 시작합니다."

• • •

차클 이란과 미국이 등 돌리게 된 또 다른 원인이 있나요?

박 바로 이란-이라크 전쟁(1980~1988)입니다. 국경을 맞대고 있는 두 나라, 이란과 이라크 사이에서 8년 동안 벌어진 전쟁이에요. 이때 양국을 합쳐 35만 명이 죽고, 55만 명이 부상을 당했습니다.

차클 왜 두 나라가 전쟁을 하게 되었나요?

박 앞서 이라크는 아랍어를 쓰는 국가라고 말했었죠. 아랍어를 쓰는 국가 중에서 가장 동쪽에 있는 나라가 이라크입니다. 당시 이라크의 지도자는 사담 후세인이었어요. 그는 이란에서 이슬람 혁명이 일어날 당시에 자신이 아랍권의 동쪽 문을 지키는 수문장이 되겠다고 장담했어요. 이란의 혁명이 아랍권으로 퍼지는 것을 경계한 것이죠. 그런 배경에서

320

이라크가 미국을 비롯한 서방 국가들의 도움을 받아 이란과 전쟁을 벌이게 된 겁니다. 그런데 이때 이라크가 굉장히 나쁜 짓을 많이 했습니다. 화학무기를 써서 이란 사람들을 죽이기도 했어요.

차클 당시 전쟁에서 미국이 이라크를 도왔다고요?

박 화학무기들이 어디에서 왔겠습니까. 서방 국가들로부터 들여온 것이죠. 이란의 입장에서는 억울할 수밖에 없지 않겠어요? 미국이나 다른 나라들을 공격하지도 않았으니까요. 그러니 미국을 좋아할 수가 없죠.

차클 그럴 수밖에 없을 것 같아요. 한편 이란의 핵 개발 문제도 양국 관계 악화의 핵심이죠?

박 미국과 이란의 관계를 악화시킨 가장 핵심적인 이유는 바로 2002년에 공개된 이란의 핵 개발 프로그램입니다. 이슬람 혁명에 참여했던 세력 중 모자헤디네 할그(Mojāhedīn-i Khalq)라는 단체가 있는데 이들이 최초로 이란의 핵 프로그램을 전 세계에 알렸습니다. 문제는 이란-이라크 전쟁 때 이 단체가 이라크 편에 서서 이란을 상대로 싸웠다는 사실입니다.

차클 왜 그들은 조국인 이란에 등을 돌린 것인가요?

박 이슬람 혁명 당시에 여러 분파가 있었다고 했죠? 이들도 그런 분파 중 하나였습니다. 이 단체는 1965년에 이란 왕정의 폭정에 반대하며 결성된 뒤 1979년에는 팔레비 왕조를 무너뜨리는 데 공헌을 했어요. 하지만, 이란 사람들은 이제 아무도 이 단체를 지지하지 않아요. 이슬람 혁명 이후 자국인 이란과 적이 된 게릴라 단체니까요.

차클 이란은 어쩌다 핵 개발에 나서게 된 건가요?

박 친미 성향이 강했던 팔레비 왕조 때 이란에서 처음 핵 개발을 시작했습니다. 이때는 미국이 아직 이란을 지원하던 시기였죠. 그런데 이란과 이라크 사이에 전쟁이 터지고 난 뒤 압박을 느낀 이란이 전력 생산 확충을 명분으로 핵 개발에 박차를 가한 겁니다.

차클   이란의 핵 개발이 명확해지면서 미국이 이란에 등을 돌리게 됐다는 얘긴가요?

박   2002년에 이란의 핵 개발 프로그램이 처음으로 폭로되고 나서 국제 사회의 관심과 의심이 증폭되기 시작했습니다. 미국도 이란의 핵 시설을 예의 주시하기 시작했죠. 2009년에는 오바마 정부가 더 이상 이란의 핵 문제를 그냥 두고 볼 수 없다고 판단해 강력한 조치를 취하기 시작합니다.

차클   얼마나 강력한 제재를 취했나요?

박   우선 경제 제재를 취했습니다. 이란을 지속적으로 압박하면 핵 개발을 막을 수 있다고 판단한 것이죠. 그래서 첫 번째로 이란이 미국 달러를 쓰지 못하게 막았어요. 그러면 수출입이 막히겠죠. 이란의 석유를 수입하려면 상대국이 수출 대금을 지불해야 하는데, 달러를 결제 수단으로 쓰지 못하게 한 거예요. 또 이란과 금지된 물건을 거래한 기업은 모든 거래를 중지시켜서 미국 시장에 들어올 수 없게 만들었습니다.

차클   이란과 교역하는 다른 나라 기업까지 함께 압박을 한 것이군요?

박   네. 모든 기업들이 이란과 거래를 하는 데 겁을 먹게 됐죠. 그러자 이란에서 수입하는 석유량이 점차 줄어들었어요. 이란의 중요한 수출품이자 생명줄이 석유잖아요. 이 석유 수출이 계속 줄어들게 만든 것이죠. 2012년부터는 경제 제재로 이란의 상황이 정말 말도 못 하게 나빠졌습니다. 물가가 치솟고, 일상생활에 필요한 물품들의 부족 현상이 이어졌어요.

차클   그러다 오바마 행정부가 극적인 제재 해제에 나서지 않았나요?

박   네. 미국은 유럽의 여러 국가와 함께 2015년에 이란이 핵을 더 이상 개발하지 않는다는 조건하에 '포괄적 공동행동계획(JCPOA)'에 서명했어요. 이 계획에는 UN의 안전보장 상임이사국인 미국·영국·프랑스·중국·러시아와 독일이 참여했습니다. 그렇게 '5+1' 국가와 이란이 협약을 맺었어요.

차클   포괄적 공동행동계획에는 구체적으로 어떤 내용을 담았나요?

박   "농축 우라늄 농축도를 3.67퍼센트 이하로 제한, 8년간 우라늄 농축 R&D 제한, 15년간 중수로 신규 건설 및 축적 금지" 등의 내용을 포함시켰어요. 우라늄 농축도 3.67퍼센트 정도면 핵을 안전하게 전기 발전용으로 쓸 수 있는 수준입니다. 무기로 쓰려면 농축도가 거의 90퍼센트는 돼야 하거든요. 따라서 핵을 평화적인 목적으로만 쓸 수 있는 수준을 요구한 것이죠. 이게 바로 오바마 대통령의 계획이었어요.

차클   왜 오바마 대통령은 미국 혼자가 아닌 다른 나라들과 함께 이런 계획을 가동한 건가요?

박   보통 미국 대통령이라면 이해 당사국과 일대일로 협약을 체결합니다. 그런데 오바마 대통령은 국제 사회와 다자간 협력을 통해서 이란과 협약을 해야 된다고 판단했어요. 여러 나라가 함께 이란과 협약을 맺어서 이란의 핵 개발을 원천 봉쇄하겠다는 계획이었죠.

차클   협약을 맺었다고 해도 몰래 핵 개발을 할 수 있는 게 아닌가요?

박   그런 생각을 할 수 있죠. 사실 이 협약을 비난하는 사람들, 특히 이스라엘이 그렇게 주장합니다. 이란이 약속대로 핵을 만들지 않을 거라고

어떻게 보장을 하느냐는 것이죠. 그래서 '포괄적 공동행동계획'에 반
대를 합니다.

차클   오바마 대통령이 반대를 무릅쓰고 밀어붙인 이유는 무엇이었을까요?

박   '포괄적 공동행동계획'을 주도한 오바마 대통령은 강경하게 맞서기보
다 믿고 기다려주는 것을 택한 것이죠. 이란의 정치계나 학자들이 스
스로 바뀔 것이라고 본 겁니다. 이렇게 낙관적인 생각을 갖게 된 근거
로 이란이라는 나라가 중동에서 유일하게 지난 40년 동안 직선제 투
표를 서른 번 이상 실시한 것을 들어요. 이란은 민주적인 투표를 하는
나라이고, 그 국민들은 자신들의 권한을 주체적으로 행사해온 사람들
입니다. 투표를 해본 사람과 안 해본 사람의 차이는 엄청납니다. 그래
서 오바마 대통령은 이란의 변화에 대한 희망을 품은 거예요.

차클   5+1 국가와 협약을 맺을 당시에 이란의 분위기는 어땠나요?

박   2015년 7월 14일에 협약 체결을 발표한 날, 이란은 온 나라에 축제가
열린 듯했습니다. 핵 개발 중단의 대가로 엄청난 경제 제재가 풀린 날
이었으니까요. 마치 우리나라가 월드컵 본선에 진출하고 4강에 올랐
던 것처럼, 이란의 모든 국민들이 기쁨에 겨워하는 광경을 보여주었어
요. 그래서 2015년 이후 한국 기업들도 이란에서 사업을 한다고 많이
진출했죠. 그런데 문제는 '포괄적 공동행동계획'이 계속 지켜지지 않
았다는 것입니다. 오바마 대통령의 임기가 끝남과 동시에 말이죠.

차클   트럼프 대통령이 등장하면서 협약이 무효화된 것인가요?

박   그렇습니다.

차클   그전에 이란은 협약의 내용대로 잘 이행하고 있었나요?

박   네. 핵 활동 제한 의무를 잘 지키고 있는지를 조사하는 국제원자력기

영·프·독 3국 "이란핵협정 준수할 것"

구(IAEA)의 사찰도 다 받았어요. IAEA도 이란이 약속을 잘 지키고 있다고 수차례에 걸쳐 발표했습니다.

차클 협약을 함께 맺었던 나머지 국가들은 어떤 입장인가요?

박 나머지 나라는 협약을 파기하지 않았어요. 미국만 나가버린 겁니다. 이란의 입장에서는 자신들이 약속을 다 지켰으니 나머지 국가들이라도 교류를 해야 한다고 주장하지만, 세계 경제에서 미국의 패권이 너무 강하기 때문에 나머지 국가들도 눈치를 보며 소극적으로 행동할 수밖에 없는 처지죠.

차클 트럼프는 왜 일방적으로 협약을 파기한 건가요?

박 트럼프는 이 협약에서 이란이 핵을 영구히 포기한다는 조항이 없다는 걸 이유로 들었어요. 하지만 결국 트럼프가 원하는 것은 미국과 이란이 양자 간 협약을 맺는 것입니다. 자신과 협약을 맺으면 이란을 경제적으로 아주 훌륭한 나라로 만들어주겠다며 협상 테이블에 앉히려 하고 있죠.

우리는 이란을 어떻게 바라봐야 하는가

"정부의 주요 인사들이 이란을 방문하게 되면 사우디아라비아에도 중요한 인사를 보냅니다. 우리가 왜 이란으로 가는 것인지를 설명하기 위해서죠. 이처럼 외교를 하는 데 있어서는 어떤 나라도 불만을 갖지 않도록 하는 것이 가장 중요합니다. 그만큼 섬세하게 접근을 해야 해요."

• • •

차클 결국 트럼프가 이란을 압박하고 있는 이유는 자신에게 도움이 될 새로운 협약을 위해서인가요?

박 그렇습니다. 자신의 정치적 입지를 굳히기 위한 것이죠. 그런데 오바마 대통령 때에는 석유를 제한적으로나마 수출하도록 허용했습니다. 그런데 트럼프 대통령의 전략은 이란이 석유 한 방울도 못 팔게 하겠다는 겁니다.

차클 미국이 경제적으로나 외교적으로 얻으려는 것이 무엇인가요?

박 트럼프 대통령은 자신이 이란의 핵을 완벽하게 폐기하고, 경제적 협력체제를 구축하겠다는 야심을 가지고 있는 것 같습니다. 자신의 서명이 들어간 협약을 맺고 싶은 것이죠.

차클	대선을 앞둔 트럼프로서는 경제적인 이유보다도 정치적인 목적이 더 큰 것이군요?
박	그렇습니다. 정치적인 목적이 굉장히 크죠. 왜 트럼프가 이란에게 압박을 가하는지 그 배경을 살펴봐야 합니다. 미국의 중동 정책은 테러 위협을 철저하게 막겠다는 것입니다. 그래서 이란이 국가적으로 테러 조직을 지원한다고 거듭해서 발표했어요.
차클	이란이 어떤 테러 조직을 지원한다는 것인가요?
박	주로 이스라엘에 대해 테러를 저지르는 조직들을 말합니다. 예를 들면 레바논의 헤즈볼라, 팔레스타인의 하마스, 예멘의 후시반군 등을 지원하고 있다고 하면서 이란의 지원 중단을 촉구하고 있죠. 이를 근거로 이란이 1979년 이슬람 혁명 이후 중동에서 테러를 자행하고 있다고 주장합니다.
차클	미국의 주장처럼 이란이 테러 조직을 지원한 증거가 명확한가요?
박	사실은 좀 애매한 부분들이 있어요. 예를 들어 헤즈볼라를 살펴보죠. 서방 세계에서는 헤즈볼라를 테러 단체로 규정합니다. 하지만 레바논에선 헤즈볼라가 엄연히 국민들이 선출한 정식 정당이에요. 어떤 기준에서 보는지에 달려 있는 문제죠.
차클	트럼프 대통령이 이스라엘을 공격하는 테러 집단의 배후세력으로 이란을 지목하고 공격하는 이유는 무엇인가요?
박	이스라엘은 트럼프 대통령을 움직이는 가장 큰 힘입니다. 이스라엘의 안보를 수호하는 것이 그의 가장 큰 목적으로 보일 정도죠. 그런데 이스라엘은 오바마 대통령이 '포괄적 공동행동계획'을 체결할 때에도 이란의 핵 개발 중지 선언을 믿지 않았어요.

차클 이스라엘은 왜 그런 태도를 보이고 있는 건가요?

박 이스라엘은 고대 왕국 멸망 이후 1948년 팔레스타인 지역에서 건국된 작은 나라입니다. 주변에는 반이스라엘 감정을 가진 국가들이 둘러싸고 있고요. 만약 주변 국가들이 아무리 작은 규모일지라도 핵 무기를 갖게 되면 안보적으로 위협이 된다고 생각할 수밖에 없는 상황이죠. 따라서 이스라엘로서는 자신들의 안보를 지키기 위해서 주변의 어떤 국가도 핵 발전을 하지 못하게 막는 것이 목표인 겁니다.

차클 트럼프가 이스라엘을 보호하려고 애쓰는 데에도 분명히 정치적 목적이 있겠죠?

박 그렇죠. 2020년 대선과 연결되는 문제입니다. 트럼프 대통령의 가장 든든한 후원자가 유대계 미국인인 셸던 애덜슨이기 때문이죠. 그는 약 44조 원의 재산을 보유한 세계 21번째 부자예요. 싱가포르에 있는 마리나 베이 샌즈 호텔의 소유주이기도 하고요.

차클 이스라엘의 지원을 받아 자신의 정치적 입지를 굳히겠다는 것인가요?

박 애덜슨은 자신의 부로 이스라엘에 헌신을 하고 싶어 하는 사람이에요. 트럼프는 애덜슨의 지지가 필요하고요. 그 말은 곧 애덜슨은 트럼프 대통령을 통해서 자신이 늘 꿈꿔왔던 이스라엘의 평화와 안전을 보장받고 싶어 한다는 것이죠. 게다가 애덜슨은 굉장히 반이란적 정서를 가진 사람이에요. 심지어 "이란의 핵 개발을 막기 위해 먼저 이란의 사막에 핵무기를 사용한 후 다음에는 테헤란에 쏘겠다"는 과격한 발언을 서슴지 않고 할 정도죠.

차클 친이스라엘 인사들이 미국 정계에 많이 포진해 있나요?

박 그럼요. 애덜슨은 네타냐후 이스라엘 총리의 후원자이기도 해요. 트럼프 대통령의 사위인 재러드 쿠슈너도 유대계로서, 네타냐후 총리와 연결되어 있죠. 이처럼 트럼프 대통령 주변에는 친이스라엘·반이란 정책을 펴는 사람들이 포진해 있기 때문에 미국의 중동 정책도 친이스라엘 정책으로 기울 수밖에 없어요.

차클 이란은 아랍권 국가도 아니고 이스라엘과도 떨어져 있는데, 왜 그렇게 사이가 나쁜 것인가요?

박 1979년 이전 팔레비 왕정 때는 이스라엘과 이란이 굉장히 친했습니다. 이란도 이스라엘도 모두 미국과 가까웠어요. 그런데 1979년 이슬람 혁명이 일어나고 나서 이란이 반미로 돌아서면서 자연스럽게 반이스라엘로 돌아서게 되었죠. 그리고 이라크의 사담 후세인이 몰락하게 된 것이 결정타가 되었습니다. 중동에서 가장 힘이 센 지도자와 국가가 무너지면서 이란이 새로운 강자로 들어섰기 때문입니다.

차클 그렇다면 아랍권 국가들은 이란을 어떻게 바라보고 있나요?

박 같은 아랍권 국가라고 해도 조금씩 달라요. 이슬람 종파가 시아파(Shi'a)와 순니파(Sunni)로 나뉘는 것 아시죠? 그런데 전 세계적으로 시아파가 가장 많이 살고 있는 나라가 이란, 그다음이 이라크입니다. 이라크는 60퍼센트의 시아파, 20퍼센트의 순니파, 20퍼센트의 쿠르드족으로 이루어진 나라입니다. 1932년에 영국이 이 지역을 하나의 국가로 묶었을 때 순니파가 정권을 잡았어요. 그 힘의 흐름이 사담 후세인까지 이어졌었죠. 그런데 2003년에 미국이 '중동 민주화'를 내세우면서 사담 후세인 정권을 전복시켰어요. 조지 W. 부시 대통령은 이라크에 민주주의 선거를 통한 새로운 국가를 세우겠다고 발표합니다. 인구 구성비를 보면 예상할 수 있지만, 이후 자연스럽게 시아파가 정권을 잡게 됐습니다. 그러자 이란도 시아파, 이라크도 시아파 국가가 돼버렸어요. 그뿐만 아니라 시리아도 정권을 잡은 세력이 시아파이고 레바논에도 시아파 헤즈볼라가 있어요. 2004년에 요르단 국왕인 압둘라 2세는 "이란에서 이라크·시리아·레바논까지 시아파 초승달이 만들어지면 아랍 지역의 순니파 왕정국에 심각한 안보적 위협이 될 것이다"라고 우려를 표한 바 있습니다.

차클 최대 산유국이자 중동의 맹주인 사우디아라비아도 굉장히 경계를 할 것 같은데요.

박 2017년 5월에 사우디아라비아의 살만 국왕이 "1979년 호메이니 혁명이 시작되기 전 300년간 우리나라는 테러나 극단주의를 모르고 살아왔다"고 했어요. 즉, 이란이 혁명을 일으키는 바람에 중동이 시끄러워졌다는 거예요. 사우디아라비아도 왕정 국가잖아요. 이란에서 새롭게 등장한 공화정 국가 체제를 좋지 않은 시선으로 볼 수밖에 없어요. 결국 미국을 비롯해 중동 내의 다른 국가들로부터 이란은 공공의 적으로 인식되고 있습니다. 특히 트럼프 대통령이 정권을 잡은 후부터는 모두 반이란 정책을 내세우고 있어요.

차클 이처럼 복잡한 중동 문제에 우리가 관심을 가져야 하는 건 역시 석유 때문일까요?

박 만약 기름이 없다면 우리는 경제 활동을 할 수가 없으니까요. 그 기름이 들어오는 통로가 호르무즈 해협이고요. 이란과 미국은 핵문제를 놓고 단순히 말싸움만 벌이고 있는 게 아닙니다. 미국은 병력을 호르무즈 해협으로 보내서 이란이 조금이라도 틀어지면 공격하겠다는 태도를 취하고 있어요. 이란도 자신들이 공격을 받으면 가만있지 않겠다면

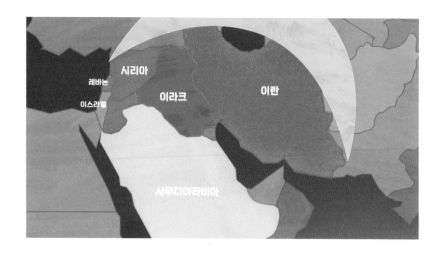

서 총부리를 사우디아라비아나 UAE의 유전시설로 향하고 있죠. 만약 양국 간에 조금이라도 오해가 생긴다면 중동 전체가 휘말리는 일촉즉발의 상황입니다. 중동 전체가 전쟁에 휘말리면 전 세계의 경제까지도 무너집니다. 최악의 상황을 대비해 미국은 우리에게 파병을 요청한 것인데 이란은 한국이 참가하지 않기를 바라는 상황이죠.

차클 다른 나라들은 미국의 파병 요청에 응했나요?

박 일본, 영국과 이스라엘은 미국의 요청에 응했습니다. 앞서 말씀드린 것처럼 우리는 파병하는 쪽으로 결정을 했고요. 사실 다양한 전문가들의 의견을 종합해보면 파병에 찬성하거나 반대하는 쪽이 극명하게 나뉩니다. 찬성하는 쪽은 우리의 가장 중요한 안보협력국인 미국 없이 우리가 어떻게 북핵 문제를 해결하고 한반도 평화를 유지할 수 있느냐는 것을 강조해요. 따라서 미국의 요청을 거절하면 앞으로 미국으로부터 어떤 도움도 받을 수 없을 거라고 예측합니다. 그런데 또 반대로 이란이라는 주요한 경제 파트너를 배제할 수 없다는 시각도 있습니다. 만약 우리가 호르무즈 해협으로 파병을 하면 훗날 이란 시장에 진출하려고 할 때 우리가 설 곳을 잃을 수 있다는 것을 강조하죠. 그래서 이란 파병 문제를 주의 깊게 다뤄야 한다는 거예요.

차클 정말 우리로서는 어떤 선택을 해도 어려운 처지에 놓이게 되네요.

박 그렇습니다. 중동의 어떤 나라든 모두 중요하다는 것을 다 알죠. 정부의 주요 인사들이 이란을 방문할 때면 사우디아라비아에도 중요한 인사를 보냅니다. 우리가 왜 이란으로 가는지를 설명하기 위해서죠. 이처럼 외교를 하는 데 있어서는 어떤 나라도 불만을 갖지 않도록 관리하는 것이 가장 중요합니다. 그만큼 섬세하게 접근을 해야 해요. 오늘 우리는 이란과 사우디아라비아의 사이 역시 굉장히 안 좋다는 것을 배웠습니다. 하지만 우리에겐 모두 중요한 교역국들이기 때문에 더욱 예의 주시할 필요가 있습니다. 우리가 불가피한 선택을 한다 할지라도 다른 나라들을 이해시키는 과정은 반드시 필요하다고 생각합니다. 그리고 우리 국민들도 일방적으로 찬성하고 반대하는 걸 멈추고 한 번쯤 다양한 관점에서 이해하는 여유를 가지면 좋겠습니다.

김주영 이란에서 여자는 축구 관람도 못 한다고 하던데, 여성 부통령을 선출했다고 들었습니다. 어떻게 그런 일이 가능했을까요?

박 이란은 여성도 참정권을 가진 나라입니다. 또한 여성이 국회의원도, 부통령도,

장관도 할 수 있습니다. 다만 8년 임기에 88명으로 구성된 전문가 의회 선거에는 이슬람 법학 지식을 갖춘 사람만이 입후보 자격을 얻을 수 있어 여성의 입후보가 사실상 불가능합니다. 또한 이란법상 여성의 축구장 출입을 금지하는 조항은 없습니다. 그런데 배구 경기를 비롯한 다른 운동 경기는 관람할 수 있어도 축구장 출입은 불가능합니다. 이란 축구팬들이 위험한 행동을 많이 하기 때문에 여성들을 보호한다는 이유로 경찰이 막고 있지요. 그러나 무엇보다도 남성과 여성이 함께 있는 것을 좋지 않게 보는 이슬람 문화 탓이 큽니다. 실제로 1979년 이슬람 혁명이 성공한 후 이란 사회가 급격히 이슬람화를 겪으면서 1981년 10월부터 여성의 축구장 출입을 금지시켰습니다. 당시 성직자들이 남성 일변도의 분위기로부터 여성을 보호하고, 여성이 남성의 노출된 몸을 보지 못하도록 경기장 출입을 막은 것입니다.

그러다 2018년 테헤란 아자디 경기장에서 이란과 스페인이 경기할 때 관람이 아닌 응원 목적으로 여성들의 경기장 출입을 37년 만에 처음으로 허가했습니다. 반면 2019년 3월 AFC 챔피언스리그 이란의 에스테글랄(Esteghlal)과 아랍에미리트의 알아인(Al-Ain) 경기를 보기 위해 아자디 경기장에 들어가려다가 경찰에 체포되었던 사하르 호다야리라는 29세의 여성은 법정 출두를 앞둔 9월 9일에 분신자살을 했습니다. 이에 FIFA에서는 이란축구협회에 여성의 축구장 출입 허가를 요청했지만, 이란 측에서는 받아들일 수 없다고 거부했습니다.

하지만 얼마 전 이웃 국가인 사우디아라비아에서는 엄격한 남녀 분리 문화를 깨고 여성의 축구장 출입을 허가했습니다. 이러한 변화의 분위기가 이란에도 불어올 가능성이 있다고 생각합니다.

독일의 68세대와
한국의 86세대

·

김누리

날카로운 통찰력과 거침없는 비판 의식으로 독일 통일을 연구해온 독문학자. 독
일유럽연구센터 소장, 한국어독어독문학회 회장이며, 중앙대학교 독문학 교수,
동 대학원 독일유럽학과 교수로 재직 중이다.

독일의 68혁명은 무엇인가

"한국 사회에는 유교적 윤리, 취업이나 결혼, 각자에게 강요되는 사회적 인식, 여성으로서 받아야 하는 차별 등등 많은 문제가 억압의 형태로 존재하죠. 68혁명은 바로 그러한 모든 억압에서 벗어나고자 했던 움직임이었어요."

• • •

차클   교수님은 독문학을 전공하셨는데, 어떻게 독일의 통일에 관해 연구하게 되셨나요?

김   저는 원래 현대 문학을 전공했어요. 1999년에 노벨 문학상을 받은 귄터 그라스(Gunter Grass)를 주제로 박사 논문을 썼죠. 귄터 그라스는 《양철북》의 작가이자, 독일 통일을 가장 강력하게 반대한 인물입니다. 저로서는 왜 독일을 대표하는 작가가 통일을 반대한 건지 이해되질 않았어요. 그래서 통일에 관심을 갖게 됐죠. 이후 통일이라는 거대한 시스템의 변화가 독일인들에게 어떤 영향을 주었는지에 대해 연구하다가 책까지 몇 권 내게 됐습니다.

차클   그랬군요. 혹시 교수님께선 통일 당시에 독일에 계셨나요?

김	1989년 4월에 독일에 갔는데 그해 11월에 베를린 장벽이 무너졌죠. 그런데 당시 독일 거리에서 만나는 동양인 유학생들 중에서 한국 사람은 단번에 알아차릴 수 있었어요. 독일이 통일되는 과정을 지켜보면서 유독 한국 사람들의 눈가가 촉촉해질 수밖에 없었거든요.
차클	한국 사람들에게 통일은 남 일 같지 않았을 테니까 충분히 그럴 수 있었겠네요.
김	그렇습니다. 어떤 나라 사람도 독일의 통일을 그처럼 감정적으로 공감하며 받아들이지 않았을 겁니다. 그만큼 한국 사람들에게는 통일이 각별한 문제지요. 저는 한국 사람들에게 독일이 일종의 '요술거울(Zerrspigel)' 같은 존재라고 생각합니다. 그 앞에 서면 자신의 모습이 일그러져 보이는 그런 거울 말입니다.
차클	독일이 한국의 일그러진 거울이라니 왜 그렇게 생각하시는 건가요?
김	우리는 우리 사회를 낯설게 느끼질 않아요. 그런데 독일이라는 거울에 우리를 비춰 보면서 우리의 모습이 일그러져 보이는 것 같다는 느낌을 가졌어요.
차클	우리나라의 어떤 면이 일그러져 보였다는 말씀이신가요?
김	사실 전 세계는 한국을 우리가 알고 있는 것보다 대단한 나라로 바라봅니다. 특히 한국의 민주주의는 상당히 높은 수준으로 인식되고 있죠. 2019년 스웨덴의 '민주주의 다양성 연구소'가 전 세계 178개국의 민주주의 수준을 비교하는 연구를 했어요. 한국은 12위를 기록했죠. 그런데 저는 사실상 1위라고 봐요.
차클	한국의 민주주의를 사실상 세계 1위라고 보시는 이유가 뭔가요?
김	한국보다 높은 순위를 기록한 노르웨이·스웨덴·덴마크·에스토니

아·스위스·네덜란드·핀란드의 경우 모두 유럽에 위치하고, 500만에서 1000만 사이의 인구를 가진 작은 나라들이죠. 아기자기한 민주주의가 가능한 조건이에요. 그런데 인구나 경제 규모 면에서 한국보다 더 큰 나라들과 비교해보면 얘기가 달라집니다. 1인당 국민총소득 3만 달러 이상, 인구 5000만 명 이상인 나라를 이른바 '30-50클럽'이라고 하는데요. 전 세계에서 30-50클럽에 속하는 국가는 모두 7개국에 불과합니다. 미국·독일·프랑스·일본·영국·이탈리아·한국이죠. 이 30-50클럽 중에서 한국의 민주주의 수준이 1등이라는 거예요. 저도 깜짝 놀랐습니다.

차클 한국 민주주의의 수준을 이렇게 높게 평가하는 이유는 무엇일까요?

김 2016년 촛불혁명 덕분 아니겠어요? 민주적 절차로 대통령 탄핵을 이뤄냈잖아요. 살아 있는 민주주의를 보여주었죠. 최근에는 홍콩이나 대만에서, 심지어 중국 본토에서도 한국의 민주주의가 아시아 민주주의의 모범으로 받아들여지고 있죠.

차클 서구권에서는 한국의 촛불혁명을 어떻게 평가했는지 궁금합니다.

김 독일에서 가장 권위 있는 신문이라 평가받는 〈디자이트(Die Zeit)〉는 대한민국의 민주주의에 대해 '모범적인 민주주의'라는 제목으로 심도 있게 다루었어요. "이제 미국과 유럽은 한국에서 민주주의를 배워야 한다"고 했지요.

차클 촛불혁명을 통해 높은 민주주의의 수준을 보여줬다고는 하지만, 따지고 보면 그보다 앞서 시민들이 광장으로 나갈 수밖에 없는 정치적 상황이 벌어진 게 그 배경이었잖아요. 그렇다면 꼭 민주주의가 발전했다고 볼 순 없지 않을까요?

김 아주 중요한 지적을 해주셨어요. 독일의 공영방송에서도 우리나라의 촛불혁명에 대해 비중 있게 다뤘는데요. 제가 당시에 독일 특파원과 인터뷰를 하면서 이런 얘길 했어요. "우리는 아주 위대한 민주주의의 역사를 가지고 있는 나라다" "4·19 혁명, 5·18 민주화운동, 6·10 민주항쟁, 2016년 촛불혁명까지 이어지는 저항의 역사를 보아라"라고요. 그런데 갑자기 저 스스로 말도 안 되는 소리를 했다고 느꼈습니다. 위대한 민주주의의 역사를 가졌다는 말에는 어떤 역설적인 함의가 들어 있다는 것을 느낀 거죠.

차클 왜 그런 생각이 드신 건가요?

김 최초의 민주혁명인 4·19 혁명의 성과는 1년 만에 박정희의 5·16 군사 쿠데타에 의해서 전복되고 말았죠. 5·18 민주화운동도 야만적인 전두환 정권에 의해서 유린됐습니다. 6·10 민주항쟁을 거쳐 대통령 직선제를 이루어냈지만, 또다시 군부 출신의 노태우 대통령이 집권을 하게 되죠. 심지어 전 세계가 상찬하는 촛불혁명이 진행되던 와중에도 국군기무사령부 사령관이 쿠데타 모의를 했다는 문건이 나와 세상을 발칵 뒤집어놓았습니다. 다시 말하면 한국 민주주의의 역사는 한국 군사 쿠데타의 역사이기도 한 것입니다. 그걸 독일 방송과 인터뷰를 하면서 느낀 거예요. 그래서 당시에 "촛불집회는 한국의 민주주의가 얼마나 위대한지를 보여주면서 동시에 얼마나 취약한지를 보여주는 것"이라고 말했습니다. 왜 우리는 번번이 군사독재의 야만으로 다시금 굴러떨어졌을까요? 왜 한국의 민주주의는 항상 불안한 상태에 놓여 있었던 걸까요? 오늘 제가 이야기하고 싶은 주제가 바로 이것입니다. 저는 '민주주의자 없는 민주주의'가 그 원인이라는 점을 결론으로 미리 말씀드리고 싶어요.

차클 '민주주의자 없는 민주주의'라니 정확히 어떤 의미인가요?

김 예를 들어 광화문에 모여서 민주주의를 외치던 사람이 집에 돌아가서는 완전히 가부장적인 아버지로 돌변한다거나, 학교에 가서는 아이들을 쥐 잡듯이 몰아대는 권위적인 교사가 된다거나, 회사로 가서는 갑질을 일삼는 상사가 된다고 가정해보죠. 그럴 경우 도대체 민주주의는 어디서 할까요. 다시 말해 한국에서는 광장의 민주주의와 일상의 민주주의가 괴리돼 있습니다. 그러니까 우리가 아직 충분히 민주주의자가 되지 못한 것이죠.

차클 민주주의자가 되려면 일상 속 민주주의가 중요하군요. 한국에서 민주주의가 일상 속으로 뿌리내리지 못한 가장 큰 원인이 무엇이라고 생각하시나요?

김 저는 한국에서 68혁명이 일어나지 않았기 때문이라고 생각해요. 혹시 여러분은 68혁명에 대해 얼마나 알고 계신가요? 68혁명은 사실 오늘날의 세계를 만든 결정적인 계기가 된 사건이에요. 예컨대 독일이 오늘날 과거 청산을 잘한 나라, 복지 국가를 잘 이룩한 나라, 통일을 잘한 나라로 여겨지는 것도 모두 68혁명 덕분입니다. 68혁명 이전의 독일은 우리가 알고 있는 지금의 독일이 아니었어요.

차클 그런 역사는 잘 몰랐네요. 68혁명에 대해 좀 더 자세히 말씀해주시죠.

김 1968년 프랑스 파리를 중심으로 거대한 변혁 운동이 일어나기 시작했습니다. 이 운동의 핵심 구호는 "모든 형태의 억압으로부터의 해방"이었어요.

차클 모든 형태의 억압이라니 구체적으로 무슨 뜻인가요?

김 지금 여러분들을 옥죄고 있는 '억압'은 무엇인가요? 한국 사회에는 유교적 윤리, 취업이나 결혼, 각자에게 강요되는 사회적 인식, 여성으로서 받아야 하는 차별 등등 많은 문제가 억압의 형태로 존재하죠. 68혁명은 바로 그러한 모든 형태의 억압에서 벗어나고자 했던 움직임이었어요. 당시에 이런 움직임들이 세계 곳곳에서 폭발했고, 파리를 기점으로 서구 세계를 휩쓸었습니다.

차클 당시 68혁명이 일어나게 된 계기가 무엇인가요?

김 68혁명이 일어난 결정적인 계기는 바로 베트남전쟁(1960~1975)이에요. 남북 베트남 간의 내전과 통일 과정에 미국이 개입한 전쟁이죠. 그 과정에서 수많은 민간인이 희생됐어요.

차클 베트남전쟁에 대해서도 배운 적이 있습니다. 그런데 왜 베트남전쟁이 68혁명의 도화선이 됐나요?

김 전 세계적으로 1964년 무렵부터 TV가 보급되기 시작했습니다. 매체의 변화는 베트남전쟁을 이해하는 데 아주 중요한 역할을 했어요. 수많은 젊은이들이 전쟁의 참상을 직접 보게 된 겁니다. 이전까지는 미국이라는 나라가 자유세계를 지켜주는 수호자라는 인식을 갖고 있었지만, 뉴스를 통해 보도되는 베트남전쟁의 실상을 보면서 미국의 제국주의적 면모를 깨닫게 됐죠. 그리고 전쟁에 대한 도덕적 회의가 젊은이들 사이에서 폭넓게 공유되기 시작했어요.

차클 베트남전쟁을 소재로 한 사진 한 장만 봐도 전쟁의 참상이 느껴지는데, TV를 통해 전쟁의 단면을 생생하게 목격했다면 충격이 정말 컸을 것 같아요.

김 그렇습니다. 더불어 미국과 소련 사이의 군사력 경쟁, 특히 핵무기 경쟁이 정점에 이른 것도 영향을 미쳤어요. 1960년대 말부터 젊은이들 사이에 이 부조리한 세상에 대해 회의적으로 생각하는 부류들이 점점 더 늘어났어요. 어른들이 만들어놓은 질서나 가치가 모두 틀린 것은 아닌지 의심하며 급진적인 회의를 갖기 시작했죠. 기성세대가 만들어놓은 부조리한 질서가 곧 다양한 형태로 나타나는 억압의 구조이고, 자신들이 그것을 깨야 한다고 생각한 거예요. 바로 이런 자각이 68혁명의 구호로 이어진 것이지요.

차클 그런 공감대를 바탕으로 파리에서 시작된 68혁명이 주변 국가를 넘어 전 세계로 확산된 건가요?

김 베를린·로마·바르셀로나·마드리드 같은 도시들을 휩쓸고, 동유럽과 서유럽을 가르는 철의 장막까지도 뛰어넘었어요. 옛 체코슬로바키아의 민주화를 불러온 이른바 '프라하의 봄'도 68혁명 당시의 사건입니다. 68혁명의 불길은 도버 해협을 건너 런던, 또 대서양을 건너서 뉴

욕, 미국 대륙을 횡단해서 샌프란시스코와 LA, 태평양을 건너 일본의 도쿄까지 타올랐지요. 하지만 안타깝게도 대한해협은 건너지 못했어요. 저는 68혁명이 한국에 도달하지 못한 것이야말로 20세기 한국 역사의 중요한 분기점이라고 생각합니다. 그것이 세계적인 흐름으로부터 한국 사회를 반세기 정도 지체시킨 결정적인 원인이었으니까요.

차클   한국만 빠졌다니 안타깝네요. 68혁명이 나라마다 구체적으로 어떤 영향을 주었나요?

김 국가별로 68혁명을 통한 해방의 목표가 조금씩 달랐습니다. 미국의 경우 당시 베트남전쟁의 참전국이었기 때문에 반전이 주된 목적이었어요. 또 당시 미국에서 가장 중요한 이슈 중 하나가 흑인인권운동이었어요. 백인의 지배로부터 흑인의 해방이라는 이념이 현실적인 힘을 받게 됐습니다. 급진적 흑인운동단체인 블랙팬서나 흑인해방운동가 마틴 루터 킹도 68혁명의 흐름 속에서 나타난 현상이지요. 한편 프랑스에서는 자본의 지배로부터 노동의 해방이 가장 중요한 쟁점이었어요. 프랑스의 대학생들은 노동자들과 연대해 자본주의의 문제점을 신랄하게 비판했지요.

차클 이웃 나라 일본에선 어땠나요?

김 1968년에 대학 내 문제에 맞서 조직된 학생운동 단체인 전국학생공동투쟁회의(전공투)가 대표적 사례입니다. 그런데 이후 전공투는 과격한 투쟁 방식과 내부 폭력 사건으로 인해 대중의 지지를 상실해버렸어요. 조직 내부자들끼리 서로 죽고 죽이다 70명이 희생됐거든요. 이후 거의 와해돼버렸어요. 하지만 오늘날 일본의 양심적 지식인이라 불리는 사람들이 대부분 68세대라는 점은 주목할 만합니다. 《만엔 원년의 풋볼》의 작가이자, 노벨 문학상을 수상하고 반핵 운동에 앞장선 오에 겐자부로(大江健三郎)가 대표적이죠. 또 베트남전쟁 반대에 앞장선 진보 지식인 와다 하루키(和田春樹) 교수도 68세대라고 볼 수 있어요.

68혁명 이후, 독일은 어떻게 바뀌었나

"빌리 브란트를 비롯한 독일의 정치인들이 입버릇처럼 말하는
게 사회적 정의였습니다. 그런데 저는 한국 정치인들이 사회
적 정의를 외치는 것을 한 번도 보지 못했어요. 오로지 경제 발
전이나 경쟁력 얘기만 되풀이할 뿐이죠. 그만큼 독일과 우리의
사회적 인식이 달라요."

• • •

차클　독일에서는 어떤 형태로 68혁명이 진행됐는지 궁금합니다.

김　　68혁명 이전까지 독일은 과거 청산이 전혀 이루어지지 않은 나라였
　　　어요. 요즘의 일본 같다고 보면 됩니다. 심지어 1968년 당시에 서독
　　　의 총리는 나치 당원이었던 쿠르트 게오르크 키징(Kurt Georg Kiesinger,
　　　1966~1969 재임)거라는 사람이었어요.

차클　나치 당원이었던 사람이 총리가 됐다고요? 독일 사람들이 그를 용인
　　　한 건가요?

김　　68혁명을 계기로 민심이 달라진 걸 보여주는 상징적인 사건이 있습니
　　　다. 1968년 11월에 베아테 클라스펠트라는 젊은 여성 언론인이 공식
　　　석상에서 키징거의 뺨을 때린 겁니다. 당시 그녀의 나이가 스물아홉 살

344

이었지요. 이후 1969년에 처음으로 정권 교체가 이루어지고 그 유명한 빌리 브란트(Willy Brandt, 1969~1974 재임)가 서독의 4대 총리로 당선되죠.

차클 나치 독일의 범죄에 대해 공개적으로 사죄했던 총리가 아닌가요?

김 맞습니다. 빌리 브란트가 폴란드의 유대인 강제 거주 지역이었던 게토의 추념비 앞에서 무릎을 꿇고 있는 사진이 아주 유명하죠. 사실 브란트 자신도 무릎을 꿇어야겠다고 미리 계획한 것은 아니라고 해요. 그런데 현장에 가보니 무언가 형언할 수 없는 어떤 힘이 자신을 눌러 앉혔다고 했어요.

차클 빌리 브란트 역시 나치의 일원이었던 건 아니죠? 단지 총리로서 독일을 대표해서 사죄를 한 거겠죠?

김 맞습니다. 오히려 브란트는 노르웨이로 망명을 가서 나치에 저항하며 총을 들고 싸웠었죠. 독일의 반(反)나치 저항 운동의 상징이었던 그가 피해자와 희생자들에게 사죄하기 위해 무릎을 꿇은 겁니다. 많은 사람들이 '브란트가 무릎을 꿇음으로써 독일이 일어섰다'고 평가했지요.

차클 국민들도 반나치에 대한 공감대가 형성돼 있었기에 빌리 브란트도 그런 용기를 낼 수 있었던 것 같아요.

김 네. 그렇습니다. 68혁명 이후에 본격적으로 반나치 운동이 일어났습니다. 그 결과 독일에서는 역사 수업의 대부분을 제1차 세계대전과 제2차 세계대전에 대해서 배운다고 해요. 독일의 역사에서 히틀러가 집권한 기간은 사실 굉장히 짧습니다. 1933년부터 1945년까지 12년밖에 안 돼요. 앙겔라 메르켈은 네 번 연임에 성공해 2005년부터 2021년까지 16년 동안 총리직을 맡고 있죠. 히틀러의 재임 기간이 그다지 길지 않았음에도 불구하고 역사 수업의 절반 가까운 시간을 히틀러 시대에 대해 가르치면서 과거의 잘못을 반성하고 있어요. 다시는 끔찍한 역사를 반복해서는 안 된다고 말이죠.

차클 빌리 브란트가 총리가 될 수 있었던 원동력은 무엇인가요?

김 빌리 브란트가 선거 당시에 내세운 구호를 보면 상당히 아름답습니다. 정치 구호도 이렇게 아름다울 수 있구나 감탄하게 되지요. 예를 들면 "민주주의를 감행해보자(Demokratie wagen)"를 보세요. 정말 가슴이 뛰지 않습니까. 민주주의를 어디까지 할 수 있는지 다 해보자는 거지요. 그는 정치 민주화뿐만 아니라 사회 민주화, 경제 민주화, 문화 민주화를 모두 실현하고자 한 것입니다.

차클 그 밖에 특히 강조했던 분야가 있나요?

김 복지 분야, 특히 교육 영역의 개혁에 큰 관심을 가졌어요. 그래서 아주 매력적이고 강력한 구호를 내세웠는데, 그것이 바로 "교양사회(Bildungsgesellschaft)"입니다. 모두가 고등교육까지 받을 수 있는 사회를 만들자는 것이지요.

차클   독일에서는 학비와 생활비를 나라가 전액 지원한다고 들었는데, 같은 맥락인가요?

김   네. 그렇습니다. 제가 석사를 마치고 독일로 유학을 떠나려던 때였어요. 당시에 제출해야 하는 서류 중 일종의 재정증명서 같은 것이 있었습니다. 그런데 그 내용이 정말 이상했습니다. "나는 독일에서 내 생활비를 스스로 알아서 책임진다"는 점을 서약하는 거였어요. 이런 당연한 것을 서약까지 하다니 참으로 이해할 수 없었지요. 나중에 독일에서 생활하면서 알게 됐죠. 독일에서는 학생이 자기 생활비를 스스로 마련하는 게 오히려 특이한 경우였던 거지요. 국가에서 학생들에게 생활비를 지원하도록 돼 있으니까요.

차클   믿기 힘든 제도네요. 독일에서는 언제부터 학비와 생활비를 국가에서 지급했나요?

김   1946년부터 대학 등록금이 사라지기 시작했습니다. 1946년이면 제2차 세계대전이 끝난 직후죠. 다시 말해 독일 전 지역이 폐허였던 시기에 등록금을 없애기 시작한 거예요. 바펙(BAföG)이라고 불리는 대학생 생활비 지원제도는 1970년 브란트 정부에서 시작됐고요.

차클 어떤 계기로 이와 같은 제도가 생기게 된 건가요?

김 1946년 프랑크푸르트대학교를 다니던 카를 하인츠 코흐라는 학생이 등록금에 대해 위헌 소송을 제기한 것이 발단이 됐습니다. 교육권을 보장하는 건 국가의 의무라면서요. 저도 제 학생들에게 등록금 헌법소원을 하라고 권유해요. 한국처럼 잘사는 나라에서 대학교 등록금으로 이렇게 어마어마한 금액을 낸다는 건 사실 상상할 수 없는 일이에요. 한국은 1인당 국민소득 대비 대학 학비가 세계에서 가장 비싼 나라입니다. 하지만 아직까지 한국 사람들에겐 그런 권리의식이 없는 것이죠. 이 또한 68혁명이 없었기 때문에 생긴 현상이라고 할 수 있어요.

차클 학비 및 생활비 지원만 해도 막대한 비용이 들 것 같은데 복지를 위한 재원은 어떻게 마련했나요?

김 독일은 전후 급속한 경제 성장을 이루었어요. 이른바 '라인강의 기적'을 통해서죠. 하지만 사회적 분배 구조는 상당히 열악했습니다. 빌리 브란트 정부는 이러한 불평등을 해소하고 복지국가 체제를 마련하기 위해 1969년 이후 예산을 대폭 확충한 겁니다.

차클 예산을 늘렸다는 건 세금을 많이 올렸다는 말씀이죠? 독일 국민들의 반발은 없었나요?

김 먼저 국가 운영에서 정책 체감률이 대단히 중요하다는 점을 강조하고 싶습니다. 불평등한 사회 구조를 해소하기 위해 정부에서 제시한 정책이 국민들에게 정말 도움이 된다면 조세 저항도 그만큼 줄어들 수 있는 거예요. 예컨대 미국을 보세요. 미국은 자유시장경제의 낙원으로서 세금이 굉장히 낮은 나라입니다. 세금이 대단히 많은 독일이나 프랑스와 비교가 안 되지요. 그런데도 독일이나 프랑스보다 미국에서 조세 저항이 훨씬 심하게 나타납니다. 미국 국민들은 세금을 내고도 그에 대한 정책적 혜택을 거의 체감하지 못하기 때문이지요.

차클 반대로 독일이나 프랑스에서는 세금을 많이 낸 만큼 돌아오는 혜택도 많다는 말씀이죠?

김 한국에서는 실업자가 되면 정말 말 그대로 벼랑 끝에 서는 것이나 마찬가지죠. 하지만 독일에서는 달라요. 실업 수당을 지급하는 것은 물론, 재교육 프로그램도 제공해요. 자식들도 학비와 생활비를 받고 있으니 실업을 해도 그다지 큰 부담이 되질 않죠. 그러니 독일인들은 세금을 낸 것보다 더 많이 받는다고 생각하는 거예요.

차클 이런 정책들을 제시한 빌리 브란트가 강조한 가치는 무엇인가요?

김 그가 가장 중시한 것은 사회적 정의였어요. 빌리 브란트를 비롯한 독일의 정치인들이 입버릇처럼 말하는 게 사회적 정의입니다. 그런데 저는 한국 정치인들이 사회적 정의를 외치는 것을 한 번도 본 적이 없어요. 입만 열었다 하면 오로지 경제 발전이나 경쟁력 얘기만 되풀이할 뿐이죠. 그만큼 독일과 우리의 사회적 인식이 달라요.

차클 학생들의 교육 복지 문제도 사회적 정의를 실현하는 과정으로 봤군요.

김 맞아요. 사회적 정의라는 관점에서 대학생의 생활비를 주기 시작한 거예요. 부잣집 아이들은 공부만 하면 되는데, 가난한 집 아이는 일도 하면서 공부를 해야 하잖아요. 그건 사회적 정의에 맞지 않는다는 것이지요. '교양사회'라는 이념의 중심에는 사회적 정의를 구현한다는 생각이 있는 것이지요.

민주주의는 얼마나 확장될 수 있을까

"지금 우리의 욕망을 채우기 위해 끝없이 소비를 한다는 것은 너무나 이기적인 행위입니다. 68혁명이 내세운 '모든 형태의 억압으로부터의 해방'에는 바로 인간의 지배로부터 자연을 해방시키는 것도 포함돼요. 그게 바로 생태적 상상력입니다. 해방의 개념을 확장시킨 것이죠."

• • •

차클 민주화를 세분해 정치 민주화, 사회 민주화, 경제 민주화, 문화 민주화로 나누었는데, 여기서 우선 사회 민주화란 무엇을 의미하나요?

김 사회 민주화란 사회 각 영역의 조직 내에서 구성원들이 과연 얼마나 자율적으로 조직을 운영하고 의사 결정을 하는지를 가늠해보는 것입니다. 여기서 조직은 한 사회를 구성하는 다양한 영역의 개별 조직들을 말합니다. 대학의 경우를 살펴보죠. 독일 베를린 자유대학의 사례를 말씀드리면 이해가 쉬울 것입니다. 사실 68혁명 이전까지 독일의 대학은 가장 보수적인 집단이었어요. 교수들은 엄청나게 권위주의적이었고, 독점적인 권력을 행사했지요. 그런데 1969년 베를린 자유대학 총장 선거에서 교수 대표와 조교 대표가 맞붙게 됐어요. 조교 대표로는 당시 서른 살에 불과한 롤프 크라이비히(Rolf Kreibich)라는 연구소 조교가 출마했죠. 그런데 롤프가 58퍼센트의 득표율을 기록하며 큰 표차로 교수 대표를 따돌리고 총장이 된 겁니다.

차클 조교가 총장 선거에 나갈 수 있었던 배경은 무엇인가요?

김 68혁명을 통해서 학생들은 대학을 구성하는 세 주체가 권리를 동등하게 나눠 가져야 한다고 주장했습니다. 여기서 말하는 대학의 세 주체는 바로 학생과 교수와 조교·강사예요. 이들 각 주체가 대학 내에서 일어나는 모든 결정에서 33.3퍼센트씩의 권리를 나눠 가진다는 겁니다. 이를 3분할 원칙이라고 불렀어요.

차클 롤프 크라이비히는 총장의 역할을 잘 수행했나요?

김 그런 것 같습니다. 4년 후 선거에 다시 후보로 나서서 또 총장에 선출됐으니까요. 훗날의 평가에 따르면 롤프 총장이 재임하던 70년대의 베를린 자유대학이 아주 괜찮았다고 인정받고 있습니다.

차클 그렇다면 경제 민주화란 무엇을 의미하나요?

김 경제 민주화가 아주 어려운 부분이요. 사실 한국에서 가장 민주화가 이루어지지 않은 영역이 기업이죠. 기업에선 소유주가 그야말로 전제 군주처럼 모든 결정권을 독점하고 있잖아요.

차클 독일에는 직장 내 갑질문화 같은 것이 없나요?

김 거의 없다고 봐야죠. 독일에서는 갑질이라는 것을 할 수가 없으니까요. 우리나라의 경우 갑질이 문제되는 게 개개인의 인성이 잘못된 면도 물론 있지만, 제도적으로 그런 행위를 막지 못하는 게 문제입니다.

차클 그럼 독일에는 갑질문화와 같은 행위를 막는 제도적 장치가 있나요?

김 독일 기업들의 공통점을 생각해보죠. 대부분의 독일 기업은 이사회의

50퍼센트를 노동자가 차지하고 있어요. 노동이사를 이사회에 포함시키도록 법으로 정해두었기 때문이죠. 기업 규모가 큰 회사의 경우 이사회가 대개 20명으로 구성됩니다. 그중 10명이 노동이사고 나머지 10명은 주주총회에서 뽑는 주주이사인 거예요. 그런데 대부분 주주이사들은 이해관계로 인해 두세 파 정도로 나뉩니다. 반면 노동자들은 대체로 이해관계가 동일하죠. 그래서 노동자들을 대변하는 사장이 뽑힐 수밖에 없고, 당연히 사장은 노동자들의 눈치를 살필 수밖에 없습니다. 이것이 유명한 독일의 노사공동결정제입니다.

차클 노동자의 입김이 세면 기업의 성과가 안 좋은 시기에도 노동조합이 노동자들의 복지나 임금만 챙기려 한다는 잡음도 나오지 않을까요?

김 그런 우려를 할 수 있죠. 하지만 노동이사가 있어서 위기에 강한 면이 더 큽니다. 2008년 세계 금융 위기가 대표적인 사례예요. 이때 전 세계 국가 중에서 독일만이 독보적으로 성장했어요. 노동자들이 회사 경영 상황의 전반을 알고 있으니 노사 갈등이 일어나질 않았던 것이죠. 모두 회사에 대한 주인의식을 발휘해 선제적으로 임금을 낮추는 대신 해고는 허용하지 않는 방향으로 대비를 했어요.

차클 노사 갈등이 만연한 한국 입장에선 상상하기 어려운 일이네요.

김 1976년에 노사공동결정제법을 발의한 게 자유민주당 원내대표인 볼프강 미슈닉(Wolfgang Mischnik)입니다. 놀랍지 않나요? 노동자를 대변하는 것은 사회민주당이나 노동당에서 해야 할 일이잖아요. 기업가의 이해관계를 대변하는 자유주의 정당의 원내대표가 노사공동결정제를 발의한 것은 정말 놀라운 일이지요.

차클 그는 어떤 취지에서 법안을 발의한 것인가요?

김 법안을 발의할 당시에 "우리 시민들은 '국가시민(Staatsbürger)'으로서는 의회와 정부를 구성하는 핵심적인 주권을 가진 주인이다. 그러나 '경제시민(Wirtschaftsbürger)'으로서는 노예로 산다. 이것은 말이 되지 않는다"라는 연설을 했어요. 정말 감동적인 연설이었지요. 이후 표결 결과 찬성 389표, 반대 22표라는 압도적인 차이로 법안이 통과됐죠.

차클 마지막으로 문화 민주화로는 어떤 사례가 있나요?

김 간단한 예를 들어볼게요. 만약 68혁명 이전에 독일의 대학에서 저와 같은 교수를 부르려면 굉장히 복잡한 호칭을 붙여야 했어요. '아주 존경하옵는 교수이자 박사이신 김누리 씨' 이런 식으로 불러야 했죠. 그런데 68혁명 이후에 변화가 생깁니다. 그냥 '누리'라고 이름만 부르게 된 거예요. 이것이야말로 '혁명' 아닌가요.

차클 교수들이 반발하지는 않았나요?

김 많은 교수들이 저항도 했어요. 그러나 68세대 중심에 있는 젊은 교수들이 대학도 새로운 문화를 받아들여야 한다고 생각한 거예요. 우리나라에서도 일부 기업에서 호칭에 대한 문화를 바꾸려는 노력을 기울이고 있죠. 그와 비슷합니다.

차클 대학뿐만 아니라 독일 사회 전반에서 문화 민주화가 이루어졌나요?

김 문화라는 것은 인간과 인간이 맺는 관계양상을 의미합니다. 그러한 관계에 변화를 가져온 것이 문화 민주화고요. 68혁명을 거치면서 남성과 여성, 교수와 학생, 부모와 자식, 남편과 아내 사이의 관계들이 수평적으로 바뀌어야 한다는 주장들이 터져나왔죠. 혹시 코뮌 운동이라고 들어보셨나요? 파리 코뮌(Paris Commune)이나 코뮤니즘(Communism)이 모두 코뮌에서 나온 말들인데요. 이 코뮌 운동이 문화 민주화에 많은 영향을 끼쳤죠.

차클 코뮌이 구체적으로 무슨 뜻이죠?

김 우리나라에서 코뮌이나 코뮤니즘을 공산주의로 옮기다 보니 마치 재산만 공유하는 것처럼 비쳐지는 경향이 있어요. 그런데 사실 코뮌이라는 것은 그냥 공동체라는 의미지요. 68혁명 당시에 독일에서도 많은 코뮌들이 등장하는데 이들은 대부분 '성공동체'였습니다. 쾰른에서 시작된 코뮌1이 가장 유명했지요. 진정한 유토피아를 이루려면 재산을 공유하기 이전에 먼저 성을 공유해야 한다는 것이 이들의 주장이었습니다. 쉽게 말해 모노가미(monogamy), 즉 일부일처제를 거부하는 운동이었습니다.

차클 놀라운 얘기네요. 소유물은 물론 연애 대상까지 독점해선 안 된다고 본 건가요?

김 이들이 실천한 것은 실험적인 성격이 강한 운동이었습니다. 아까 모든 형태의 민주주의를 감행하자라는 브란트의 선거 구호를 얘기했지만, 바로 그것과 같은 맥락에서 나온 것이지요. 우리는 일부일처제라는 결혼제도를 통해서 한 남성과 한 여성이 만나 사랑을 완성한다고 생각하잖아요. 하지만 당시 코뮌 운동을 하는 사람들은 결혼제도가 재산 상속을 통해 자본주의 사회를 영속시키는 사회적 전제라고 본 거예요. 따라서 그러한 관계를 해체하기 위해서는 우선 성을 공유해야 한다고 본 것이죠.

차클 그런 급진적인 실험을 했던 코뮌 운동은 오래 유지됐나요?

김 오래 지속되지는 못했어요. 그러나 하나의 사회적 실험으로서 중요한 의미를 남겼습니다. 지금까지도 코뮌 운동의 영향이 남아 있어요. 예를 들어 독일 대학의 기숙사는 남녀를 구별하지 않아요. 우리로서는 상상하기 어려운 제도인데, 그렇다고 해서 독일에서 성희롱이나 성폭력이 쉽게 일어나는 것도 아닙니다. 굉장히 엄하게 처벌을 하죠. 우리보다 훨씬 엄격해요.

차클 코뮌 운동이 이후 사회에 어떤 영향을 주었나요?

김 소비에 대한 문제의식으로 확장하게 돼요. 탈물질주의 운동으로 이어진 것이죠. 여러분도 잘 아는 히피 같은 무리들이 대표적이에요. 소비를 완전히 포기하는 사람들이 늘어났죠. 예를 들어 독일의 프라이부르크라는 지역에서는 숲속 나무들을 잘라 태양광 발전시설을 만들려고 했었어요. 그런데 주민들이 나무를 자르면 안 된다면서 자신들이 소비를 줄이는 쪽을 택했다고 합니다.

차클 10대 환경운동가로 유명해진 스웨덴 소녀 그레타 툰베리도 68혁명의 메시지를 물려받은 것이라고 할 수 있겠군요?

김 그렇죠. 독일 대학에 가보면 머리를 자르지 않고 길게 기르고 다니는 학생들도 많아요. 뜨개질로 옷을 직접 만들어 입기도 하고요. 이런 행위들 자체가 일종의 시위예요. 실제로 독일 아이들 중에는 소비할 때 죄책감을 느낀다는 아이들이 많아요. 환경보호를 위해 소비를 포기할 수 있다고 말하는 비율도 80퍼센트를 웃돕니다.

차클 환경을 우선시해 스스로 소비를 포기하는 데까지 이르도록 만드는 건 교육의 영향일까요?

김 독일에서는 생태 교육을 매우 중요시합니다. 미래 생명에 대한 책임을 특히 강조하지요. 지금 인간이 지구에서 살아가고 있지만, 미래에도 지구에서 누군가는 생명을 이어나가야겠죠. 그들을 위해 최소한의 책임을 져야 한다는 것입니다. 그런데 지금 우리의 욕망을 채우기 위해 끝없이 소비를 한다는 것은 너무나 이기적인 행위입니다. 68혁명이 내세운 '모든 형태의 억압으로부터의 해방'에는 바로 인간의 지배로부터 자연을 해방시키는 것도 포함돼요. 그게 바로 생태적 상상력입니다. 해방의 개념을 확장시킨 것이죠.

왜 한국에는 68혁명이 없었을까

> "한국의 86세대는 진정한 의미의 적수와 싸워본 적이 없어요.
> 아주 기회주의적이고 사적인 이익을 탐하는 수구보수 세력과
> 싸웠던 것이죠. 그러니까 항상 도덕적으로 우월하다고 여길 수
> 밖에 없는 것입니다. 하지만 그런 식의 우월감이 그들을 무능
> 하게 만들었다고 봐요."

• • •

차클 앞서 전 세계를 휩쓴 68혁명이 한국에만 유독 전파되지 못했다고 하
셨는데 그 이유가 무엇인가요?

김 당시 한국은 전 세계에서도 가장 강력한 반공 국가였어요. 체제를 유
지하기 위해 철통같이 방어를 했던 것이죠. 특히 베트남전쟁이 결정적
인 요인으로 작용해요.

차클 아까는 68혁명의 원인이 베트남전쟁이라고 얘기하셨는데 반대로 한
국에서는 베트남전쟁이 68혁명의 전파를 막았다고 하니 헷갈리네요.

김 대한민국은 전 세계가 반대하는 베트남전쟁에 1964년부터 1968년까
지 4년간 지상 병력을 32만 명이나 파병한 유일한 나라예요. 파병을
하게 된 이유를 살펴보려면 박정희 전 대통령의 이력을 알아야 합니

다. 미국에서는 당초 5·16 군사 쿠데타를 군부 내 공산주의자들이 일으킨 걸로 봤어요. 박 전 대통령의 이력을 살펴보면 군부 내에서 남로당 활동을 한 일이 있었거든요.

차클   그렇다면 박 전 대통령이 좌익 이미지를 씻어내기 위해 베트남에 파병을 한 측면이 있다는 말씀인가요?

김   네. 지금은 대구가 굉장히 보수적인 지역으로 변했지만, 원래 대구는 일제 시대부터 '조선의 모스크바'라고 불릴 정도로 좌익의 세력이 강했던 도시였어요. 남로당 활동이 가장 활발한 지역 중 하나가 대구였거든요. 미국 중앙정보국(CIA)은 5·16 군사 쿠데타가 터진 직후 이를 좌익 쿠데타라고 보고 굉장히 우려하는 분위기였지요. 이것이 박정희 전 대통령이 극단적인 반공주의를 표방한 배경이죠. 미국이 베트남전쟁을 일으키자 한국이 가장 먼저 파병하겠다고 손을 든 것도 이와 깊은 관련이 있습니다.

차클   당시 남북 관계는 어땠나요? 베트남에 대규모 파병을 해도 우리 안보엔 문제가 없는 상태였던 건가요?

김　베트남전쟁에 한국이 파병을 하자 북한도 당시 북베트남의 최고지도 자이던 호찌민(胡志明)으로부터 지원 요청을 받았습니다. 하지만 김일 성 입장에서는 파병에 응할 수 없었어요. 북한 내부의 안보 문제를 감 당하기에도 여력이 없다는 이유였죠. 호찌민의 파병 요청이 계속되자 김일성은 1967년 박정희 전 대통령이 더 이상 파병을 하지 못하도록 막겠다는 약속을 합니다. 그러곤 곧바로 다음 해부터 게릴라전을 펼치 기 시작합니다. 1968년 1월 21일 김신조 부대가 청와대를 습격하기 위해 넘어온 사건이 대표적이죠. 이후 1968년 한 해 동안 무려 308회 에 걸친 무력 충돌이 일어났습니다.

차클　그 같은 북한의 방해공작이 한국의 베트남 파병에 영향을 주었나요?

김　네. 더 이상 파병을 하지 못했지요. 변화된 상황을 구실로 박정희는 1968년부터 본격적으로 남한 사회를 병영 사회로 재편합니다. 이때 부터 호적 대신 주민등록법이 도입됐어요. 주민등록법을 만든 목적은 간명했습니다. 바로 '간첩 색출'이었죠. 다음으로 국민들을 예비적 병 력으로 키우기 위해 국민교육헌장과 예비군 훈련도 도입합니다. 1969 년에는 교련을 고등학교의 정식 과목으로 채택하면서 학교를 본격적 으로 병영화하죠.

차클　1968년의 한국은 전 세계와는 반대 방향으로 가고 있었군요?

김　그렇습니다. 세계가 '모든 형태의 억압으로부터의 해방'을 실천하던 이 시기에 오히려 한국 사회는 더 깊은 억압으로 빠져들었어요. 말하 자면 권위주의적 군사 문화가 지배하는 병영 사회로 변해간 거예요. 그런 분위기에서 몇십 년을 흘러오다 보니 한국은 세계의 흐름과는 너무나 다른 '예외적인' 나라가 된 거지요. 일종의 문화 지체 현상 같은 게 생겨났다고 봐야 해요.

차클 한국 사회에 만연한 권위주의도 문화 지체 현상의 한 흐름일까요?

김 우리는 자라면서 폭력적이고 권위주의적인 군사 문화 속에서 교육을 받았어요. 일종의 파쇼 교육을 받은 것이지요. 그래서 인권에 대한 감수성도 부족하고 인간을 존중하는 태도도 모자란 것입니다. 하지만 정작 우리 자신은 그런 점을 잘 느끼지 못해요. 그런 권위주의적 성격이 우리 안에서 이미 내면화돼버린 거예요.

차클 그런데 흔히 68혁명 세대와 우리나라의 86세대를 많이 비교하잖아요. 둘 사이에 유사한 점이 있긴 한가요?

김 독일의 68세대에 해당되는 세대가 한국의 86세대입니다. 그들은 그야말로 야만적인 폭력을 휘두르는 전두환 정권 시기에 민주화 투쟁으로 맞섰던 세대죠. 그들이 이룩한 민주화라는 역사적 업적은 아무리 강조해도 지나치지 않아요. 전 세계 사람들이 한국의 민주주의를 칭송하는 것도 그들의 업적이 있기에 가능한 것입니다.

차클 하지만 최근 들어 한국의 86세대에 대해 회의론이 급등하고 있습니다. 그들이 독일 68세대와는 달리 기득권에 집착한다는 사실이 드러나고 있잖아요.

김 독일의 사례처럼 불평등을 해소하기 위해 대학을 국유화하거나 서열을 없애거나 등록금을 없애는 식의 변화를 이끌어내지 못하고 오히려 자신들의 자녀에게 특권을 세습화하려는 양상을 보인 경우들이 지적되고 있지요. 게다가 지금 한국 사회는 86세대의 과잉 대표성이 심각한 정치, 사회적 문제가 되고 있기도 하고요. 그들에게 너무 많은 권력이 주어진 것이죠. 20대 국회에 40대 미만 국회의원이 몇 명인지 혹시 아시나요? 단 2명이에요.

차클 다른 나라의 경우는 어떠한가요?

김 덴마크 같은 경우 41퍼센트예요. 한국의 국회의원 수로 환산해보면 120명이나 되는 수치입니다. 하지만 우리는 단 0.6퍼센트에 불과한 것이죠. 그만큼 우리나라 국회의 세대 대표성이 심각하게 왜곡되어 있는 것입니다.

차클 국회가 입법을 담당하는 기관이다 보니 나이가 어린 청년은 제 몫을 하기 어렵다고 보는 인식 때문일까요?

김 사실 국회는 전문기관이 아니에요. 국회의원은 기본적으로 국민의 뜻을 대의(代議)하는 사람이죠. 그런데 한국의 의회는 이러한 대의 기능이 너무 왜곡돼 있어요.

차클 직업이나 직능을 대표하는 국회의원도 부족한 것 같아요.

김 맞습니다. 직능 대표성도 마찬가지예요. 엘리트 출신 국회의원이 대부분이죠. 노동자 출신은 정말 보기 힘들고요. 일례로 교수와 교사를 한 번 비교해볼까요? 우리나라에 교사가 교수보다 훨씬 많지만, 정작 국회에는 교사 출신보다 교수 출신이 훨씬 많지요. 이처럼 우리 국회는 직능 대표성도 떨어져요. 세대나 직능을 대표하는 의원들의 비율을 최대한 현실과 일치하도록 만들어야 좋은 의회입니다. 그런데 한국은 언론인·법률가·교수가 너무 과잉 대표화된 나라예요. 한마디로 대의 기능이 왜곡된 의회인 거지요.

차클 한국의 86세대가 부르짖었던 민주주의의 모습을 스스로 지키지 못하고 있는 것 아닌가요?

김   비유하자면 군사 독재 시절의 아주 비정상적인 사회가 민주 정부 시대의 비정상적인 사회로 이행했다고 볼 수 있습니다. 권력은 군사 정부에서 민주 정부로 넘어갔지만 사회의 비정상성은 거의 개혁되지 않았지요. 교육 개혁이 됐나요? 재벌 개혁이 됐나요? 노동 개혁이 됐나요? 이런 사회 개혁의 부재가 '헬조선'을 낳은 것입니다.

차클   한국의 86세대가 우리 사회의 근본적인 변화를 이끌어내지 못하는 이유가 무엇일까요?

김   여러 가지 이야기를 할 수 있겠지만, 베르톨트 브레히트(Bertolt Brecht)라는 독일 작가의 말로 대신할게요. "파시즘이 남긴 최악의 유산은 파시즘과 싸운 자들의 내면에 파시즘을 남기고 사라진다는 사실이다." 등골이 서늘해지는 이야기죠. 요즘 대두되는 '꼰대론'도 이와 밀접한 연관이 있어요. 또한 무엇보다도 86세대의 결정적인 한계는 이상적인 사회에 대한 정치적 비전을 결여하고 있다는 거예요.

차클   거대한 악습을 무너뜨리는 데에만 몰두했고 그 이후의 과제엔 소홀했다는 말씀인가요?

김   86세대가 당시에 갖고 있던 목표는 오로지 군사 독재를 타도하는 것이었어요. 암울한 시대였지요. 죽기 전까지 대통령을 직접 뽑는 시대가 올 것인지 회의하던 시절이었어요. 저도 마찬가지였습니다. 그 이상의 상상을 하기가 어려웠지요. 일종의 세대적 한계라고 할 수 있습니다.

차클   독일의 68세대는 달랐던 거죠?

김   독일의 경우 68세대들이 '새로운 독일'을 만들었지요. 독일을 '과거 청산의 나라' '복지국가' '통일국가'로 변화시키는 데 결정적인 역할을 한 것이 바로 68세대였습니다. 그들은 '제도 속으로의 행진'이라는 구호

아래 사회 각 분야에 진출했습니다. 특히 교육계와 언론계로 진출한 이들이 많았습니다. 이들은 인간의 의식을 변화시키는 것이 가장 중요하다고 생각했기 때문입니다. 그들은 분명한 비전을 가지고 세상을 바꾸고자 했고, 마침내 새로운 독일을 이루어낸 거지요.

차클　그들이 학교로 갔던 게 많은 변화를 일으켰나요?

김　독일의 학교에서는 아이들에게 경쟁을 시키지 않아요. 교육 개혁에 지대한 영향을 미친 사상가 테어도어 아도르노(Theodor Adorno)는 "경쟁은 야만이다"라는 관점하에 "아이들을 경쟁시켜선 안 된다"고 주장했죠. 경쟁 이데올로기가 극단화되면 또다시 나치즘 같은 야만을 낳을 수 있다고 봤기 때문이에요. 나치즘의 핵심이 바로 경쟁 이데올로기에 기반한 차별의식이니까요. 아리안족이 가장 우수하고 유대인이 가장 열등하다는 식의 차별의식이죠.

차클　한국의 교육 환경과는 달라도 너무 다르네요.

김　지금 우리가 가진 정의의 기준을 다시 세워야 합니다. 교육뿐만 아니라 우리 사회 전반적으로 모든 분야에서 경쟁을 붙이고, 높은 점수를 따는 것만이 유일한 기준인 것처럼 여기지 않나요? 그런 행태를 바꿔서 누구에게나 최대한 많은 기회를 줘야 해요. 하지만 현재 우리는 엘리트 교육 체제, 학벌 체제 등에 대한 문제의식을 느끼지 못하고 있잖아요. 많은 86세대가 사교육 시장에 뛰어들어 오히려 기존의 질서를 더 악화시킨 측면이 있습니다.

차클　86세대가 그런 한계를 지닐 수밖에 없었던 원인은 뭐라고 보시나요?

김　86세대는 일종의 도덕적 우월감을 가지고 있어요. 86세대의 중요한 한계라고 생각되는 부분입니다. 물론 그들의 도덕적 결단과 희생에 의해서 한국 사회가 민주화된 것은 의문의 여지가 없지요. 그럼에도 불구하고 한국의 86세대는 진정한 의미의 적수와 싸워본 적이 없어요. 아주 기회주의적이고 사적인 이익을 탐하는 수구보수 세력과 싸웠던 것이죠. 그러니까 항상 도덕적으로 우월하다고 여길 수밖에 없는 것입니다. 하지만 그런 식의 우월감이 그들을 무능하게 만들었다고 봐요. 왜냐하면 자신들보다 더 도덕적으로 우월한 왼쪽 진영과는 싸워본 적이 거의 없거든요. 그런 86세대 사이에서 도덕적 결함이 드러나다 보니 수구 세력의 비난을 받는 처지가 돼버렸죠.

차클 86세대의 실패가 우리 사회에 미치는 영향이 너무 큰 것 같아요. 이 문제에 대한 해법은 무엇이라고 보세요?

김 한때 정의를 외치던 한 세대가 정치적으로 실패하면 사회 전체에 냉소주의·패배감·좌절감 같은 것들을 남겨요. 굉장히 나쁜 사회적 후과가 오는 것이죠. 그래서 저는 지금이라도 86세대가 가지고 있던 도덕적 정체성이 한국 사회를 개혁하고 변혁하는 중요한 동력으로 다시 살아나야 한다고 봅니다. 사실상 지금 그들이 우리 사회를 지배하고 있잖아요? 그러니 한국 사회를 근본적으로 변화시키려는 노력을 보여야 된다고 생각해요.

한국은 왜 헬조선이 되었나

"자유시장경제라는 대원칙을 공유하고 있기 때문에 한국 사회는 어마어마한 불평등과 살인적인 경쟁이 지배하는 사회가 된 것입니다. 거기서 살아남기 위해서는 각자가 무한 경쟁을 치를 수밖에 없는 것이죠. 동시에 낡은 권위주의 문화와 군사 문화가 한국인의 삶을 옥죄고 있는 것이 현실입니다."

• • •

차클   68혁명 이후 독일 통일의 과정 속에서 우리가 배울 점은 무엇일까요?

김   통일은 단순히 정치적인 문제가 아니라 한국인의 삶 전체를 지배하는 중요한 사안이에요. 우리의 상황을 좀 객관적으로 바라볼 필요가 있습니다. 한국이라는 사회는 세계에서 유례가 없을 만큼 아주 독특한 면이 있죠. 정치 민주화를 이루고 아주 급속도로 경제 성장을 이룬 유일한 아시아 국가예요.

차클   너무 빠른 경제 성장의 이면에 부정적인 면이 지적되곤 하죠.

김   네. 한국 사회의 부끄러운 면모죠. 여러분도 모두 아시겠지만 경제협력개발기구(OECD) 국가 중에서 한국이 15년째 자살률 1위를 기록하고 있어요. 그런데 이에 대해 정부에서 발표한 내용을 보고 저는 너무나 화가 났어요. 자살의 주요 원인으로 유명인의 자살을 모방한 이른바 '베르테르 효과'를 지목한 거예요. 다음 날 한 공영방송 프로그램은 자살을 극복하는 방법으로 운동을 하면 된다고 권하고요. 왜 그렇게 많은 사람들이 한국에서 살 수 없다면서 떠나는지, 스스로 목숨을 끊는지에 대한 진지한 성찰이 없는 겁니다.

차클 맞아요. 극단적 선택을 하는 사람들이 계속 늘고 있죠. 교수님은 그 원인을 뭐라고 생각하시나요?

김 자살의 원인을 보면 너무 안타까워요. 대부분 빈곤 문제로 인한 자살이죠. 통계에 따라선 세계 평균의 10배 가까이 나올 정도로 노인 자살률이 높은 것도 그 때문입니다. 또한 청년 자살률도 압도적으로 높습니다. 한국의 10대부터 30대 사이의 사망 원인 1위가 자살이에요. 살인적인 경쟁을 견디지 못하는 것이죠.

차클 사회적 약자들을 지키지 못하는 우리의 현실이 고스란히 드러난 통계군요.

김 이것은 자살이 아니라 '사회적 타살'입니다. 그들이 위기에 처하고 낭떠러지에 내몰렸을 때 그들을 받아줄 사회적 그물망이 없어요. 국가적인 복지 체제도 제대로 갖춰져 있지 않아요. 이게 지금 한국 사회의 모습입니다.

차클 한국 사람들이 누리는 삶의 질이 그만큼 나쁘다고 봐야죠?

김 전 세계에서 최장 시간 일하는 사람들이 한국 사람들입니다. 독일과 비교하면 연간 1000시간 더 일한다고도 해요. 1년에 5개월 정도 더 일한다는 말이죠. 지금 한국 사회는 그야말로 자기착취 사회라고 할 수 있어요.

차클 자기착취 사회라는 말에 너무 공감이 갑니다.

김 자기계발이란 말만 해도 그래요. 과거에는 노예감독관이 채찍을 들고 노예들을 부리면서 착취를 했어요. 지금은 그렇지 않죠. 각자의 마음속에 노예감독관을 심어두었어요. 스스로 착취하기 시작한 것입니다.

차클 충분히 그렇게 볼 수 있겠네요.

김 착취를 당하는 사람에게는 착취하는 사람에 대한 저항의식이 생깁니다. 그런데 자기착취의 경우에는 착취자에 대한 저항의식이 아니라 자기 자신에 대한 죄의식이 생겨요. "내가 잘못해서 안 되는 것이구나" "내가 더 공부를 열심히 했어야 했어" "더 노력했어야 하는데"라고 생각하면서 끊임없이 자기를 착취합니다. 어쩌다 잠시 휴식을 취하면서 행복감을 느끼는 때가 있잖아요. 커피도 마시고 음악도 들으면서요. 하지만 바로 그 순간에 마음속에 있는 노예감독관이 갑자기 튀어나오죠. 남보다 뒤처지면 안 된다고 끊임없이 스스로를 다그치는 것, 그게 바로 내 안의 노예감독관이고, 자기착취예요.

차클 그 바람에 잠시 행복을 누릴 여유조차 빼앗겨버렸다니 안타까워요.

김 말하자면 한국 사람들은 인간이 누려야 할 아주 기본적인 권리, 즉 행복을 느낄 권리마저 박탈당하고 있어요. 바로 사회가 끊임없이 자기를 착취하도록 강요하기 때문이죠. 그러면서 개인의 불행에 대해서는 그 모든 책임을 개인에게 전가하는 이상한 사회가 됐어요.

차클 얘기를 들으면 들을수록 우울해지네요.

김 더 끔찍한 것은 아동 우울증이에요. 전 세계 1위라는 불명예를 안고 있죠. 어떻게 아이들이 우울할 수 있어요? 너무 어린 시절부터 아이들을 경쟁으로 내몰다 보니 절대 우울할 수 없는 존재인 아이들마저 우울해진 것이 지금 대한민국의 현주소입니다.

차클 한숨이 절로 나옵니다. 사회 전반에 불평등이 팽배한 것도 우리를 우울하게 만드는 것 같아요.

김 맞습니다. 한국의 자산 불평등 구조를 살펴볼까요? 동국대학교 김낙년 교수가 발표한 자료에 따르면 한국의 상위 1퍼센트가 약 26퍼센트의 자산을 가지고 있다고 해요. 반면 하위 50퍼센트는 2퍼센트의 자산을 갖고 있을 뿐이고요. 정말 너무 끔찍한 이야기죠. 사실상 한국인의 절반은 무산자이거나 빚을 지고 있다는 말입니다. 부동산 불평등은 더 심각하죠. 상위 1퍼센트가 전체 부동산 자산의 55퍼센트를 가지고 있어요. 상위 10퍼센트로 확대하면 국내 부동산의 97.6퍼센트가 그들의 소유예요. 우리가 생각하는 것보다 훨씬 더 극단적이죠.

차클 한국의 우울한 현주소를 보여주는 통계, 이걸로 끝이 아니겠죠?

김 산업재해 사망률도 한국이 압도적인 세계 1위입니다. 심지어 24년째 1위예요. 2등과도 현격한 차이가 납니다. 유럽에서는 예전에 영국의 산업재해 사망률이 제일 높았어요. 그런데 2007년에 법을 개정해 '기업과실치사 및 기업살인법'을 도입했어요. 산업재해를 '기업살인'이라고 명시한 거예요. 매우 정확한 표현이죠? 기업들이 인간의 생명을 비용의 문제로 보고 비용을 아낀다는 명목하에 안전문제를 소홀히 한 결과 사람들을 죽인 것이니까요. 우리의 노동환경이 딱 그렇습니다. 찬란한 경제 성장을 이루고 정치 민주화도 이루었지만, 다른 한편으로 보면 헬조선이 돼버린 것이죠.

차클 외형적으로는 계속 발전하는 것 같은데 왜 한국 사람들의 삶은 행복과는 거리가 먼 것일까요?

368

김　저보다 이전 세대 사람들은 정말 가난하게 살아왔습니다. 그때에는 경제만 성장하면 모든 게 해결될 줄 알았어요. 그런가 하면 군사 독재 시대에 학창시절을 보낸 우리 세대는 민주주의가 이루어지지 않아서 한국 사회가 발전하지 못한다고 생각했어요. 김대중 정부로 정권이 교체됐을 때, 마침내 민주주의를 이루었다고 생각했지만 'IMF 사태'라고 불리는 외환위기를 맞게 됐죠. 문재인 정부가 들어서서도 별로 달라진 것이 없어요. 불평등은 더 심해지고 실업률도 해소되지 않았죠. 그러자 이제야 국민들이 근본적인 의문을 품기 시작했습니다. 단순히 정권을 바꾼다고 해결되는 문제가 아니라는 것을 깨닫기 시작한 것이죠. 우리 한국 사회에 만연한 구조적인 문제가 있다는 걸 알게 된 거예요.

차클　결국 헬조선을 벗어나려면 한국 사회의 근본적인 변화가 필요하다는 말씀이죠?

김　네. 이를 위해 우선 한국 사회의 복지 수준을 살펴보도록 하죠. 한 국가의 복지 수준은 무엇보다도 그 국가의 재정 지출을 보면 알 수 있습니다. 유럽의 복지 국가들을 보면 정부가 많은 재정 지출을 통해서 국민들을 지원해주고 있어요. 2019년 기준으로 프랑스가 국내총생산(GDP) 대비 52퍼센트의 재정 지출을 해서 1위를 기록했습니다. 다음으로 스웨덴이 49퍼센트, 독일이 46퍼센트 정도예요. 반복지 국가의 대명사인 미국도 32퍼센트 안팎이고요. 그런데 한국은 어떨까요? 25퍼센트로 주요국 중엔 가장 낮은 수준이죠. 프랑스의 절반도 안 되니 제대로 된 복지 정책을 추진할 수 없는 상황입니다.

차클　하지만 복지를 위한 재정 지출을 늘리면 포퓰리즘이라는 비판이 따라붙는 게 현실이잖아요.

김 정부가 제대로 된 복지 정책을 펼치려면 충분한 재정 지출이 불가피하다는 문제의식을 국민들이 공유하지 못하기 때문이지요.

차클 독일의 경우는 어떤가요?

김 독일에서는 이른바 '야수 자본주의(Raubtier-Kapitalismus)'라는 말을 자주 사용합니다. 1974년부터 1982년까지 총리를 지낸 헬무트 슈미트가 자주 쓰던 말이에요. 그는 사민당 소속으로 온건파 총리였지만, 자본주의가 기본적으로 야수의 속성을 가지고 있다는 점을 강조했지요. 정치의 임무는 일차적으로 인간을 잡아먹는 자본주의의 야수적 속성으로부터 인간을 보호하는 것이라고 봤어요.

차클 온건파 총리가 자본주의의 문제점을 직시했다는 게 인상적이네요.

김 맞습니다. 역사적으로 볼 때 자본주의 시장경제가 더 효율적으로 인간의 욕망을 충족시켜주는 체제라는 것은 이미 입증됐어요. 사회주의 계획경제를 채택했던 동유럽 전체가 붕괴됐으니까요. 문제는 자본주의 시장경제가 인간의 욕망을 채워주는 데는 효과적인 체제이지만, 동시에 인간을 잡아먹는 야수와도 같은 약탈성을 가졌다는 것이지요.

차클 자본주의가 야수와 같이 인간을 잡아먹는다는 건 구체적으로 어떤 경우를 지칭하나요?

김 무엇보다도 실업과 불평등이라는 문제를 지적하고 있는 겁니다. 일반적으로 자본주의는 5~8퍼센트 정도의 실업률을 내장하고 있는 시스템이라고 봐요. 즉, 실업이란 자본주의라는 매우 효율적인 시스템을 활용하기 위해 불가피하게 지불해야 할 대가라는 것이죠. 그런데 우리는 실업 문제를 오롯이 개인의 탓으로 돌리잖아요. 그 사람이 게으르기 때문에 실업 상태에 빠졌다는 식이지요. 정말이지 말도 안 되는 소리죠.

차클 국가가 시장경제에 개입하면 그런 문제가 해결될 수 있다고 보세요?

김 일반적으로 유럽에서는 이런 문제에 국가가 개입을 해야 한다는 입장을 취합니다. 시장경제의 효율성은 활용하되 국가가 개입해서 인간을 잡아먹지 못하게 통제를 해야 한다는 것이지요. 야수에게 재갈도 물리고 고삐도 채워서 컨트롤을 해야 한다고 생각하죠. 말 그대로 야수와도 같은 자본주의로부터 인간을 보호해야 한다는 생각을 공유하고 있는 것입니다.

차클 독일 정치권은 대체로 그런 공감대를 갖고 있는 건가요?

김 그렇죠. 독일의 18대 의회(2013~2017년)의 사례를 들어보죠. 당시 의석 수가 631석이었는데요. 그중 자유시장경제를 지지하는 의원은 단 한 명도 없었어요.

차클 그럼 어떤 경제 체제를 지지한다는 얘기죠?

김 지금 정권을 잡고 있는 앙겔라 메르켈 총리가 소속된 기독교민주당은 독일에서 가장 보수적인 정당이에요. 그런데 이 정당은 소셜 마켓 이

코노미(Social Market Economy), 즉 사회적 시장경제를 추구합니다. 또 기민당보다 진보적인 정당인 사회민주당에서는 이를테면 '사회민주주의적 시장경제'를 주장합니다. 인간이 존엄한 존재로 살아가는 데 최소한의 조건이 되는 영역, 즉 교육, 의료, 주거 영역은 시장에 넘겨선 안 된다는 입장입니다. 독일 대학의 90퍼센트가 국립대학인 것도, 무상교육을 실시하고 생활비를 지급하는 것도 이런 맥락에서 나온 것이지요. 녹색당의 경우에는 생태적 시장경제를 주장해요. 자연을 파괴하는 시장경제는 절대 안 된다는 강경한 입장이죠. 마지막으로 '좌파당'이 있어요. 이들은 더 급진적이죠. 이들은 시장경제에 대한 사회주의적 대안을 모색합니다. 대체로 모든 정당이 시장경제가 가지고 있는 효율성은 최대한 활용하되 국가가 개입해서 시장경제가 인간을 잡아먹지 못하도록 통제해야 한다는 개념을 공유하고 있습니다.

차클 그렇다면 한국 정당들의 경우 어떤 사회경제 시스템을 추구한다고 봐야 할까요?

김 한국의 국회는 300명의 국회의원 중 293명이 자유시장경제 지지자들이라고 볼 수 있어요. 설문조사를 할 필요도 없어요. 정의당 소속 의원들을 제외하면 나머지 정당은 모두 자유시장경제를 표방하고 있죠. 이들이 만드는 법안은 그야말로 야수 자본주의를 위한 법일 수밖에 없어요. 인간을 위한 법이 아니라 자본을 위한 법을 만들고 있는 거예요. 이게 우리의 현실입니다.

차클 독일과 달리 한국의 정당들이 하나같이 자유시장경제를 지지하게 된 이유는 뭐라고 봐야 할까요?

김 지금 한국 사회는 극단적으로 우경화된 정치 지형을 가지고 있어요.

그런데 대부분 그런 사실을 잘 몰라요. 언론에서는 늘 보수와 진보가 경쟁하고 있다고 말하니까요.

차클 보수 진영과 진보 진영이 경쟁하는 체제 아니었나요?

김 사실은 이른바 보수를 자칭하는 세력은 수구이고, 진보라고 불리는 세력은 세계적인 기준으로 보면 보수에 가깝지요. 이들 수구와 보수가 서로 손잡고 권력을 분섬하며 70년 동안 한국 사회를 지배해온 거예요. 과두 지배를 해온 것이죠. 시대에 따라 4:6으로 지배하느냐, 6:4로 지배하느냐의 차이만 있었던 거예요. 요컨대, 한국 사회는 보수와 진보가 경쟁하는 사회가 아니라, 수구와 보수가 과두 지배하는 사회입니다. 정치학 용어로 하면 수구-보수 올리가르키(Oligarchie, 소수에 의한 독점적 지배)인 것이지요.

차클 그렇게 볼 수도 있겠군요. 한편 많은 이들이 한국의 보수 진영에 대한 문제를 지적하는데 교수님 생각은 어떠세요?

김 사실 '보수'란 나쁜 게 아닙니다. 보수주의의 가장 중요한 가치는 공동체예요. 개인보다 공동체를 중시하죠. 공동체보다 개인을 중시하는 입장을 자유주의라고 하고요. 독일의 보수주의자들이 사회적 시장경제를 주장하는 것도 바로 공동체를 중시하기 때문입니다. 하지만 우리나라에서는 공동체를 중시하는 발언을 하기만 하면 곧장 빨갱이라고 공격해대는 게 현실이지요.

차클 공동체를 중시하는 게 보수라니, 한국에선 잘 들어보지 못한 얘기인데요. 이 밖에 보수가 추구하는 또 다른 가치는 무엇이 있나요?

김 보수가 중시하는 또 다른 가치는 역사입니다. 지난 과거와 전통을 기억하려고 노력하는 것이지요. 그런데 오늘날 한국의 이른바 보수주의

자들은 역사를 두려워하고 역사로부터 도망가고 역사를 왜곡하고 은
폐하려고 합니다. 그건 진짜 보수의 태도가 아닙니다.

차클 독일의 보수와 한국의 보수를 비교하면 차이가 매우 클 수밖에 없을
것 같아요.

김 독일에서 가장 보수적인 정당, 그러니까 기독교민주당의 앙겔라 메르
켈이 한국에 와서 대통령 선거에 나온다면 어떻게 될까요. 한번 상상
해보세요. 대학교 학비도 없고 생활비도 국가에서 지원해주고 의료보
험이나 주거까지도 국가에서 기본적으로 책임져야 한다는 정책을 내
세우는 정당이 한국 선거에 나선다고 생각해보세요. 이건 빨갱이 정도
가 아닙니다. 아마 극좌파 취급을 당할 겁니다. 사회적 시장경제를 독
일에서는 가장 보수적인 정당이 주장하는 것인데, 한국에서는 그런 정
책을 '극좌적' 정책이라고 생각하지요. 그만큼 한국은 극단적으로 우
경화된 정치 지형을 가진 나라입니다. 이런 정치 환경에서는 어떤 정
당을 뽑아도 사회의 질적 변화는 불가능합니다.

차클 한국이 이처럼 우경화된 이유가 무엇인가요?

김 한국에선 사회주의라고 하면 색안경을 끼고 보는 분들이 많죠. 우리가
북한과 분단돼 있는 현실이 그만큼 깊게 각인돼 있기 때문입니다. 복
지나 분배를 얘기하면 사상을 의심받는 사회입니다. 지금 우리 사회를
망가뜨리고 있는 것은 엉터리 보수와 엉터리 진보가 과두 지배하고
있는 체제입니다. 특히 지금 보수를 참칭하는 수구들은 분단이라는 상
황에 기생해서 지난 70년 동안 끊임없이 극단적인 냉전 정치를 부추
겨 왔습니다. 현재 수구(미래통합당)와 보수(민주당)가 내놓는 정책을 보
면 사실 큰 차이가 없어요. 경제 정책, 재벌 정책, 복지 정책, 노동 정책,

교육 정책 등을 한번 보세요. 대동소이합니다. 오로지 대북 정책에 대해서만 약간의 차이가 있죠. 이들이 모두 자유시장경제라는 대원칙을 공유하고 있기 때문에 한국 사회는 어마어마한 불평등과 살인적인 경쟁이 지배하는 사회가 된 것입니다. 거기서 살아남기 위해서는 각자가 무한 경쟁을 치를 수밖에 없는 것이죠. 동시에 낡은 권위주의 문화와 군사 문화가 한국인의 삶을 옥죄고 있는 것이 현실입니다.

남북의 평화체제를 어떻게 이룰 것인가

"통일에 대한 비전이 필요해요. 또한 절대로 다시는 한반도에서 전쟁을 경험하면 안 되겠죠. 그것이 우리 세대가 안고 있는 역사적 책무라고 생각합니다. 이를 위해 모두가 통일을 자신의 삶과 밀접한 문제로 인식해야 합니다."

• • •

차클 독일 통일을 연구해오셨는데 남북한의 통일에 대해서는 어떻게 생각하시나요?

김 지금 우리에게는 통일보다 분단 체제를 해소하는 것이 더 중요합니다. 분단 체제를 해소하는 것과 통일은 상당히 다른 문제예요. 그런 차원에서 문재인 대통령이 해방 이후 남한의 정상으로서는 최초로 통일을 하지 않을 수도 있다는 말을 꺼냈다는 점에 주목해야 합니다. 남한과 북한이 따로 살 수도 있다고 언급했어요. 그 말은 통일을 안 할 수도 있다는 것을 의미하지요.

차클 통일보다 분단 체제를 해소하는 게 더 중요하다는 말씀은 구체적으로 무슨 뜻인가요?

김	분단 체제 해소가 시급합니다. 분단 체제가 지금의 한국 사람들에게 권위주의적인 특성을 부여했고, 한국의 정치를 극단적으로 우경화시켰으며, 민족 자결과 국민 주권이라는 최소한의 권리도 내세우지 못하는 창피스러운 국가를 만들었습니다. 이런 상황을 극복하려면 분단 체제를 조속히 끝내야 합니다.
차클	통일은 하지 않아도 남한과 북한이 서로 적대하지 않고 서로 교류를 해야 한다는 말씀인가요?
김	그렇습니다. 통일을 하지 않더라도 남북 간에 서로 평화로운 관계를 만들어가야 해요. 그래서 현재 우리가 처한 정전 체제를 평화 체제로 전환하는 것이 무엇보다도 중요합니다.
차클	그렇군요. 이후에 통일을 하더라도 어떻게 하는지가 중요할 것 같아요.
김	맞습니다. 통일과 관련해서는 세 가지 가능성을 생각할 수 있습니다. 첫 번째는 양국 체제론입니다. 각자 독립 국가로 존재하는 것이죠. 독일과 오스트리아를 떠올리면 됩니다. 같은 게르만 국가지만 둘은 서로 완전히 다른 나라죠. 대사관을 상호 설치하고 상호 정상적인 외국으로서 인정하는 형식입니다. 두 번째는 소위 '일민족 이국가론'입니다. 통일 전 동서독 간의 관계가 대표적 사례죠. 동서독은 상호 국가로서 인정하면서도 서로의 관계를 외국과 외국의 관계가 아닌 독일 내부 관계(Innerdeutsche Beziehungen)라고 보았습니다. 일종의 특수 관계로 규정한 것이지요. 그래서 동독과 서독은 대사관을 상호 설치하는 식의 일반적인 외교 관계를 맺지 않고, 대신 상주대표부를 교환했어요. 마지막으로 우리가 일반적으로 얘기하는 통일이 있습니다. 연방제 통일입니다. 사실상 하나의 국가가 되는 것이죠.

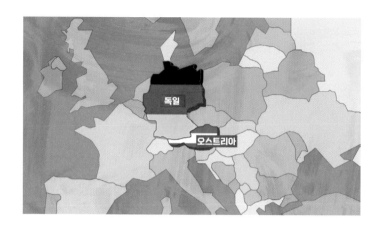

차클   교수님은 남북한이 어떤 관계를 맺기를 바라시나요?

김   저는 통일은 최대한 천천히 돼야 한다고 생각해요. 남북 관계가 어느 수준까지 발전할 수 있는지 현실적 가능성을 충분히 검토하고 우리에게 적합한 관계를 맺으면 되는 것입니다. 통일이라고 하면 많은 사람들은 통일 이후의 경제적인 문제에 대해서만 얘기하죠. 하지만 저는 통일 이후의 경제 상황보다 통일 이후에 우리가 어떤 사회에서 살고 싶은지에 더 많은 관심을 기울여야 한다고 생각합니다. 우리는 통일 한반도가 남한 사회의 확장된 형태가 될 거라고 당연히 전제하고 있잖아요. 그것은 대단히 위험한 생각일 수 있습니다. 독일 통일이 우리에게 주는 중요한 교훈이지요.

차클   통일 이후 사회가 단순히 남한의 확장판이 아닐 수도 있다는 거죠? 그렇겠네요. 독일은 어땠나요?

김   독일 통일과 관련해 잘못 알려진 내용이 많아요. 대표적인 게 서독이 동독을 흡수 통일했다고 보는 겁니다. 독일을 통일한 주역이 서독이라고 많이 알려져 있어요. 아주 잘못된 생각입니다.

차클 그런가요? 그럼 동독이 독일 통일의 주역인가요?

김 맞아요. 독일 통일은 처음부터 끝까지 동독 주민들이 모두 이루어냈다고 해도 과언이 아닙니다. 그런데 완전히 잘못 알려진 것이죠. 1989년 10월 9일 라이프치히에서 일어난 '동독 혁명'의 결과가 통일로 이어진 겁니다. 이날은 독일 통일의 역사에서 절대 빠질 수 없는 역사적인 날이에요.

차클 동독 혁명이라니 당시 동독에서 어떤 일이 벌어졌나요?

김 1985년에 소련 공산당 서기장에 오른 미하일 고르바초프가 이른바 페레스트로이카(개혁)와 글라스노스트(개방) 정책을 펼쳤어요. 소련 공산당을 민주적으로 개혁하고 서방과의 외교를 활성화하겠다고 선언한 겁니다. 그러자 동유럽 국가들에서도 고르바초프와 같은 노선을 표방한 세력들이 권력을 잡게 됩니다. 동독 내에서도 개혁개방에 대한 열망이 일면서 다양한 시민운동 단체들이 결성되기 시작해요. 곧이어

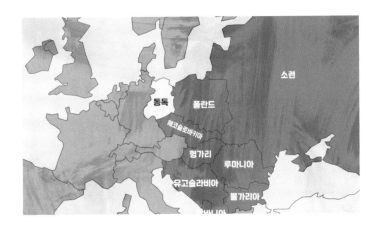

민주화를 요구하는 거대한 저항 운동이 시작됩니다. 그게 1989년 9월부터 10월 무렵이에요.

차클 동독 정부는 어떻게 대처했나요?

김 동독은 1971년부터 1989년까지 에리히 호네커가 공산당 서기장으로 집권하고 있었어요. 그런데 이 사람은 고르바초프주의자가 아니라 스탈린주의자였습니다. 개혁과 개방에 극렬히 저항한 인물이죠.

차클 정부에 맞서 동독 시민들은 구체적으로 어떤 운동을 펼쳤나요?

김 당시 시민들이 외친 구호는 "우리가 인민이다(Wir sind das Volk)"였어요. 그런데 1989년 10월 7일 동독 건국 40주년 기념일에 맞춰 고르바초프가 동독을 방문했습니다. 전 세계 언론이 주목했던 당시에 동독 시민들이 새로운 구호를 외쳤습니다. 그 구호는 놀랍게도 "고르비(고르바초프의 애칭)! 고르비!"였어요.

차클 고르바초프를 연호한 것이 왜 놀라운 일인가요?

김 제2차 세계대전 이후 동유럽의 역사는 각국의 끊임없는 민주화 요구를 소련이 무력으로 진압한 역사입니다. 동독의 베를린, 폴란드의 바르샤바, 헝가리의 부다페스트, 체코슬로바키아의 프라하에서 일어난 일련의 봉기들이 모두 그런 사례이지요. 그런데 이번엔 민주화를 요구하는 동독의 시민들이 소련 공산당 서기장의 이름을 외치며 시위를 벌이는 역설적인 상황이 벌어진 것이죠. 동독 시민들은 고르바초프가 내세운 개혁개방 정책을 받아들여 동독 공산당도 개혁돼야 한다고 주장한 것입니다. 호네커라는 스탈린주의자를 몰아낼 수 있도록 고르바초프가 자신들 편에 서줄 것을 호소하는 외침이기도 했어요.

차클 고르바초프는 어떤 반응을 내놓았나요?

김 　그때 고르바초프가 정말 유명한 말을 남겼어요. "늦게 오는 자는 삶이 벌한다(Wer zu spät kommt, den bestraft das Leben)." 동독 정부가 빨리 개혁을 하지 않으면 단죄가 있을 것이라는 메시지이지요. 그러자 시민들은 고르바초프가 자신들을 지지한다는 확신을 갖게 됐고, 민주화 운동은 더욱 탄력을 받게 됐습니다.

차클 　호네커는 고르바초프와 동독 시민사회의 요구에 굴복했나요?

김 　순순히 응한 건 아닙니다. 10월 8일, 호네커는 시민들에게 마지막 경고를 합니다. "내일 라이프치히 시위에 나오는 자들에게는 중국식 방식으로 대응하겠다"고요. 중국식 방식이란 무력 진압을 의미합니다. 1989년 6월 베이징에서 민주화를 요구하는 거대한 시위대를 중국 정부가 무력으로 진압한 '톈안먼 사건'을 암시한 것이죠. 무력 진압하겠다고 위협한 겁니다.

차클 　다음 날인 1989년 10월 9일 라이프치히에선 어떤 일이 벌어졌나요?

김 　당시 전 세계가 숨죽이고 라이프치히를 주목했지요. 그런데 라이프치히 주민 15만 명 가운데 무려 8만 명이 거리로 몰려나온 것입니다. 무력으로 진압하겠다는 정부의 위협에도 목숨을 걸고 나온 것이죠. 너무나 많은 군중에 놀란 호네커는 결국 진압을 포기하고 맙니다. 결국 그는 10월 18일에 실각하게 되죠. 이 일련의 과정은 바로 '혁명'이라는 말에 값하는 질적 변화의 과정이었습니다. 동독 혁명이 성공한 뒤 정확히 한 달 후인 11월 9일에 베를린 장벽이 무너집니다.

차클 　동독 혁명 이후 통일의 과정에 대해서도 설명해주세요.

김 　1990년 3월에 동독에서 최초의 민주 선거가 치러집니다. 이 선거는 어떤 방식의 통일을 할 것인지를 두고 각기 다른 주장을 하는 정당들이 경쟁하는 일종의 '통일 선거'였습니다. 당시 집권당인 기독민주당은 신속한 통일을 주장한 반면 사회민주당은 점진적인 통일을 주장했습니다. 그런가 하면 동독 혁명을 주도했던 재야 세력은 통일에 반대했습니다. 그들은 스탈린주의 독재정권을 무너뜨렸으니 이제 동독 땅에서 진정한 사회주의 국가를 건설하자고 주장했지요. 이렇게 세 정파가 경쟁을 벌이게 된 겁니다.

차클 선거 결과가 궁금합니다.

김 당시 독일 언론에서는 사회민주당이 승리하리라고 예측하고 있었어요. 그런데 신속한 통일을 주장한 기독민주당이 예상을 깨고 압승을 거두었습니다. 예상이 완전히 빗나간 거예요. 동독 주민들은 내심 빠른 통일을 원하고 있었던 겁니다. 요즘 말로 하면 '샤이 보터(Shy Voter)'들이 숨어 있었던 거지요. 이후 독일 통일은 일사천리로 진행돼 마침내 1990년 10월 3일 공식적인 통일이 선포됐습니다.

차클 서독도 동독의 투표 결과를 수용하는 입장이었나요?

김 서독 국민들도 대체로 통일의 당위성을 받아들이고 있었죠. 그래서 동독 주민의 선택대로 통일은 빠르게 진행됐습니다. 지금까지 살펴본 통일 과정을 과연 동독이 서독에 '흡수'되는 과정으로 표현해도 될까요? 아니죠. 사실상 모든 과정을 추동한 것도, 모든 사안을 결정한 것도 동독 시민들이었습니다.

차클 그런데 왜 아직까지도 많은 사람들이 서독이 동독을 흡수 통일했다고 인식하는 것인가요?

김 잘못된 것이지요. 통일 이후 독일은 10월 3일을 '통일의 날'로 공식적으로 지정했습니다. 사실 그날은 동서독 양국의 외무장관이 통일 문서에 공식 서명을 한 날에 불과합니다. 동독 사람들로서는 불쾌할 수밖에 없겠죠. 만약 동독 혁명이 일어났던 10월 9일을 통일의 날로 정했다면 동독 주민들이 통일의 주역이었음을 인정한다는 의미가 담겼겠지요. 하지만 10월 3일을 통일의 날로 정하면서 온전히 서독 중심적인 관점에서 통일을 규정해버린 겁니다. 동시에 통일의 주역인 동독 주민들을 완전히 무시해버린 것이기도 하고요. 그러다 보니 동독 사람들은 스스로를 '2등 국민'이라고 부르기 시작했어요. 자기들이 이뤄놓은 업적을 서독이 가로채버렸다고 느낀 거예요. 이때 생긴 동서독 사이의 감정의 앙금이 30년이 지난 지금까지도 사라지지 않고 남아 있어요.

차클　오랫동안 분단돼 있었기 때문에 생긴 사회적·문화적 차이도 영향을 미쳤겠죠?

김　맞습니다. 사회주의 체제와 자본주의 체제에서 각각 오래 떨어져 살다 보니 기본적으로 삶을 대하는 태도가 많이 달랐어요. 더구나 통일 초기에 서독이 동독 시민들을 충분히 인정하고 배려하며 받아들이지 못했기 때문에 30년이 지난 지금까지도 동독 지역이 여전히 정치적 '문제 지역'으로 남아 있는 거예요.

차클　아직 분단국가로 남아 있는 한국이 유의해야 할 부분이겠네요.

김　그렇죠. 결국 마음의 통일을 이루어야 합니다. 그런 차원에서 '미리 온 통일'이라고도 불리는 탈북자들의 통합 과정을 주의 깊게 살필 필요가 있습니다. 그들은 대다수가 남한 사회를 경험한 뒤 두 가지 점에서 놀랐다고 얘기합니다. 하나는 남한이 이렇게까지 잘사는 줄 몰랐다는 것이고, 다른 하나는 이 정도로 비인간적인 사회인지 몰랐다는 것입니다. 그만큼 북한을 떠나 남한으로 넘어온 분들이 대부분 남한 사회에 잘 적응하지 못하고 어렵게 살아갑니다. 남북이 통일을 한다면 독일보다 더 큰 진통이 예상될 수밖에 없는 대목이죠.

차클 그렇겠네요. 그런데 통일 이후 사회 통합뿐만 아니라 통일 비용에 대한 걱정도 많이 제기되잖아요. 독일의 경우는 어땠나요?

김 독일의 통일에 대해서 우리가 갖고 있는 또 다른 오해가 바로 천문학적인 비용이 들었다는 겁니다. 특히 그 부담을 짊어져야 할 젊은 세대 중에 어마어마한 통일 비용을 우려하는 분위기가 있지요. 하지만 이것은 상당히 잘못 알려진 것입니다. 독일에서 1991년에서 2003년까지 12년에 걸쳐 쓰였던 통일 비용의 내역을 한번 살펴보시죠. 사회보장성 지출이 약 50퍼센트 정도, 임의 기부금 지출이 23퍼센트예요.

차클 통일 비용의 대부분이 복지비용이었다는 얘긴가요?

김 네. 그렇습니다. 독일의 경우 통일 비용의 70~80퍼센트 정도를 복지비용으로 썼어요. 동독 지역의 복지를 서독 수준으로 맞춰야 했기 때

독일 통일 비용 내역 (1991~2003년 추정치) (단위=10억유로)

구 분	내 용		금액	비용(%)
인프라 재건 지출	도로·철도·수로 개선, 자치단체교통, 주택, 도시건설개선 등 지원		160	12.5
경제(기업) 활성화 지원 지출	지역 경제 활성화, 농업구조 및 해안 보존, 투자보조, 이자보조, 전철 등 근거리교통 보조		90	7.0
사회보장성 지출	연금·노동시장 보조, 육아 보조, 교육 보조		630	49.2
임의 기부금 지출	독일 통일기금(1991~1994년)	62	295	23.0
	판매세 보조	83		
	주재정 균형 조정	66		
	연방보조지급금	85		
기타 지출	인건비 및 국방비 지출		105	8.2
총이전지출(A)			1,280	100.0
구동독 수입(B, 세금 및 사회부담금 수입)			300	23.4
순이전지출(A-B)			980	76.6

※ 자료=독일연방건설교통부 추정치

문이죠. 게다가 통일 과정에서 한 가지 실수를 범했어요. 1990년 7월 1일에 동서독 간 화폐 통합을 단행했는데 이때 빠른 통일을 하려다 보니 동독 마르크와 서독 마르크를 1:1로 교환한 겁니다. 결과적으로 매우 잘못된 정책이었죠. 당시 실질 환율은 9:1 수준이었는데, 이를 무시하고 1:1로 교환해버리니 동독 기업들이 대부분 도산을 면치 못한 것이지요. 이후 동독 지역 전체가 거대한 실업지대로 변해버렸어요.

차클　그 바람에 서독이 동독을 떠안게 된 건가요?

김　말하자면 그렇게 된 것입니다. 아무튼 통일이 됐으니 서독이 동독 사람들을 모두 책임져야 했지요. 서독과 마찬가지로 동독의 대학교에 다니는 학생들에게도 학비를 내줘야 하고 생활비도 지원해야 했어요. 실업자에게는 실업 수당을 줘야 했고요. 독일의 통일 과정에서 들어간 비용 대부분은 이처럼 서독의 복지 체제를 동독으로 확장하는 과정에서 발생한 비용이었어요. 하지만 한국은 서독과 다르잖아요. 한국은 독일만큼 복지 수준이 높지 않기 때문에 그것에 들어갈 비용도 많지 않지요. 결론적으로 말하자면 독일이 천문학적인 통일 비용을 지불했으니까 우리도 그럴 거라고 지레 걱정할 필요가 없다는 거예요.

차클　어쨌든 서독 사람들이 통일로 인해 많은 비용을 지불해야 했던 것, 그래서 세금을 더 많이 내야 했던 것은 사실 아닌가요?

김　당시에 '연대세'라는 이름으로 통일세가 생겼고, 서독의 세금이 조금 올랐습니다. 서독 사람들 중에는 통일세에 불만을 표하는 사람들도 적지 않았지요. 그때 작가 귄터 그라스가 이른바 '부채탕감론'을 펼치게 됩니다. "서독 사람들이 통일세를 내는 것은 동독 사람들에게 시혜를 베푸는 것이 아니다. 착각하면 안 된다. 서독 사람들이 과거에 동독 사람들에게 진 빚을 지금에서야 갚는 것이다"라고 말이죠.

차클 권터 그라스가 그와 같은 주장을 편 근거는 무엇인가요?

김 사실 제2차 세계대전의 가장 큰 피해자는 유대인이 아닙니다. 유대인
이 대략 600만 명 정도 희생됐다고 알려져 있지만, 소련인은 그보다
훨씬 많은 2300만 명이 희생된 것으로 추정돼요. 전쟁의 가장 큰 희생
자였던 것이죠. 소련이 전쟁 희생자들에 대한 배상 문제를 독일에 제
기했지만 전후 냉전이 격화되고 독일이 분단되면서 서독 쪽에서는 이
런 요구를 외면하게 된 것이지요. 그래서 동독이 배상의 책임을 모두
떠안았어요. 권터 그라스는 바로 이 점을 지적한 것입니다. 독일인 모
두가 저지른 범죄의 책임을 동독인이 전부 떠안았으니, 독일이 다시
하나가 된 지금이야말로 서독인이 과거에 진 빚을 갚을 때가 된 것이
라고 말한 것이죠. 결국 통일세는 역사의 빚을 갚는 것이지, 시혜를 베
푸는 게 아니라고요.

차클 대다수의 서독 국민들이 권터 그라스의 주장을 받아들였나요?

김 네. 그만큼 독일 사회에는 '지식인의 자리'라는 게 있는 거예요. 지금
한국은 그렇지 않지만요.

차클 실제로 독일이 한국보다 통일하기에 더 좋은 환경이었던 건 아니었나
요? 동서독의 상호 관계도 더 좋았고요.

김 독일 통일에 대한 세 번째 오해가 바로 이것입니다. 지금 한국의 상황
보다는 나았으리라고 생각하는데 그건 완전히 잘못된 생각입니다. 독
일인들은 통일이란 것을 생각조차 하지 않았어요. 심지어 당시 독일에
서는 '통일'이란 말 자체가 금기어였어요.

차클 그 이유가 뭔가요?

김 생각해보세요. 제1차 세계대전을 누가 일으켰나요? 제2차 세계대전은? 모두 독일이 일으켰어요. 그런 독일이 통일된다는 것은 전후에 찾아온 유럽의 안정을 근본적으로 위협하는 새로운 권력 지형이 만들어진다는 의미예요. 그러니 주변의 모든 나라가 독일의 통일에 반대했던 겁니다. 독일이 통일되면 마치 제3차 세계대전이 도래할지도 모른다는 악몽 같은 두려움을 갖고 있었던 것이죠.

차클 그래서 독일이 통일과 관련해 주변 국가들의 눈치를 볼 수밖에 없었던 것이군요?

김 귄터 그라스가 '아우슈비츠 책임론'을 주장하면서 통일에 반대한 것도 그런 이유 때문입니다. 역사적으로 봐도 독일이 통일 국가를 유지한 기간은 얼마 되지 않아요. 비스마르크가 독일 제국을 수립한 것이 바로 1871년입니다. 그리고 나서 독일이 분단된 게 1945년이에요. 그 사이 74년밖에 안 되는 짧은 기간에 두 번의 세계전쟁을 일으킨 것이죠. 독일의 용기 있는 지식인이 "아우슈비츠를 초래한 민족은 통일을 요구할 도덕적 정당성이 없다"라고 세계를 향해 밝힌 거예요. 그런 만큼 독일의 통일은 독일인 자신들도 생각하지 않은 문제였어요. 통일이란 용어 자체도 입에 올리지 못할 정도였죠. 독일에서 통일이라는 말이 나오면 모든 주변 국가들이 두려움에 떨었으니까요.

차클 그럼 오히려 지금 우리의 상황이 통일 전의 독일보다 낫다고 볼 수 있겠군요?

김 훨씬 낫죠. 우리가 통일된다고 겁먹을 나라가 있나요? 물론 한반도가 통일됐을 때 자국의 이해득실을 따지기는 하겠지요. 그러나 우리 주변에 있는 나라들, 즉 미국·중국·일본·러시아는 세계 4대 강국이기 때문에, '다행히도' 우리의 통일에 겁먹을 나라는 없지요. 그래서 사실 우리가 정치적 상상력과 추진력을 발휘하면 얼마든지 통일의 길을 열 수 있다고 봅니다.

차클 그런데 최근 북한이 중국에 흡수될 수 있다는 예측을 내놓는 학자들도 있다고 들었는데요. 그런 예측에 대해서는 어떻게 생각하시나요?

김 제가 통일 관련 국제 심포지엄에서 독일 학자들과 이야기를 나누다 보면 남북 통일보다는 북한이 중국의 한 성으로 들어갈 가능성이 크지 않으냐는 말을 자주 듣습니다. 사실 그것도 아주 유력한 시나리오라고 봐요. 우리로서는 북한이 중국에 흡수되는 것을 막아야겠죠. 그러려면 북한에 대한 적대 정책을 철회하고, 북한과의 교류와 협력을 더욱 활성화해야 합니다.

차클 하지만 남북한이 너무 오랜 기간 동안 다른 체제 속에서 살아왔기 때문에 교류 자체도 그리 쉽지만은 않을 듯해요.

김 남북 통일이란 세계사적 관점에서 보면 지난 20세기에 가장 첨예한 대결을 펼쳤던 두 사회 시스템에 속한 최악의 두 체제가 결합하는 것이라도 할 수 있어요. 지난 100년간 등장했던 다양한 사회주의 체제 중에서도 가장 권위주의적인 봉건사회주의가 북한에 존재하고 있죠. 반면 지난 100년간 등장한 다채로운 자본주의 국가 중에서 가장 약탈적인 세습자본주의가 남한에 존재하고 있고요. 이런 두 체제가 합쳐지면 그들이 안고 있던 문제가 해결될까요? 두 병자가 결혼한다고 병이 나을까요? 전혀 그렇지 않겠죠.

차클 교수님의 이야기를 들을수록 통일이 엄청나게 힘든 일이란 생각이 듭니다.

김　많은 사람들이 남한 주도의 통일, 다시 말해 남한 자본주의가 북한 지역까지 확대되는 것을 통일이라고 생각해요. 그런 생각들을 조심해야 합니다. 그렇게 통일이 된다면 통일의 첫 번째 피해자가 남한 주민이 될 가능성이 매우 큽니다. 남한 자본주의의 약탈성이 강화되기 때문이지요. 약탈자가 승리자의 월계관까지 쓴다면 어떻게 될지 상상해보세요. 남한의 투기 자본주의가 북한을 투매가격으로 삼켜버릴 가능성도 높고요. 북한 주민들이 겪을 사회적, 심리적, 문화적 차별도 극심할 것입니다.

차클　통일을 하게 될 경우에 벌어질 또 다른 문제는 무엇이 있을까요?

김　북한 주민들은 한 번도 민주주의를 경험해본 적이 없어요. 일제강점기에는 물론이고, 1945년 해방 이후로도 민주주의라는 경험을 전혀 해보지 못했어요. 저는 이것이 통일 한반도가 안게 될 가장 큰 위험요소라고 생각해요. 왜냐하면 통일 한반도의 정치적 미래는 북한 주민들이 결정할 것이기 때문입니다.

차클　통일 한반도의 정치적 미래가 북한 주민의 손에 달려 있다는 말이 무슨 뜻인가요?

김　남한이 훨씬 경제력도 크고 국력도 강하기 때문에 남쪽이 통일된 나라의 정치를 결정한다고 생각하겠죠. 하지만 완전히 잘못된 생각이에요. 앙겔라 메르켈 독일 총리가 어디 출신인지 생각해보세요. 동독 출신이에요. 2021년 임기를 마치게 되는 메르켈은 총 16년 재임하는 총리로서 현대 독일 역사상 최장수 총리가 될 것입니다. 또 2012년부터 2017년까지 독일 대통령을 지냈던 요아힘 가우크 대통령도 동독 목사 출신이고요. 12년간 국회의장을 역임한 볼프강 티어제도 동독 사람이에요. 즉, 통일이 되고 나서 동독인들이 독일의 정치권을 완전히 주름잡고 있는 것입니다. 통일 이전에는 아무도 예상 못 한 일이에요.

차클 우리가 통일을 이루고 나면 북한 출신 정치인들이 통일 한반도의 정치를 이끄는 일이 벌어질 수 있다는 말인가요?

김 충분히 예상할 수 있는 일입니다. 조금만 생각해보면 쉽게 알 수 있는 걸 당시 독일에서는 예상하지 못한 거예요. 쉽게 예를 들어보죠. 서독은 사실 보수와 진보가 거의 50:50으로 나뉘어 있는 사회였습니다. 그런데 통일이 되자 새롭게 유입된 동독 주민들이 사실상 캐스팅보트를 쥐게 된 거지요. 결국 동독 주민들이 선택한 사람이 지도자가 될 수밖에 없죠. 저는 한국도 똑같은 과정을 겪을 것이라고 봐요. 현재 한국의 정치 상황을 보세요. 사실상 소위 보수와 진보라는 진영이 반반으로 나뉘어 있죠. 그런 상황에서 통일이 되면 어떻게 되겠어요. 북한의 약 2000만 유권자가 선택하는 쪽이 권력을 잡게 되겠죠. 이처럼 너무 쉬운 산수인데 그 생각을 못 한 거예요. 모든 것을 북한 주민들이 결정하게 되는 상황이 벌어질 겁니다. 통일이 될 경우에 한국 민주주의가 어떤 운명을 맞이하게 될지 잘 생각해야 돼요.

차클 실제로 독일에서 정치를 동독 출신들이 좌우하고 있나요?

김 2019년에 동독 지역의 작센주와 브란덴부르크주에서 치러진 선거에서 '독일을 위한 대안(AfD)'이라는 극우 정당이 약진을 했어요. 동독 주민들이 가진 통일 독일에 대한 불만을 극우 정당들이 끊임없이 정치적으로 이용하고 있거든요. 우리도 멀리 보면서 이런 사태에 대비해야 합니다. 한 번도 민주주의를 경험해보지 못한 북한 주민들을 어떻게 성숙한 민주 시민으로 변화시켜야 할지를 진지하게 고민해봐야 합니다.

차클 얘기를 들을수록 통일이 정말 어려운 일이라는 생각이 들어요.

김 한반도에서 통일이란 상당히 고질적인 병을 앓고 있는 두 체제가 하나가 되는 거예요. 북한의 권위적 사회주의를 민주화시키고, 동시에 남한의 약탈적 자본주의를 인간화시키는 것. 이것이 우리에게 주어진 통일의 핵심 과제입니다. 이 두 가지 문제를 해결하는 과정으로서 통일이 이루어져야 합니다. 아마도 오랜 시간이 걸릴 거예요.

차클 많은 시간이 걸리는 만큼 평화 체제부터 구축하자는 입장이신 건가요?

김 우리에게 시급한 것은 분단 체제를 해소하는 것과 전쟁 가능성을 불식하는 것입니다. 이 두 가지가 가장 중요한 전제 조건이고, 통일은 그 다음에 신중하게 접근할 문제입니다.

차클 독일이 통일을 이루는 데는 빌리 브란트 전 총리가 큰 역할을 했잖아요. 우리는 브란트에게서 어떤 점을 배워야 할까요?

김 과연 빌리 브란트라는 정치인이 없었다면 독일이 통일될 수 있었을까요? 이와 관련해서 우리 정부에게 꼭 전하고 싶은 말이 있어요. 전 세계에서 가장 큰 미군 기지를 보유했던 나라가 어딘지 아십니까? 독일이에요. 두 번째로 일본이고, 세 번째가 한국입니다. 다시 말해 독일은 패전 국가로서 정치적으로 미국의 종속국에 가까운 예속 상태에 있었던 것이죠. 그런 독일의 총리인 브란트가 1970년에 소련과 모스크바 협정을 맺으며 '동방정책'을 추진해 냉전 체제를 허물고, 새로운 해빙(데탕트)의 시대를 열어젖힌 겁니다.

차클 미국이 독일의 독자 행보에 경고를 보내지 않았나요?

김 당연히 미국은 깜짝 놀랐죠. 그런데 당시 빌리 브란트의 동방정책을 입안한 사람이 바로 독일 통일의 설계사라 불리는 에곤 바르(Egon Karl-

Heinz Bahr)입니다. 바르가 당시 자신의 미국 쪽 상대였던 국무장관 헨리 키신저와 만나 독일이 앞으로 동구권과 외교 관계를 맺으면서 새로운 정책을 펼칠 거라고 말했습니다. 그때 키신저는 미국과 상의해야 한다고 했지만, 바르는 이렇게 말했습니다. "헨리, 나는 자네에게 동의를 구하러 온 것이 아니네. 통보를 하러 온 거라네." 지금 우리에게 필요한 자세가 바로 이런 당당함입니다.

차클 독일 내에서는 동방정책에 대해 어떤 반응이 나왔나요?

김 지금 우리 보수 진영에서 나오는 것과 비슷한 반응이 나왔어요. 브란트를 향해 "빨간 돼지(Rotes Schwein)" "콘크리트 대가리(Betonkopf)"라는 욕까지 해가며 공격을 했습니다. 그러자 빌리 브란트는 의회를 해산하고 재선거를 선포했습니다. 이 선거에서 사민당 역사상 최고의 압승을 거두었습니다. 이후 동방정책은 탄탄대로를 걷게 됐죠. 이렇듯 통일로 가기 위해서는 양 체제 간에 유지되고 있는 긴장감을 깨는 획기적인 조치가 필요하고, 그것을 실천하기 위해서는 용기와 비전을 가진 정치가가 있어야 합니다. 빌리 브란트를 '독일 통일의 아버지'라고 부르는 것은 독일 통일이 그의 용기와 비전 때문에 가능했기 때문이지요.

차클 우리는 통일 혹은 평화 체제 구축을 위해 무엇을 준비해야 할까요?

김 빌리 브란트의 비전은 단지 독일 통일이 아니었어요. 독일 통일을 통해서 유럽을 통합하고, 이를 바탕으로 세계 평화를 이루는 것이 그의 진짜 꿈이었습니다. 우리에게도 통일에 대한 비전이 필요해요. 또한 절대로 다시는 전쟁을 경험하면 안 되겠죠. 그것이 우리 세대가 안고 있는 역사적 책무라고 생각합니다. 이를 위해 모두가 통일을 자신의 삶과 밀접한 문제로 인식해야 합니다.

k.hyuk_91 86세대의 한계 중 하나가 도덕적 우월감이지만, 그럼에도 86세대의 도덕성이 한국을 변화시키는 동력으로 다시 작동해야 한다고 말씀하셨습니다. 그 말씀은 각계의 86세대 지도자들이 한국 사회의 변혁을 주도해야 한다는 뜻인가요?

김 86세대가 수구보수라는 잘못된 상대를 택해 경쟁하고, 그들보다 더 왼쪽에서 신념을 고수해온 이들과 경쟁하지 않았기 때문에 그 결과로 얻은 '도덕적 우월감'이 그들을 무능하게 한 측면을 지적하고자 한 것입니다. 그럼에도 불구하고 그들에게 남아 있으리라고 기대하는 '도덕적 정체성'이 한국 사회의 변혁을 위해 동력으로 작용해야 한다고 생각합니다. 반드시 그들이 '주도'해야 한다는 의미는 아닙니다.

저는 '도덕적'이라고 간주되던 세대의 '정치적' 실패가 우리 사회에 냉소주의·무력감·패배주의를 팽배시킬까 두렵습니다. 86세대의 마지막 시대적 과제는 다음 세대에게 지옥(헬조선)을 물려주지 않는 것, 다음 세대에게 성숙한 민주주의를 실현할 기회를 제공하는 것, 그렇게 기품 있게 자신의 자리를 다음 세대에게 넘겨주는 것이라고 생각합니다.

이를 위해 86세대 등 기성세대는 68혁명의 부재가 자신을 어떻게 기형화했는지 성찰할 필요가 있습니다. 청년세대는 보다 적극적으로 정치적 변화에 동참하고, 스스로 새로운 세상을 만들어가야 합니다. 인류 역사는 해방의 역사였고, 모든 해방은 '자기 해방'이었습니다. 흑인을 해방시킨 것은 흑인이며, 여성을 해방시킨 것은 여성이었고, 학생을 해방시킨 것은 학생이었습니다. 누구도 대신 해방시켜줄 수는 없습니다. 청년세대의 참여와 연대가 필요한 이유입니다.

**차이나는
클라스** 를 만 들 어 가 는 사 람 들 ——

제작

기획
신예리

책임 연출
송원섭

연출
이상현, 김선희, 김태민, 황지현, 주연희, 윤해양, 장주성, 정문정, 류한길, 강소연, 오누리

작가
서자영, 민경은, 박혜성, 최호연, 손선이, 이승민, 박유진, 강지영, 오진예

출연

차이나는 클라스: 국제정치 편

초판 1쇄 2020년 4월 6일
  5쇄 2023년 2월 10일

지은이 JTBC 〈차이나는 클라스〉 제작팀

발행인 박장희
부문 대표 정철근
제작 총괄 이정아
편집장 조한별
책임편집 최민경

진행 김승규
디자인 [★]규
삽화 디자인 스튜디오마치

발행처 중앙일보에스(주)
주소 (03909) 서울시 마포구 상암산로 48-6
등록 2008년 1월 25일 제2014-000178호
문의 jbooks@joongang.co.kr
홈페이지 jbooks.joins.com
네이버 포스트 post.naver.com/joongangbooks
인스타그램 @j__books

ⓒ JTBC, 2020

ISBN 978-89-278-1102-2 03110

중앙북스는 중앙일보에스(주)의 단행본 출판 브랜드입니다.